感谢中国移动通信集团有限公司、中国电信集团有限公司、
中国联合网络通信有限公司、腾讯云计算（北京）有限责任公司
对本书的大力支持！

扫码阅读电子书

# 中国中小企业 2022蓝皮书

## ——中小企业专精特新政策研究

# The Blue Book of SMEs in China 2022

## Research on Specialization, Refinement, Differentiation and Innovation Policy of SMEs

主　编　马　彬　孙文凯
副主编　谢　极　李　焰　聂贤祝

中国计划出版社
北　京

**图书在版编目（CIP）数据**

中国中小企业2022蓝皮书 : 中小企业专精特新政策研究 / 马彬, 孙文凯主编. -- 北京 : 中国计划出版社, 2022.10
ISBN 978-7-5182-1487-7

Ⅰ. ①中… Ⅱ. ①马… ②孙… Ⅲ. ①中小企业－企业发展－研究报告－中国－2022 Ⅳ. ①F279.243

中国版本图书馆CIP数据核字(2022)第157245号

责任编辑：李　陵　张文征　周姿汝　　封面设计：韩可斌
责任校对：王　巍　　责任印制：李　晨

中国计划出版社出版发行
网址：www.jhpress.com
地址：北京市西城区木樨地北里甲11号国宏大厦C座3层
邮政编码：100038　电话：（010）63906433（发行部）
北京虎彩文化传播有限公司印刷

889mm×1194mm　1/16　12印张　231千字
2022年10月第1版　2022年10月第1次印刷

定价：80.00元

# 编 委 会


**顾　问：** 李子彬

**主　编：** 马　彬　孙文凯

**副主编：** 谢　极　李　焰　聂贤祝

**编　委：**（按姓氏音序排序）

陈　平　董　涛　樊　华　葛玉好　李廷茹　刘心怡

刘玉涛　唐思远　王文靖　文　静　向　奇　闫　锦

杨思怡　曾异香　张文凯　周　霞

# 序　言

中小企业好，中国经济才会好。中小企业的韧性是中国经济韧性的重要基础。近年来，党中央、国务院高度重视中小企业的发展，作出“发展专精特新中小企业”的重要部署。2021年7月30日，中央政治局会议将专精特新提升至国家战略层面。2022年“两会”期间，李克强总理在《政府工作报告》中，专门布置了“着力培育‘专精特新’企业，在资金、人才、孵化平台搭建等方面给予大力支持”的工作任务。2022年6月1日，工业和信息化部印发《优质中小企业梯度培育管理暂行办法》，明确创新型中小企业、专精特新中小企业、专精特新“小巨人”企业的评价或认定标准，进一步引领广大中小企业坚持走专精特新发展道路。

**一、专精特新企业发展现状**

截至2021年11月，全国专精特新企业有4万多家，“小巨人”企业有4 762家，制造业单项冠军企业有848家，是产业链供应链的有力支撑。相关数据显示，4 762家“小巨人”企业具有“5678”的特征，超五成企业研发投入在1 000万元以上，超六成企业属于工业基础领域，超七成企业深耕行业10年以上，超八成企业居本省细分市场首位，很多企业都在强链补链方面发挥了重要作用，成为增强发展活力、支撑高质量发展的重要力量。专精特新企业表现出以下几个特征。

专精特新企业技术领先，创新能力持续增强。截至2021年底，国家专精特新“小巨人”企业专利申请总量52.6万件，包括发明专利21.9万件、实用新型专利26.3万件和外观设计专利4.4万件。其中，发明专利保护全新且独立的技术，可表征“小巨人”企业技术创新实力，此类专利占比41.6%。万得（Wind）数据显示，2021年前三季度专精特新“小巨人”上市公司研发支出占营收比重的平均值为8.25%、中位数为5.75%，均高于同期A股上市公司的水平。

专精特新企业强链补短，保产业链供应链稳定作用凸显。一些专精特新企业立足“独门绝技”做精做强优势产品，全球市场占有率稳居第一方阵，向全球产业链高端迈进。一些专精特新中小企业通过自主创新，在核心零部件、关键材料、专用装备、精密仪器等领域打破国外垄断，为强化产业链供应链韧性、实现自主安全可控作出突出贡献。

专精特新企业预期向好，政策叠加效应不断释放。从中央到地方都高度重视专精特新中小企业发展，持续出台扶持政策。企业普遍反映，获评专精特新“小巨人”企业后，申请各类政府项目享受诸多便利，得到资本、媒体、下游客户等广泛关注。

当前，我国经济已由高速增长阶段转向高质量发展阶段，正处在转变发展方式、优化经济结构、转换增长动力的攻关期。要实现高水平的自立自强，创新是引领发展的第一动力。因此，发展专精特新企业具有重要意义。

## 二、专精特新中小企业面临的突出问题

产业链融通创新存在堵点。一些专精特新中小企业虽然掌握核心技术和知识产权，但生产所需的一些关键零部件和设备高度依赖国外进口，国内配套企业提供的零部件和设备稳定性差、精度较低，不利于产业链整体创新发展。专精特新中小企业普遍希望与科研院所开展合作，借助外力外脑提高创新效率，但效果并不理想。

“抢人缺工”问题尤为突出。在研发端，专精特新中小企业技术人才流动大、培养难，特别是从事软件开发、信息服务的企业，面临来自互联网头部企业和同行业大企业激烈的人才竞争，抢人现象突出；在制造端，“90 后”“00 后”年轻人倾向于选择自由度更高的工作，专精特新企业面临一线工人青黄不接的严峻考验，“一线工人断供、技术工种断代”的风险正在加大。

聚焦主业、精益求精的战略定力不足。当前，我国企业界存在“一有规模就扩张”“哪里挣钱往哪去”“上市圈钱”的不良风气，聚焦主业、长期坚守、苦练内功的战略定力不足，工匠精神、劳模精神还没有成为广大专精特新中小企业的内在基因。

数字化转型能力有待提升。由于数字化转型投资周期长、成本高，相对于大型企业，部分专精特新中小企业囿于较低的数据资产积累水平、数据资源应用水平，试错成本和转型风险较高，数字化改造升级的内生动力不足。加之政府部门之间、企业之间、政府和企业之间信息不对称，制度法律不具体，缺乏公共平台和共享渠道，格式标准缺失等多重因素，导致政府公共数据面向企业开放的程度还不高，行业大数据平台难以全面建构，企业间数据尚难充分交换、融合，未形成较为成熟的数据驱动产业升级路径。

营商环境有待进一步优化。专精特新中小企业仍然面临融资难、融资贵这个长期性难题。

我国多层次融资体系仍不够完善，金融机构与中小企业存在一定的信息不对称，专精特新中小企业迫切需要的股权和债券融资支持力度仍然不足。虽然近年来各级政府出台了一系列支持政策，但其精准性和协同性不足等问题仍然存在。特别是涉及多个部门的政策，常出现“政策不一致”“政出多门”的现象，未能形成对中小企业的有效支撑。知识产权保护也是营商环境建设的短板，侵权成本低、维权成本高、知识产权保护政策落地难等问题仍不同程度存在，在一定程度上影响专精特新中小企业的持续创新力。

## 三、建议

### （一）不失时机地进行数智化改造，加快转型发展

广大中小企业要在中央和地方政府稳增长措施中抓住机遇，在当前复杂严峻的形势下能坚持下去的企业就一定会有发展壮大的机会。最近七八年，区块链、人工智能、5G、量子技术、互联网、大数据、云计算等数智化技术蓬勃发展、方兴未艾。目前，制造业、农业、服务业、物流业、商业、跨境贸易等都面临前所未有的机遇，用数智化技术改变自己所在的传统产业，降低生产成本、管理成本、销售成本，提高效率。每一个企业都有机会改变自己，成为一个现代数智化企业。

### （二）广大中小企业要坚定地走专精特新发展道路

长期以来，我国企业在发展过程中，偏重规模和增速，出现许多问题。如技术创新不足，产品技术含量不高，附加值不高，需要转型升级，或者是主业不突出，后劲不足，企业负债过高，等等。以美国为首的西方国家在高科技领域的“卡脖子”环节对我国进行封锁，重要原因是我国关键技术、关键的元器件、零部件、关键材料对外依存度比较高。

2013 年 7 月 16 日，工业和信息化部出台《关于促进中小企业“专精特新”发展的指导意见》，2021 年 7 月 30 日，中央政治局会议提出，要强化科技创新和产业链供应链韧性，开展补链强链专项行动，加快解决“卡脖子”难题，发展专精特新中小企业。发展专精特新中小企业首次出现在中央政治局审议文件中，升级为国家级创新驱动发展战略的组成部分。这是对我国经济发展方式认识的一次提高。

2022 年 6 月，工业和信息化部印发《优质中小企业梯度培育管理暂行办法》，明确了“三个梯度”企业的评价和认定标准。《优质中小企业梯度培育管理暂行办法》提到，“十四五”期间努力在全国培育一百万家创新型中小企业，十万家专精特新中小企业，一万家专精特新“小巨人”企业。2021 年至 2025 年，中央财政累计安排 100 亿元奖补资金，支持 1 000 余家国家级专精特新“小巨人”企业高质量发展。

广大中小企业要坚定地走专精特新发展道路，加强科技研发和人力资源培养。提高认识和紧迫感，把进行数智化改造提到紧迫的工作日程之上。加快产业升级和发展转型，提高质量和效益，把企业做强、做优。

2022 年 6 月，习近平主席在金砖国家工商论坛开幕式上主旨演讲提出，“当前世界百年变局和世纪疫情相互交织，各种安全挑战层出不穷，世界经济复苏步履维艰”，但是我们“不为一时一事所惑，不为风险所惧，勇敢面对挑战，向着构建人类命运共同体的目标勇毅前行”。让我们在以习近平同志为核心的党中央坚强领导下，奋力前行，克服一切困难，夺取新的更大胜利，为实现中华民族伟大复兴作出更大贡献。

希望本书对企业家有所启发和帮助。感谢中国人民大学的老师对本书的编纂付出的辛勤劳动，也感谢中国移动通信集团有限公司、中国电信集团有限公司、中国联合网络通信有限公司、腾讯云计算（北京）有限责任公司等为我们提供了专精特新中小企业发展的鲜活案例。

中国中小企业协会常务副会长　马　彬

2022 年 6 月 28 日

# 目　录

第1章

# 中小企业整体发展情况

2021年是党和国家历史上具有里程碑意义的一年，我国经济发展和新冠肺炎疫情防控保持全球领先地位，构建新发展格局迈出新步伐，高质量发展取得新成效，实现了“十四五”良好开局。与此同时，在世纪疫情冲击下，百年变局加速演变，外部环境更趋复杂严峻和不确定。国内经济发展面临需求收缩、供给冲击、预期转弱三重压力，中小企业发展仍面临较多风险挑战：疫情汛情多发、原材料和海运价格上涨、拉闸限电和限排限产等对下游行业特别是中小企业的冲击持续显现，芯片“卡脖子”问题凸显，出口面临高位回调，库存和应收账款继续增加，小微企业增产不增收，企业发展信心不足、市场预期不稳等，这些问题需要密切关注。

## 1.1 中小企业发展情况

从2021年中小企业发展指数（SMEDI）看，月度数据处于波动状态，1月指数下降，2月和3月止跌回升，4—10月连续下降。随着一系列惠企纾困、减税降费、金融支持政策的落地，11月和12月指数分别上升0.2和0.1点，中小企业发展状况有所改善。

### 1.1.1 运行状况

#### 1. 中小企业实现恢复性增长

中国中小企业协会对460家大中小微企业的专项调查显示，2019—2021年，44.82%的企业年营业额增速有所上升（增速在0～20%），40.64%的企业年营业额增速持平。39.84%的企业年净利润增速有所上升（增速在0～20%），43.63%的企业年净利润增速持平。51.25%

的中型企业年净利润增速有所上升（增速在 0 ~ 20%）、46.96% 的小型和 59.49% 的微型企业年净利润增速持平，中小微企业呈现恢复性增长（见图 1–1、图 1–2）。

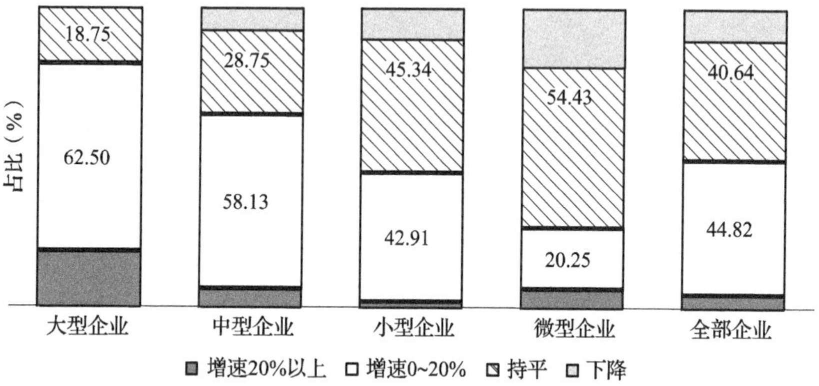


**图 1–1　2019—2021 年年营业额增长情况**

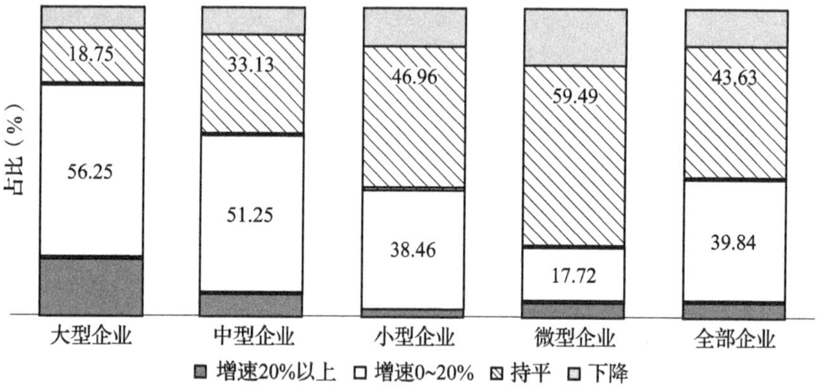


**图 1–2　2019—2021 年年净利润增长情况**

### 2. 企业信心恢复势头有所放缓

中国中小企业协会 2021 年四季度对 3 000 家企业的调查显示，63% 的企业对当前宏观经济形势的看法乐观，较上季度下降 3 个百分点；59% 的企业对当前行业总体运行状况的看法乐观，较上季度下降 1 个百分点。

### 3. 以中小企业为主的民营企业保持我国第一大外贸经营主体地位

2021 年民营企业进出口 19 万亿元，同比增长 26.7%，占我国外贸总值的 48.6%。

### 4. 市场主体数量不断增加，带动就业稳步增长

市场监管总局数据显示，全国市场主体总量已突破 1.5 亿户，其中近 10 年就新增了 1 亿户。企业数量突破 4 600 万户，个体工商户突破 1 亿户。1 亿多户市场主体推动我国经济总量迈上百万亿元大关，国家财力和社会财富稳定增长，承载了 7 亿多人就业的基本盘，仅个体工商户就带动了近 3 亿人就业。

### 5. 企业创新作用越来越凸显

中小企业成为技术创新和模式创新的生力军，工业和信息化部数据显示，2020 年有研发活动的小微企业占全部有研发活动企业的比重为 81.1%，研发经费比 2015 年增长 102.5%，有效发明专利数比 2015 年增长 233.2%。截至 2021 年 11 月，已培育三批专精特新“小巨人”企业 4 762 家、带动培育专精特新中小企业 4 万多家，纳入培育库的有 11.3 万家。专精特新企业表现突出，中国中小企业协会对 460 家企业调查显示，2019—2021 年，49.29% 的省级专精特新中小企业年营业额增速有所上升（增速在 0 ~ 20%），比全部被调查企业的占比高 4.47 个百分点；42.86% 的专精特新“小巨人”企业年营业额增速持平，比全部被调查企业的占比高 2.22 个百分点（见图 1–3）。

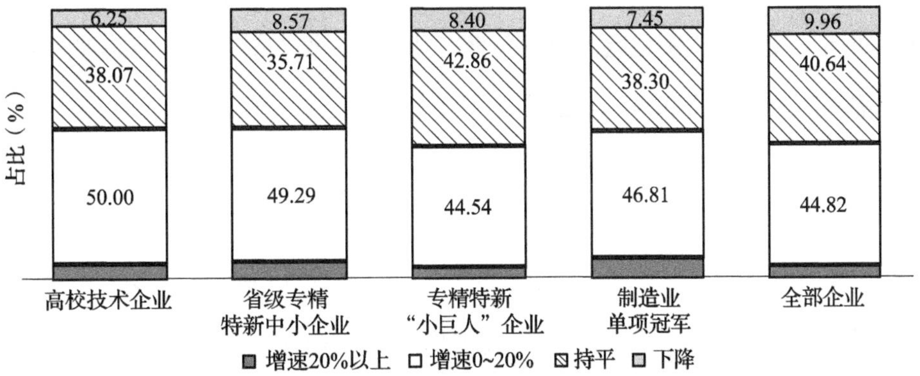


**图 1-3　2019—2021 年年营业额增长情况**

农业农村部数据显示，农村创业创新蔚然成风，截至 2022 年一季度，返乡入乡创业人员超过 1 100 万人。产业业态越来越丰富，带农富农效应越来越显著，平均每个双创主体能带动 6.5 个农民就业。

### 6. 资本市场赋能中小企业

2021 年 11 月 15 日，北京证券交易所（以下简称“北交所”）开市。截至 12 月 31 日，北交所 82 家上市企业总市值为 2 722 亿元。按照国家统计局的划分，北交所挂牌公司中大型企业有 18 家，占比 22.0%；中型企业有 42 家，占比 51.2%；小型企业有 22 家，占比 26.8%；中小企业是北交所上市公司的主要构成。北交所“龙头”撬动作用初步发挥，开市以来，北交所日均成交额较 2021 年 8 月精选层增长 3.04 倍，日均换手率为 1.79%，整体年化换手率为 434.26%，符合中小市值股票流动性特征；2021 年北交所全市场股票平均涨幅为 98.90%，市场财富效应初步显现；投资者数量超 475 万人，是北交所设立消息宣布前的约 2.8 倍。调查问卷显示，96% 的挂牌公司对新三板未来发展充满信心。

7. 国家扶持中小企业政策落实效果显现

中国中小企业协会对 2021 年国家出台的小微企业税收优惠政策开展调研，有 876 家企业参与。调查显示，73.97% 的中小企业认为阶段性减免小规模纳税人增值税政策、67.12% 的符合条件的小规模纳税人认为免征增值税政策、66.78% 的小型微利企业认为减免企业所得税政策落实效果明显。

### 1.1.2 存在的问题

1. 市场需求不足

国外疫情持续蔓延，主要经济体复苏趋缓，外部需求前景不明；国内部分地区疫情多点散发冲击经济恢复基础，居民收入增速放缓制约消费，产能和环保约束加剧制造业投资乏力，出口面临高位回调，政策环境不稳定，市场预期有待提振。调查显示，2021 年四季度反映国外订单量同比增加的企业仅为 36%，比上季度下降 2 个百分点；反映产品销售量同比增加的企业为 46%，比上季度下降 1 个百分点。

2. 大宗商品价格上升挤压中小企业生存空间

2021 年以来，煤炭、化工、建材等能源及大宗原材料价格总体高位运行，下半年加速向更多行业传导，企业成本上升，部分中小企业利润空间被挤压。随着国家保供稳价政策发力，价格涨势得到控制。国家统计局对全国流通领域 9 大类 50 种重要生产资料市场价格的监测显示，2021 年 12 月下旬与 12 月中旬相比，12 种产品价格上涨，34 种下降，4 种持平。但价格仍处高位，中小企业成本压力不减。调查显示，63% 的企业反映四季度生产成本同比增加，比上季度提升 4 个百分点；43% 的企业反映员工的平均薪酬同比增加，比上季度提升 2 个百分点；55% 的企业反映主要原材料及能源的购进价格同比增加，比上季度提升 2 个百分点。中小企业面临上游价格上涨和终端需求不足的双重挤压。一方面，增产不增收。从 2021 年 4 月到 11 月制造业中小微企业数据看，营业收入增速分别高于利润增速 4.25 个、4.25 个、7.86 个、9.41 个、8.80 个、6.91 个、5.76 个、8.25 个百分点。另一方面，部分中小企业产能缩减，接单意愿降低，甚至因为利润不足而主动弃单。若出现大量中小企业因无力承担成本压力而停工停产甚至退出市场，将影响整个产业链运转。

3. 资金问题困扰着中小企业

一是融资难融资贵。中国中小企业协会开展了融资方面的专项调查，调查显示，存在资金缺口（10% 以上资金缺口）的中小企业占比为 50.83%，高于全部企业占比 2.34 个百分点。融资困难的主要原因有以下几个方面。第一，民营企业贷款利率高于贷款基础利率。据统计，安徽省民营小微企业从银行获得贷款的平均年化融资成本在 5% 至 8% 左右，而国有大企业贷款利率基本不会超过贷款基础利率。第二，金融产品有效供给不足，过桥续贷成本偏高。金融机构针对制造业的中长期贷款产品供给不足，制造业企业从建设到投产见效一般需要 1 至 3 年时间，而银行提供的多是不超过一年期的流动资金贷款，导致企业不得不“短贷长用”，增加风险和成本。在短期流动资金贷款到期时，多数银行要求企业先还再贷。为按时还款，企业不得不额外筹措资金，过桥转贷，民间年化过桥利息高达 20% 到 30%。第三，抵质押物要求较高，中小企业难以提供。商业银行提供的信贷产品以固定资产抵押或担保公司担保为主，而中小企业缺乏土地、房产等固定资产和必要担保。二是拖欠中小企业账款的现象仍然存在。由于效益不佳、资金周转不畅，应收账款有所增加。调查显示，33.90% 的企业反映应收账款和应收票据增加，小型企业这一比例高达 36.32%，大型和中型企业以及制造业企业的比例分别为 34.55%、35.24% 和 34.78%。

### 4. 就业形势不容乐观，结构性矛盾突出

2021 年四季度劳动力指数为 105.1，比上季度下降 0.1 点。一是“抢人缺工”问题尤为突出。调查显示，51.2% 的企业反映人才短缺。中小企业技术人才流动大、培养难，特别是从事软件开发、信息服务的企业，面临来自互联网头部企业和同行业大企业激烈的人才竞争，“抢人”现象突出；在制造端，“90 后”“00 后”年轻人倾向于选择自由度更高的工作，中小企业面临一线工人严重老化、青黄不接的严峻考验，“一线工人断供、技术工种断代”的风险正在加大。二是创业对就业的带动能力趋弱。市场监管总局统计显示，2015 年，平均每新增 1 个市场主体所对应的新增城镇就业人员数量为 0.9 个，到了 2020 年，降至不足 0.5 个。这一数据说明创业质量不高，创造就业能力不强。三是近期部分行业受政策影响出现不同程度的减员裁员现象。高排放、高耗能行业逐渐萎缩，已经且将继续排挤出大量就业人群。整顿教育秩序的“双减”政策，使得校外教培行业受到剧烈冲击，涉及就业人口达百万。房地产销售与中介行业萎缩减员，均以青年人为主。互联网企业由于盲目扩张、创新能力不足等问题致盈利能力下降，不得不密集裁员。

### 5. 出口下行压力加大

2021 年以来，我国出口频现堵点，遭遇集装箱紧缺、运费高于货值、滞港甩货等现象，表明我国企业在国际物流运价和航线制定等方面话语权不足，出口型中小企业的利润被摊薄。随着欧美供给的恢复，东南亚出口经济体生产修复、人民币汇率处于高位等都使我国出口市场

承压，2021 年 11 月出口集装箱运价指数环比下降 1.5%，而 5 月该指数环比增速最高达 15%。与此同时，由于疫情扩散对国际航空、全球物流和海外贸易的融通协作造成冲击，各国对供应链、产业链安全担忧上升，部分发达经济体正加速推动供应链回流，国家间经济融合难度进一步增大。全球制造业分工布局呈现国内化、区域化趋势，削弱了跨区域产业链的发展，这既是中国产业链巩固提升的机遇，也是未来不可忽视的严峻挑战。此外，碳关税将对我国对外贸易产生重大影响，碳关税将成为发达经济体将碳排放领先优势转变为产业竞争优势的手段，我国宜尽早制定预案。

6. 民营企业违约率持续上升

民营企业与中小企业互为主体、高度重合。虽然民营企业的违约率在 2020 年不升反降，但 2021 年以来民营企业违约率持续上升。上海财经大学高等研究院数据显示，2021 年 11 月末民营企业的违约率为 7.1%，较去年末上升 0.73 个百分点，这主要和 2021 年前三季度信用环境较去年有所收紧且经济运行面临新的下行压力有关。

7. 一些政策落地效果有限，需要加强政策精准性

中国中小企业协会对 2021 年国家出台的小微企业政策落实情况开展了调研。调查显示，降低企业交通物流费用（享受此项政策的企业占应该享受此项政策企业的比例为 12.33%），降低部分政府性基金征收标准，减免部分行政事业性收入（享受此项政策的企业占应该享受此项政策企业的比例为 11.53%），对承租国有房屋的服务业小微企业和个体工商户免除租金（享受此项政策的企业占应该享受此项政策企业的比例为 10.62%），上述几项政策落实效果有待提升。满意度有待提高的政策分别为：鼓励免收小微企业、个体工商户等支付账户体验手续费的政策满意度为 7.76 分（10 分为满分），降低交通物流费的满意度为 7.84 分，降低企业用电用网成本的满意度为 7.8 分。

## 1.2 2021 年中小企业发展指数

### 1.2.1 一季度中小企业发展指数继续上升，达到 2020 年一季度以来最高位

2021 年一季度中小企业发展指数为 87.5，比去年四季度上升 0.5 点，连续 4 个季度保持上升趋势，处于 2020 年一季度以来最高位。其中，分行业指数全面上升，分项指数 6 升 2 降。

本期调研的中小企业中，复工情况最好的社会服务业复工率为 97.50%。

分行业指数全面上升。如表 1–1 所示，工业、建筑业、交通运输邮政仓储业、房地产业、批发零售业、社会服务业、信息传输计算机服务和软件业、住宿餐饮业指数分别比上季度上升 0.5、0.1、0.2、0.8、0.3、0.5、0.4、0.6 点，但都仍处于景气临界值 100 以下，尚未完全恢复至疫情前水平。

表 1–1　一季度分行业指数情况

| 分行业 | 2021 年一季度 | 2020 年四季度 | 变动幅度 |
|---|---|---|---|
| 总指数 | 87.5 | 87.0 | 0.5 |
| 工业 | 88.3 | 87.8 | 0.5 |
| 建筑业 | 91.6 | 91.5 | 0.1 |
| 交通运输邮政仓储业 | 77.2 | 77.0 | 0.2 |
| 房地产业 | 95.4 | 94.6 | 0.8 |
| 批发零售业 | 87.4 | 87.1 | 0.3 |
| 社会服务业 | 88.6 | 88.1 | 0.5 |
| 信息传输计算机服务和软件业 | 83.4 | 83.0 | 0.4 |
| 住宿餐饮业 | 67.2 | 66.6 | 0.6 |

分项指数 6 升 2 降。如表 1–2 所示，宏观经济感受指数和资金指数继续上升、成本指数继续下降、劳动力指数由升转降，这 4 项指数均保持在景气临界值 100 以上；综合经营指数、市场指数、投入指数和效益指数仍处于景气临界值 100 以下，但均比上季度有所上升。

表 1–2　一季度分项指数情况

| 分项指数 | 2021 年一季度 | 2020 年四季度 | 变动幅度 |
|---|---|---|---|
| 总指数 | 87.5 | 87 | 0.5 |
| 宏观经济感受指数 | 101.8 | 101.4 | 0.4 |
| 综合经营指数 | 96.6 | 95.9 | 0.7 |
| 市场指数 | 79.3 | 78.3 | 1.0 |
| 成本指数 | 117.3 | 118.2 | –0.9 |
| 资金指数 | 101.9 | 101.6 | 0.3 |
| 劳动力指数 | 105.4 | 105.5 | –0.1 |
| 投入指数 | 81.7 | 81.3 | 0.4 |
| 效益指数 | 62.5 | 61.9 | 0.6 |

一季度，中小企业发展指数反映出中小企业运行情况有以下主要特点。

企业信心进一步恢复。鼓励“就地过年”政策带动一、二线城市春节前后生产时间增加，经济持续稳定恢复，企业信心继续改善。反映企业信心的宏观经济感受指数为 101.8，比上季度上升 0.4 点，连续 4 个季度上升。在调查的 8 个行业中，宏观经济感受指数 6 升 1 平 1 降。

市场预期继续改善。随着疫情防控成果巩固，如经济形势转好，供需两端回升，市场预期企稳向好。一季度市场指数为 79.3，比上季度上升 1.0 点，处于 8 个分项指数的次低位。在所调查的 8 个行业中，7 个行业国内订单指数和销售价格指数均上升，8 个行业销售量指数均上升。

经营成本持续增加。由于市场流动性充裕、经济复苏需求回暖、供应短期偏紧以及春节等因素影响，国际大宗商品价格持续上涨，国内原材料价格大幅上涨，下游行业成本压力持续加大。一季度成本指数为 117.3，比上季度下降 0.9 点，虽然仍处于 8 个分项指数的最高位，但已连续 3 个季度下降，说明企业生产经营成本持续上升。

资金紧张局面有所缓解。央行两项直达货币政策工具（普惠小微企业贷款延期还本付息政策和信用贷款支持政策）适当延期，帮助中小微企业缓解了资金压力。一季度资金指数为 101.9，比上季度上升 0.3 点，高于景气临界值 100。融资指数为 89.3，与上季度持平；流动资金指数为 86.3，上升 0.5 点，在所调查的 8 个行业中，有 5 个行业融资指数和流动资金指数均回升。

劳动力供求结构性矛盾上升。一季度劳动力指数为 105.4，比上季度下降 0.1 点，连续两个季度下降。其中，需求指数为 99.8，上升 0.6 点；供应指数为 110.9，下降 1.0 点。受疫情及春节等因素影响，员工返乡后就地就近就业意愿增加，劳动力供给有所下降。同时，随着复工复产状况持续好转，带动劳动力需求上升，企业反映普工和技术工人出现招工难的现象。

企业投资意愿略有改善。2021 年减税政策的重点是对中小微企业“再帮一把”，助其“恢复元气、增强活力”，部分 2020 年出台的政策延续至 2021 年底，企业投资信心有所恢复。一季度投入指数为 81.7，比上季度上升 0.4 点，连续 4 个季度上升。所调查的 8 个行业固定资产投资指数全面回升。

企业效益低位回升。在生产稳步恢复、市场预期改善、政策支持力度加大等因素带动下，企业效益有所改善，但成本压力制约了效益改善的程度。一季度效益指数为 62.5，比上季度上升 0.6 点，仍为 8 个分项指数中的最低值，处于历史较低位。在所调查的 8 个行业中，有 7 个行业效益指数回升。

行业景气状况持续回升。工业、建筑业、交通运输邮政仓储业、批发零售业、社会服务业、信息传输计算机服务和软件业、住宿餐饮业指数均连续 4 个季度上升，房地产业指数由降转升。

分地区看，东、中、西部和东北地区指数分别为 87.6、87.2、87.9 和 83.4，东北地区指数仍处于地区指数最低位。从指数变动情况看，东部和西部地区指数上升，中部和东北地区指数下降。

### 1.2.2　二季度中小企业发展指数略有回落

2021 年二季度中小企业发展指数为 87.2，比一季度下降 0.3 点，恢复速度边际放缓，但仍处于 2020 年一季度以来次高位，高于 2020 年同期、但低于 2019 年同期水平。其中，分行业指数 2 升 1 平 5 降，分项指数 1 升 1 平 6 降。

分行业指数 2 升 1 平 5 降。如表 1–3 所示，信息传输计算机服务和软件业、住宿餐饮业指数分别上升 0.2、0.4 点，社会服务业指数持平，工业、建筑业、交通运输邮政仓储业、房地产业和批发零售业指数分别比上季度下降 0.4、0.2、0.3、0.3 和 0.2 点，8 个分行业指数均处于景气临界值 100 以下。

表 1–3　二季度分行业指数情况

| 分行业 | 2021 年二季度 | 2021 年一季度 | 变动幅度 |
|---|---|---|---|
| 总指数 | 87.2 | 87.5 | –0.3 |
| 工业 | 87.9 | 88.3 | –0.4 |
| 建筑业 | 91.4 | 91.6 | –0.2 |
| 交通运输邮政仓储业 | 76.9 | 77.2 | –0.3 |
| 房地产业 | 95.1 | 95.4 | –0.3 |
| 批发零售业 | 87.2 | 87.4 | –0.2 |
| 社会服务业 | 88.6 | 88.6 | 0.0 |
| 信息传输计算机服务和软件业 | 83.6 | 83.4 | 0.2 |
| 住宿餐饮业 | 67.6 | 67.2 | 0.4 |

分项指数 1 升 1 平 6 降。如表 1–4 所示，资金指数继续上升，劳动力指数止跌转平，宏观经济感受指数由升转降，成本指数继续下降，这 4 项指数一并保持在景气临界值 100 以上；综合经营指数、市场指数、投入指数和效益指数均比上季度有所下降，且仍处于景气临界值 100 以下，效益指数仍然处于 8 个分项指数最低位。

表 1-4　二季度分项指数情况

| 分项指数 | 2021 年二季度 | 2021 年一季度 | 变动幅度 |
|---|---|---|---|
| 总指数 | 87.2 | 87.5 | –0.3 |
| 宏观经济感受指数 | 101.3 | 101.8 | –0.5 |
| 综合经营指数 | 96.4 | 96.6 | –0.2 |
| 市场指数 | 79.2 | 79.3 | –0.1 |
| 成本指数 | 116.2 | 117.3 | –1.1 |
| 资金指数 | 102.2 | 101.9 | 0.3 |
| 劳动力指数 | 105.4 | 105.4 | 0.0 |
| 投入指数 | 81.5 | 81.7 | –0.2 |
| 效益指数 | 62.2 | 62.5 | –0.3 |

二季度，中小企业发展指数反映出中小企业运行情况有以下主要特点。

企业信心有待稳固。全球疫情形势和国内疫情防控压力不减，国内经济恢复不平衡，特别是成本上升、芯片“卡脖子”、外需放缓等因素，导致中小企业增长动力不足，企业发展信心不稳。反映企业信心的宏观经济感受指数为 101.3，比上季度下降 0.5 点，降幅在 8 个分项指数中居第二位，但仍保持在景气临界值 100 以上。在所调查的 8 个行业中，有 6 个行业宏观经济感受指数下降。

市场预期有所回落。国内部分地区疫情反弹导致消费增速有所放缓，经济恢复的全面性、整体性受到影响；随着国外经济的恢复，国外订单有所下降，市场预期有待提振。二季度市场指数为 79.2，比上季度下降 0.1 点，处于 8 个分项指数的次低位。在所调查的 8 个行业中，有 6 个行业国内订单指数和 5 个行业销售量指数有所下降。

经营成本持续上升。部分发达经济体大规模刺激政策外溢效应明显、短期全球供需错配、国内外大宗商品价格大幅上涨、海运费用成倍上升以及人民币升值较多等因素，持续推升中小企业生产经营成本。二季度成本指数为 116.2，比上季度下降 1.1 点，降幅最大，虽然仍处于 8 个分项指数的最高位，但已连续 4 个季度下降，说明成本持续上升。在所调查的 8 个行业中，有 7 个行业生产成本、4 个行业原材料购进价格和 6 个行业人力成本均上升。

资金紧张局面有所缓解。央行通过落实普惠小微企业贷款延期还本付息政策和信用贷款支持计划延期等工作，加大力度支持普惠金融，引导金融机构加大对科技创新、小微企业和绿色发展等领域的支持。二季度资金指数为 102.2，比上季度上升 0.3 点，持续高于景气临界值 100。流动资金紧张状况有所缓解，流动资金指数为 86.4，上升 0.1 点；融资指数为 89.5，上升 0.2 点。在所调查的 8 个行业中，有 5 个行业流动资金指数和融资指数环比上升。

劳动力供应上升、需求下降。稳就业的各项措施仍然在继续发力，劳动力供应略有上升，需求疲软，总体保持平稳。二季度劳动力指数为 105.4，与上季度持平，由降转平。其中，需求指数为 99.6，下降 0.2 点；供应指数为 111.1，上升 0.2 点，高于景气临界值。普通劳动力、技术工人和大专以上毕业生均呈现供应上升、需求下降态势。

企业效益仍处低位。原材料价格上涨明显，产成品价格却难以随之上涨，形成“剪刀差”挤压中小企业利润空间。二季度效益指数为 62.2，比上季度下降 0.3 点，降幅居 8 个分项指数的第三位，也是 8 个分项指数中的最低值，处于历史较低位。在所调查的 8 个行业中，有 5 个行业效益指数下降。

企业投资意愿仍显不足。企业效益状况不理想，投资意愿和信心不足。二季度投入指数为 81.5，比上季度下降 0.2 点。在所调查的 8 个行业中，有 4 个行业固定资产投资指数下降。

行业景气状况继续分化。工业、建筑业、交通运输邮政仓储业、房地产业和批发零售业指数由升转降，社会服务业、信息传输计算机服务和软件业、住宿餐饮业连续 5 个季度上升或持平。

分地区看，东、中、西部和东北地区指数分别为 86.4、87.5、86.6 和 82.0，东北地区指数仍处于地区指数最低位。从指数变动情况看，中部地区指数上升，东部、西部和东北地区指数下降，东北地区指数降幅最大。

### 1.2.3　三季度中小企业发展指数继续回落

下半年以来，受国内局部地区疫情散发、洪涝灾害以及周期性和政策性等因素影响，生产和内需恢复动能持续偏弱，经济下行压力明显加大，主要指标增速放缓，一些先行指标增幅持续回落，有的已经跌破景气临界值。中小企业发展指数在连续 4 个季度上升后，已连续两个季度下降。三季度中小企业发展指数为 86.7，比上季度下降 0.5 点，低于 2020 年同期和 2019 年同期水平，处于 2020 年三季度以来的最低点。其中，分行业指数 2 升 1 平 5 降，分项指数全面下降。

分行业指数 2 升 1 平 5 降。如表 1–5 所示，除批发零售业和住宿餐饮业指数分别上升 0.1 和 0.2 点、交通运输邮政仓储业指数持平外，工业、建筑业、房地产业、社会服务业、信息传输计算机服务和软件业指数比上季度分别下降 0.7、0.7、0.8、0.3、0.3 点，8 个分行业指数均处于景气临界值 100 以下。

**表 1–5　三季度分行业指数情况**

| 分行业 | 2021 年三季度 | 2021 年二季度 | 变动幅度 |
|---|---|---|---|
| 总指数 | 86.7 | 87.2 | –0.5 |
| 工业 | 87.2 | 87.9 | –0.7 |
| 建筑业 | 90.7 | 91.4 | –0.7 |
| 交通运输邮政仓储业 | 76.9 | 76.9 | 0.0 |
| 房地产业 | 94.3 | 95.1 | –0.8 |
| 批发零售业 | 87.3 | 87.2 | 0.1 |
| 社会服务业 | 88.3 | 88.6 | –0.3 |
| 信息传输计算机服务和软件业 | 83.3 | 83.6 | –0.3 |
| 住宿餐饮业 | 67.8 | 67.6 | 0.2 |

分项指数全面下降。如表 1–6 所示，资金指数由升转降，劳动力指数由平转降，宏观经济感受指数和成本指数继续下降，这 4 项指数仍保持在景气临界值 100 以上；综合经营指数、市场指数、投入指数和效益指数均比上季度有所下降，且仍处于景气临界值 100 以下，效益指数仍然处于 8 个分项指数最低位。

**表 1–6　三季度分项指数情况**

| 分项指数 | 2021 年三季度 | 2021 年二季度 | 变动幅度 |
|---|---|---|---|
| 总指数 | 86.7 | 87.2 | –0.5 |
| 宏观经济感受指数 | 100.6 | 101.3 | –0.7 |
| 综合经营指数 | 95.7 | 96.4 | –0.7 |
| 市场指数 | 79.0 | 79.2 | –0.2 |
| 成本指数 | 115.0 | 116.2 | –1.2 |
| 资金指数 | 101.7 | 102.2 | –0.5 |
| 劳动力指数 | 105.2 | 105.4 | –0.2 |
| 投入指数 | 81.3 | 81.5 | –0.2 |
| 效益指数 | 61.7 | 62.2 | –0.5 |

三季度，中小企业发展指数反映出中小企业运行情况有以下主要特点。

企业信心有待稳固。全球疫情反弹，国内疫情防控压力不减，经济恢复不平衡、不充分，小微企业面临较大经营压力，加之部分政策效应同向叠加，企业发展信心不稳。特别是进入三季度，部分地方出现拉闸限电，也给民营和中小企业生产经营活动带来了不利影响。反映企业信心的宏观经济感受指数为 100.6，比上季度下降 0.7 点，但仍保持在景气临界值 100 以上。

具体来看，反映企业对当前宏观经济形势看法的宏观感受指数为 107.7，下降 0.7 点；反映对行业总体运行状况看法的行业运行指数为 93.4，下降 0.8 点。可见，宏观经济感受指数下降主要是企业对当前宏观经济运行总体状况不乐观导致的。

市场预期有所回落。国外疫情持续蔓延，主要经济体复苏趋缓，外部需求前景不明；国内部分地区疫情散发影响当地经济恢复，供给需求两端恢复动能持续偏弱，市场预期有待提振。三季度市场指数为 79.0，比上季度下降 0.2 点，处于 8 个分项指数的次低位。在所调查的 8 个行业中，有 6 个行业国内订单指数和销售量指数均有所下降。仅 38% 的企业反映国外订单量有所增加，比上季度下降 3 个百分点。

经营成本持续上升。大宗商品价格大幅上涨以及电力、煤炭等供应紧张，加剧短期供需矛盾，叠加海运费飙升、缺箱塞港、人民币升值及人力成本刚性上升等多重因素，持续推升中小企业生产经营成本。三季度成本指数为 115.0，比上季度下降 1.2 点，降幅最大，虽然仍处于 8 个分项指数的最高位，但已连续 5 个季度下降，说明成本持续上升。在所调查的 8 个行业中，有 7 个行业生产成本、4 个行业原材料购进价格和 8 个行业人力成本均上升。

资金紧张局面有所抬头。由于货币信贷政策更趋严格，货币信贷增速进一步放缓，中小企业资金趋于紧张。三季度资金指数为 101.7，比上季度下降 0.5 点，连续 6 个季度高于景气临界值 100。流动资金紧张状况有所抬头，流动资金指数为 85.8，下降 0.6 点；融资指数为 88.9，下降 0.6 点。在所调查的 8 个行业中，有 7 个行业流动资金指数和 4 个行业融资指数环比下降，4 个行业应收账款上升。

劳动力供应上升、需求下降。随着大学毕业生进入劳动力市场和稳就业各项措施继续发力，本季度劳动力供应略有上升，但疫情反复以及生产活动放缓导致劳动力需求疲软。三季度劳动力指数为 105.2，比上季度下降 0.2 点，由平转降。其中，需求指数为 99.0，下降 0.6 点；供应指数为 111.4，上升 0.3 点，高于景气临界值。

企业效益仍处低位。上游原材料价格上涨明显，下游需求增长乏力，中小企业议价能力和成本传导能力有限，利润空间不断受到挤压。三季度效益指数为 61.7，比上季度下降 0.5 点，仍为 8 个分项指数中的最低值，处于历史较低位。所调查的 8 个行业中，5 个行业效益指数下降。

企业投资意愿仍显不足。疫情在局部地区散发仍具有较大不确定性，中小企业效益状况不理想，部分行业发展环境受调控政策影响较大，企业投资意愿和信心不足。三季度投入指数为 81.3，比上季度下降 0.2 点。

行业景气状况继续分化。工业、建筑业和房地产业指数继续下降，社会服务业、信息传输计算机服务和软件业指数由平或升转降，交通运输邮政仓储业和批发零售业指数止跌回升或回稳，住宿餐饮业指数连续 6 个季度上升，但处于历史较低位。

分地区看，东、中、西部和东北地区指数分别为 85.5、87.9、85.4 和 81.8，东北地区指数仍处于地区指数最低位。从指数变动情况看，中部地区指数上升，东部、西部与东北地区指数均下降，分别下降 0.9、1.2 和 0.2 点。

### 1.2.4 四季度中小企业发展指数继续回落，但降幅收窄

四季度，随着保供稳价和助企纾困政策落地生效，经济下行压力有所缓解，工业生产继续回升，能源供应保障得到加强，大宗商品价格涨势得到控制，12 月一些先行指标（如采购经理人指数等）出现好转，表现出筑底迹象。但下行压力依然存在，供需两端恢复动能仍然偏弱，加之国内疫情多点散发，四季度总体仍处于放缓态势，中小企业发展指数连续三个季度下降，但降幅有所收窄。四季度中小企业发展指数为 86.5，比上季度下降 0.2 点（降幅收窄 0.3 点），低于 2020 年同期和 2019 年同期水平，处于 2020 年三季度以来的最低点；其中，分行业指数 3 升 1 平 4 降，分项指数全面下降。12 月，中小企业发展指数为 86.4，比上月上升 0.1 点，连续两个月回升；其中，分行业指数 5 升 1 平 2 降，分项指数 6 升 2 降。

四季度分行业指数 3 升 1 平 4 降。如表 1–7 所示，建筑业、交通运输邮政仓储业、信息传输计算机服务和软件业指数比上季度分别上升 0.1、0.1、0.2 点，社会服务业指数持平，工业、房地产业、批发零售业和住宿餐饮业指数分别下降 0.3、0.4、0.3 和 0.6 点，8 个分行业指数均处于景气临界值 100 以下。

表 1–7 四季度分行业指数情况

| 分行业 | 2021 年四季度 | 2021 年三季度 | 变动幅度 |
|---|---|---|---|
| 总指数 | 86.5 | 86.7 | –0.2 |
| 工业 | 86.9 | 87.2 | –0.3 |
| 建筑业 | 90.8 | 90.7 | 0.1 |
| 交通运输邮政仓储业 | 77.0 | 76.9 | 0.1 |
| 房地产业 | 93.9 | 94.3 | –0.4 |
| 批发零售业 | 87.0 | 87.3 | –0.3 |
| 社会服务业 | 88.3 | 88.3 | 0.0 |
| 信息传输计算机服务和软件业 | 83.5 | 83.3 | 0.2 |
| 住宿餐饮业 | 67.2 | 67.8 | –0.6 |

四季度分项指数全面下降。如表 1–8 所示，8 个分项指数均比上季度有所下降，降幅最大的是成本指数，其次是宏观经济感受指数，比上季度分别下降 0.6 点和 0.5 点。其中，宏观经济感受指数、成本指数、资金指数和劳动力指数仍保持在景气临界值 100 以上，综合经营指数、市场指数、投入指数和效益指数仍处于景气临界值 100 以下，效益指数仍然处于 8 个分项指数最低位。

**表 1–8　四季度分项指数情况**

| 分项指数 | 2021 年四季度 | 2021 年三季度 | 变动幅度 |
| --- | --- | --- | --- |
| 总指数 | 86.5 | 86.7 | –0.2 |
| 宏观经济感受指数 | 100.1 | 100.6 | –0.5 |
| 综合经营指数 | 95.5 | 95.7 | –0.2 |
| 市场指数 | 78.9 | 79.0 | –0.1 |
| 成本指数 | 114.4 | 115.0 | –0.6 |
| 资金指数 | 101.6 | 101.7 | –0.1 |
| 劳动力指数 | 105.1 | 105.2 | –0.1 |
| 投入指数 | 81.1 | 81.3 | –0.2 |
| 效益指数 | 61.4 | 61.7 | –0.3 |

四季度，中小企业发展指数反映出中小企业运行情况有以下主要特点。

企业信心不振。全球疫情不确定性导致国内疫情防控压力加大，经济恢复不平衡、不充分，原材料价格高位运行加大小微企业成本压力，加之部分政策效应同向叠加，企业发展信心不稳。反映企业信心的宏观经济感受指数为 100.1，比上季度下降 0.5 点，但仍保持在景气临界值 100 以上。具体来看，反映企业对当前宏观经济形势看法的宏观感受指数为 107.2，下降 0.5 点；反映对行业总体运行状况看法的行业运行指数为 93.0，下降 0.4 点。可见，宏观经济感受指数下降主要是企业对当前宏观经济运行总体状况不乐观导致的。

市场预期偏弱。国外疫情持续蔓延，主要经济体复苏趋缓，外部需求前景不明；国内部分地区疫情多点散发冲击经济恢复基础，居民收入增速放缓制约消费，产能和环保约束加剧制造业投资乏力，出口面临高位回调，政策环境不稳定，市场预期有待提振。四季度市场指数为 78.9，比上季度下降 0.1 点，处于 8 个分项指数的次低位。在所调查的 8 个行业中，有 3 个行业国内订单指数、4 个行业销售量指数、3 个行业销售价格指数均有所下降。

经营成本持续上升。大宗商品价格大幅上涨以及能源供应紧张，加剧短期供需矛盾，叠加海外运输不畅、人民币升值及人力成本刚性上升等多重因素，持续推升中小企业生产经营成本。四季度成本指数为 114.4，比上季度下降 0.6 点，虽然仍处于 8 个分项指数的最高位，但已连续6个季度下降，说明成本持续上升。在所调查的8个行业中，有6个行业生产成本、3个行业原材料购进价格和8个行业人力成本均上升。

资金紧张局面有所改善。央行将两项直达实体经济货币政策工具转换为支持普惠小微企业和个体工商户的市场化政策工具，引导金融机构加大对小微企业、科技创新、绿色发展的支持。四季度资金指数为101.6，虽比上季度小幅回落0.1点，但已连续7个季度高于景气临界值100。年底流动资金紧张状况有所反弹，流动资金指数为85.4，下降0.4点；企业融资状况有所改善，融资指数为89.1，上升0.2点。在所调查的8个行业中，有8个行业流动资金指数和3个行业融资指数环比下降。

劳动力市场总体稳定。稳岗扩就业政策助力就业市场保持总体平稳，但疫情反复以及春节临近、生产活动放缓导致劳动力需求疲软。四季度劳动力指数为105.1，比上季度下降0.1点。其中，供应指数为111.3，下降0.1点，高于景气临界值；需求指数为98.8，下降0.2点。

企业效益仍处低位。上游原材料价格仍处于高位，下游需求增长乏力，中小企业议价能力和成本传导能力有限，利润空间不断受到挤压。四季度效益指数为61.4，比上季度下降0.3点，仍为8个分项指数中的最低值，处于历史较低位。在所调查的8个行业中，有5个行业效益指数下降。

投资意愿仍显不足。疫情多点散发，中小企业面临上游涨价和下游需求不足两头挤压，经营压力上升，加之部分行业发展环境受调控政策影响不确定性增强，企业继续扩大投资意愿不足。四季度投入指数为81.1，比上季度下降0.2点。

行业景气状况继续分化。工业和房地产业指数继续下降，建筑业、社会服务业和信息传输计算机服务和软件业指数由降转升，交通运输邮政仓储业由平转升，批发零售业指数和住宿餐饮业指数由升转降。

分地区看，东、中、西部和东北地区指数分别为85.2、87.7、86.0和80.9，西部地区指数比上季度上升0.6点，东部、中部与东北地区指数均下降，分别下降0.3、0.2和0.9点，东北地区指数降幅最大且仍处于地区指数最低位，区域分化态势进一步凸显。

## 1.3 2021年国家扶持中小企业的政策

近年来，党中央、国务院高度重视中小企业发展问题，依据相关法律法规，国务院及中央政府部门密集制定、出台了一系列促进、扶持中小企业发展的综合政策和专项政策。总体来看，这些政策作为国家产业政策的有机组成部分，服务于经济社会发展总体战略，着力促进和扶持中小企业创新转型，涵盖融资促进、财税支持、专精特新、营商环境、人才支持、产业政策和生态环保等涉及中小企业发展的方方面面，初步形成了较为完整的中小企业政策体系。

据不完全统计，近年来，国务院及中央各相关部门依法发布的与中小企业相关的重大政策法规有百余项，为促进中小企业长期发展和解决中小企业的现实问题创造了良好的政策环境。

一是形成较为完善的政策体系。从上述支持中小企业发展的政策构成情况来看，既有系统支持中小企业发展的综合性政策，例如，中共中央办公厅、国务院办公厅印发的《关于促进中小企业健康发展的指导意见》、工业和信息化部等部门印发的《关于健全支持中小企业发展制度的若干意见》、国家发展改革委等部门印发的《关于支持民营企业加快改革发展与转型升级的实施意见》以及工业和信息化部等部门印发的《"十四五"促进中小企业发展规划》，共同形成比较完整的顶层设计。也有从某个方面促进、扶持中小企业发展的专项政策，如针对中小企业解决融资难问题、财税优惠、提供公共服务、政府采购等，还包括与中小企业相关的政策，如金融政策、投资政策、产业政策等。这些政策在《中华人民共和国中小企业促进法》的统领下构筑了促进中小企业发展的政策体系。从现有促进、扶持中小企业发展的政策情况来看，目前已形成以《中华人民共和国中小企业促进法》为总纲、以综合性政策为核心、以专项政策为主体、以相关政策为辅助的较为完整的政策体系，形成对中小企业发展的全方位政策支持（见表 1–9）。

**表 1–9　支持中小企业发展的重大政策**

| 序号 | 政策文件名称 | 发布单位 | 发布时间 |
|---|---|---|---|
| 1 | 《关于进一步支持小型微型企业健康发展的意见》 | 国务院 | 2012 年 4 月 |
| 2 | 《关于促进劳动密集型中小企业健康发展的指导意见》 | 工业和信息化部等九部门 | 2013 年 12 月 |
| 3 | 《关于大力支持小微文化企业发展的实施意见》 | 文化部、工业和信息化部、财政部 | 2014 年 7 月 |
| 4 | 《关于扶持小型微型企业健康发展的意见》 | 国务院 | 2014 年 10 月 |
| 5 | 《促进中小企业发展规划（2016—2020 年）》 | 工业和信息化部 | 2016 年 6 月 |
| 6 | 《关于实施进一步支持和服务民营经济发展若干措施的通知》 | 国家税务总局 | 2018 年 11 月 |
| 7 | 《关于促进中小企业健康发展的指导意见》 | 中共中央办公厅、国务院办公厅 | 2019 年 4 月 |

续表 1-9

| 序号 | 政策文件名称 | 发布单位 | 发布时间 |
|---|---|---|---|
| 8 | 《关于健全支持中小企业发展制度的若干意见》 | 工业和信息化部等十七部门 | 2020 年 7 月 |
| 9 | 《关于支持民营企业加快改革发展与转型升级的实施意见》 | 国家发展改革委等六部门 | 2020 年 10 月 |
| 10 | 《“十四五”促进中小企业发展规划》 | 工业和信息化部等十九部门 | 2021 年 12 月 |

二是对中小企业发展全面关注和重点支持。从政策的关注点来看，专精特新成为政策的核心。通过制定优质中小企业培育计划，促进中小企业高质量发展。

关于财税政策，从 2017 年起对小微企业实施税收优惠政策，此后逐年持续扩大优惠范围和内容，延长优惠年限。2021 年全年累计新增减税降费约 1.1 万亿元，政策红利持续释放。2021 年，我国国民经济持续稳定恢复，减税降费力度继续加大，全国一般公共预算收入中的税收收入占 GDP 比重为 15.1%，比 2020 年略降 0.1 个百分点，比“十二五”末的 2015 年（18.1%）下降 3 个百分点，市场主体税收负担进一步减轻。2021 年政府工作报告再次要求，针对小微企业制定系列减税政策。此外，为缓解融资难融资贵，国家制定了一系列融资担保、融资租赁、金融科技、应收账款融资、创业投资等专项政策以及鼓励金融创新政策，设立了中小企业发展基金，为中小企业正常运营、快速成长、发展转型提供金融支持。

三是政策不断演化服务国家战略。技术、市场的日新月异，迫切要求政府不断调整和创新中小企业政策，推动政策精准对接中小企业的现实需求。从 2012 年至今中小企业政策主题的演化情况来看，中小企业政策表现出与经济社会发展的高度匹配和相容性。专精特新、数字化转型、“双碳”等成为经济社会发展新的增长点，中央政府、工业和信息化部及相关部门及时对中小企业政策予以调整和完善，既有利于中小企业在新形势下的新发展，也有利于促进相关战略目标的实现，形成了中小企业与经济社会共生共赢的发展局面（见表 1-10）。

表 1-10　2012 年至今中小企业政策主题变化情况

| 年份 | 政策数量（项） | 主　题 |
|---|---|---|
| 2012 | 6 | 政府采购、民间资本投资、公共服务平台、小微企业 |
| 2013 | 4 | 小微企业融资、税收优惠、劳动密集型小微企业发展 |
| 2014 | 7 | 小微企业融资、小微文化企业发展、税收优惠 |
| 2015 | 17 | 创新创业、众创空间、融资、信用体系、“互联网 +”、三证合一、税收优惠 |
| 2016 | 11 | 创业创新、制造业、国际化、创业投资、管理创新、示范基地 |

续表 1–10

| 年份 | 政策数量（项） | 主　　题 |
|---|---|---|
| 2017 | 10 | 知识产权、信息化、融资创新、科技型中小企业、税收优惠、公共服务平台 |
| 2018 | 13 | 专精特新、政府采购、民间资本投资、公共服务平台、小微企业 |
| 2019 | 8 | 专精特新、小微企业融资、税收优惠、劳动密集型小微企业发展 |
| 2020 | 160 | 防疫抗疫、惠企纾困等 |
| 2021 | 23 | 专精特新、创新创业、融资促进、信用体系、税收优惠、生态环保 |

### 1.3.1　促进中小企业发展相关政策简评

本节选取部分具有代表性的中小企业政策，对其予以简单评价，以期为进一步的政策改进提供参考。

**1. 融资促进方面**

融资难融资贵是中小企业发展过程中不可回避的现实问题。为缓解中小企业融资问题，国家和相关部门陆续出台了一系列政策法规。

（1）金融政策聚焦小微企业高质量发展，提升小微企业金融服务效能。2021 年 4 月，中国银保监会发布的《关于 2021 年进一步推动小微企业金融服务高质量发展的通知》（以下简称“《通知》”）提出，牢牢把握高质量发展主题，进一步提升小微企业金融服务整体效能。《通知》明确，要继续将单户授信总额 1 000 万元以下（含）的普惠型小微企业贷款作为投放重点，2021 年努力实现此类贷款较年初增速不低于各项贷款增速，有贷款余额的户数不低于年初水平的“两增”目标，五家大型银行要努力实现普惠型小微企业贷款全年增长 30% 以上。《通知》提出，大型银行、股份制银行要发挥行业带头作用，努力实现 2021 年新增小型微型企业“首贷户”数量高于 2020 年；大型银行要将小型微型企业“首贷户”占比纳入内部绩效指标。《通知》督促银行业金融机构完善“敢贷愿贷”内部机制，不折不扣落实普惠金融类指标在内部绩效考核指标中权重占比 10% 以上，大型银行、股份制银行内部转移定价（FTP）优惠力度不低于 50 个基点等政策要求。《通知》还就规范融资服务收费、做好惠企纾困政策平稳衔接、深化信用信息共享机制、强化监管督导和外部环境建设等方面作出了具体安排。

（2）通过两项直达货币政策工具以及奖补、减费等多种手段，为中小微企业融资营造良好环境。政府部门多措并举，通过创新货币政策工具、奖补、减费等手段，优化融资环境，帮助中小微企业解决融资难题。一是促进结构稳步优化。创新和运用好结构性货币政策工具，做好“加法”，继续加大对小微企业、科技创新、绿色发展的信贷支持，将两项直达工具转换为支持小微企业的市场化政策工具，支持中小微企业融资。二是推动企业融资成本稳中有降，通过融资担保业务降费奖补、知识产权质押融资、降低小微企业和个体工商户支付手续费、优化银行开户服务等多种手段，降低企业的融资成本。融资支持方面的政策见表 1–11。

**表 1–11 融资支持方面的政策**

| 政策文件名称 | 政策内容 | 政策对象 |
| --- | --- | --- |
| 《中国人民银行 中国银保监会 财政部 国家发展改革委 工业和信息化部关于进一步延长普惠小微企业贷款延期还本付息政策和信用贷款支持政策实施期限有关事宜的通知》 | 进一步延长普惠小微企业贷款延期还本付息政策和信用贷款支持政策，实施期限至 2021 年底 | 小微企业 |
| 《财政部 工业和信息化部关于继续实施小微企业融资担保业务降费奖补政策的通知》 | 继续组织实施小微企业融资担保业务降费奖补政策，引导地方支持扩大实体经济领域小微企业融资担保业务规模，降低小微企业融资担保成本，着力缓解小微企业融资难融资贵问题 | 小微企业和个体工商户 |
| 《国家知识产权局 中国银保监会 国家发展改革委关于印发〈知识产权质押融资入园惠企行动方案（2021—2023 年）〉的通知》 | 推动知识产权质押融资工作深入园区、企业和金融机构基层网点，更好服务实体经济，有效缓解创新型中小微企业的融资难融资贵问题 | 创新型中小微企业 |
| 《中国人民银行 中国银保监会 国家发展改革委 市场监管总局关于降低小微企业和个体工商户支付手续费的通知》 | 降低银行账户服务收费。降低人民币转账汇款手续费。取消部分票据业务收费。降低银行卡刷卡手续费 | 小微企业和个体工商户 |
| 《财政部 中国人民银行 中国银保监会关于实施中央财政支持普惠金融发展示范区奖补政策的通知》 | 中央财政分档对各省（自治区、直辖市及新疆生产建设兵团）进行奖补，支持各省确定的普惠金融发展示范区自主开展工作，缓解普惠群体融资难融资贵问题 | 各省（自治区、直辖市及新疆生产建设兵团） |
| 《中国银保监会办公厅关于优化银行开户服务 切实解决群众“办卡难”和小微企业“开户难”的通知》 | 银行对个人和小微企业（含个体工商户）开展客户身份识别，应当优化相关信息系统，有效对接政府有关部门信息资源，充分利用公安、市场监管、民政、税务、移民管理以及其他公开渠道获取的相关信息，减少需客户自行提供的证明材料，让数据“多跑路”、群众“少跑腿” | 群众和小微企业 |

（3）通过完善金融基础设施建设，为健全信息平台网络和动产抵押登记做好前期准备。根据《国务院办公厅关于印发加强信用信息共享应用促进中小微企业融资实施方案的通知》，做好以下工作。一是加强信用信息共享整合。统筹建立或完善地方融资信用服务平台，构建全国一体化融资信用服务平台网络。二是深化信用信息开发利用。各级融资信用服务平台要建立完善中小微企业信用评价指标体系。三是保障信息主体合法权益。明确相关信息的共享公开属性

和范围，建立信息分级分类管理和使用制度，提升信息安全风险监测、预警、处置能力，严肃查处非法获取、传播、泄露、出售信息等违法违规行为。要强化政策支持，鼓励有条件的地方建立中小微企业信用贷款市场化风险分担补偿机制、提供贷款贴息。

2021 年 12 月 28 日，中国人民银行发布《动产和权利担保统一登记办法》。2020 年 12 月 22 日，国务院正式印发《关于实施动产和权利担保统一登记的决定》，明确自 2021 年 1 月 1 日起，在全国范围内实施动产和权利担保统一登记。纳入统一登记范围的动产和权利担保，由当事人通过中国人民银行征信中心动产融资统一登记公示系统自主办理登记。

### 2. 财税支持方面

（1）进一步深化税收征管改革的意见。中共中央办公厅、国务院办公厅印发《关于进一步深化税收征管改革的意见》，目标是要求到 2022 年，在税务执法规范性、税费服务便捷性、税务监管精准性上取得重要进展。到 2023 年，基本建成“无风险不打扰、有违法要追究、全过程强智控”的税务执法新体系，实现从经验式执法向科学精确执法转变；基本建成“线下服务无死角、线上服务不打烊、定制服务广覆盖”的税费服务新体系，实现从无差别服务向精细化、智能化、个性化服务转变；基本建成以“双随机、一公开”监管和“互联网 + 监管”为基本手段、以重点监管为补充、以“信用 + 风险”监管为基础的税务监管新体系，实现从“以票管税”向“以数治税”分类精准监管转变。到 2025 年，深化税收征管制度改革取得显著成效，基本建成功能强大的智慧税务，形成国内一流的智能化行政应用系统，全方位提高税务执法、服务、监管能力。

（2）针对中小微企业的税收优惠政策。2021 年针对中小微企业的税收优惠政策主要有三项。一是将小规模纳税人增值税起征点从月销售额 10 万元提高到 15 万元；二是对小微企业和个体工商户年应纳税所得额不到 100 万元的部分，在现行优惠政策基础上，再减半征收所得税，该部分所得的税负仅为 2.5%；三是延续执行企业研发费用加计扣除 75% 的政策，并将制造业企业加计扣除比例提高到 100%。财税支持方面的政策见表 1–12。

**表 1–12　财税支持方面的政策**

| 政策文件名称 | 政策内容 | 政策对象 |
| --- | --- | --- |
| 《财政部关于取消港口建设费和调整民航发展基金有关政策的公告》 | 自 2021 年 1 月 1 日起取消港口建设费。自 2021 年 4 月 1 日起，将航空公司应缴纳民航发展基金的征收标准，在按照《财政部关于调整部分政府性基金有关政策的通知》（财税〔2019〕46 号）降低 50% 的基础上，再降低 20% | 航空公司 |

续表 1-12

| 政策文件名称 | 政策内容 | 政策对象 |
|---|---|---|
| 《财政部 税务总局关于明确增值税小规模纳税人免征增值税政策的公告》 | 自 2021 年 4 月 1 日 至 2022 年 12 月 31 日，对月销售额 15 万元以下（含本数）的增值税小规模纳税人，免征增值税 | 小规模纳税人 |
| 《财政部 税务总局关于实施小微企业和个体工商户所得税优惠政策的公告》 | 对小型微利企业年应纳税所得额不超过 100 万元的部分，在《财政部 税务总局关于实施小微企业普惠性税收减免政策的通知》（财税〔2019〕13 号）第二条规定的优惠政策基础上，再减半征收企业所得税。对个体工商户年应纳税所得额不超过 100 万元的部分，在现行优惠政策基础上，减半征收个人所得税 | 小微企业和个体工商户 |
| 《财政部 税务总局关于进一步完善研发费用税前加计扣除政策的公告》 | 制造业企业开展研发活动中实际发生的研发费用，未形成无形资产计入当期损益的，在按规定据实扣除的基础上，自 2021 年 1 月 1 日起，再按照实际发生额的 100% 在税前加计扣除；形成无形资产的，自 2021 年 1 月 1 日起，按照无形资产成本的 200% 在税前摊销 | 制造业企业 |
| 《财政部 税务总局关于继续执行的城市维护建设税优惠政策的公告》 | 自 2019 年 1 月 1 日 至 2021 年 12 月 31 日，对增值税小规模纳税人可以在 50% 的税额幅度内减征城市维护建设税。具体操作按照《财政部 税务总局关于实施小微企业普惠性税收减免政策的通知》（财税〔2019〕13 号）有关规定执行 | 小规模纳税人 |
| 《财政部 税务总局关于城市维护建设税计税依据确定办法等事项的公告》 | 城市维护建设税以纳税人依法实际缴纳的增值税、消费税税额为计税依据。教育费附加、地方教育附加计征依据与城市维护建设税计税依据一致，按本公告第一条规定执行 | 纳税人 |
| 《国家税务总局 财政部关于制造业中小微企业延缓缴纳 2021 年第四季度部分税费有关事项的公告》 | 延缓缴纳的税费包括所属期为 2021 年 10 月、11 月、12 月（按月缴纳）或者 2021 年第四季度（按季缴纳）的企业所得税、个人所得税（代扣代缴除外）、国内增值税、国内消费税及附征的城市维护建设税、教育费附加、地方教育附加，不包括向税务机关申请代开发票时缴纳的税费 | 该文件所称制造业中小微企业是指国民经济行业分类中行业门类为制造业，且年销售额 2 000 万元以上（含 2 000 万元）4 亿元以下（不含 4 亿元）的企业和年销售额 2 000 万元以下（不含 2 000 万元）的企业。该文件所称制造业中小微企业含个人独资企业、合伙企业、个体工商户 |

（3）针对中小企业的减税降费政策实施效果。一是加大小微企业税费优惠力度，促进了市场主体活力提升。2021 年，支持小微企业发展税收优惠政策新增减税 2 951 亿元。税收数据显示，2021 年，全国小微企业每百元销售收入缴纳税收同比下降 12.4%。二是允许企业提

前享受研发费用加计扣除政策，促进了创新发展。企业提前享受研发费用加计扣除政策减免税额 3 333 亿元，进一步降低了企业研发成本、增加了现金流，增强了企业创新动能。税收数据显示，2021 年全国重点税源制造业企业研发投入同比增长 22.6%，企业创新投入持续加大。三是落实落细增值税增量留抵退税和企业购买设备器具一次性税前扣除政策，促进了制造业发展。2021 年，税务部门累计为 3.1 万户制造业企业办理留抵退税 1 322 亿元；实施企业购买不超过 500 万元的设备器具一次性企业所得税税前扣除政策，新增减税 781 亿元，进一步缓解了制造业企业的资金压力。四是落实社保费降费政策，促进了就业稳定。2021 年，税务部门会同人社部门积极落实阶段性降低失业保险、工伤保险费率政策，全年新增降费 1 504 亿元，有效减轻了企业社保缴费负担，对稳就业、稳企业起到了重要支撑作用。

### 3. 营商环境方面

多措并举，优化营商环境。深化“放管服”改革，在招标投标领域，全面推行“双随机一公开”监管模式；在知识产权领域，创新服务模式，持续压缩商标、专利审查周期，切实提高商标、专利申请质量，提高知识产权公共服务效能；在金融领域，优化银行开户服务；在平台经济领域，预防和制止平台经济领域垄断行为。通过治理涉企收费、深化“证照分离”、开展企业开办标准化规范化试点、完善简易注销登记、提高企业开办“一网通办”平台使用效率，为企业营造良好的营商环境。具体政策见表 1–13。

**表 1–13　营商环境方面的政策**

| 政策文件名称 | 政策内容 |
| --- | --- |
| 《中华人民共和国市场主体登记管理条例》 | 《中华人民共和国市场主体登记管理条例》，为保护市场主体合法权益、促进创业创新、维护市场秩序提供法治保障。整合已出台的关于市场主体登记管理的行政法规，对在我国境内以营利为目的从事经营活动的各类企业、个体工商户、农民专业合作社等登记管理作出统一规定。主要包括以下方面。提升登记便利度。精简申请材料和登记环节。推动解决“注销难”。为降低市场主体维持成本，设立歇业制度。明确诚信和监管要求。明确违法行为的法律责任和处罚措施 |
| 《国务院办公厅关于服务“六稳”“六保”进一步做好“放管服”改革有关工作的意见》 | 提出了七个方面政策措施。一是进一步推动优化就业环境。二是进一步推动减轻市场主体负担。三是进一步推动扩大有效投资。四是进一步推动激发消费潜力。五是进一步推动稳外贸稳外资。六是进一步推动优化民生服务。七是进一步加强事中事后监管 |
| 《关于建立健全招标投标领域优化营商环境长效机制的通知》 | 严格规范地方招标投标制度规则制定活动。加大地方招标投标制度规则清理整合力度。全面推行“双随机一公开”监管模式。畅通招标投标异议、投诉渠道。建立营商环境问题线索和意见建议常态化征集机制 |

续表 1–13

| 政策文件名称 | 政策内容 |
| --- | --- |
| 《市场监管总局关于开展 2021 年"治理涉企收费 减轻企业负担"专项行动工作的通知》 | 集中力量加强涉企收费监管工作，包括中介机构收费、行业协会商会收费、交通物流领域收费、水电气暖等公用事业收费、商业银行收费 |
| 《市场监管总局等六部门关于进一步加大改革力度不断提升企业开办服务水平的通知》 | 大力提高企业开办"一网通办"平台使用效率，大力推动企业开办要素电子化，提高企业开办身份验证服务水平，优化社会保险费、住房公积金账户代扣代缴服务模式，推进企业开办标准化规范化 |
| 《国家知识产权局关于深化知识产权领域"放管服"改革优化创新环境和营商环境的通知》 | 持续压缩商标、专利审查周期，切实提高商标、专利申请质量，提高知识产权公共服务效能，进一步提升知识产权保护能力，加强知识产权服务业监管，促进知识产权转化运用 |
| 《国务院关于深化"证照分离"改革进一步激发市场主体发展活力的通知》 | 大力推动照后减证和简化审批，强化改革系统集成和协同配套，创新和加强事中事后监管，采取有力措施确保改革落地见效 |
| 《市场监管总局关于充分发挥职能作用落实深化"证照分离"改革任务的通知》 | 实现市场监管领域涉企经营许可事项改革全覆盖，在自贸试验区进一步加大改革试点力度，确保各项分类改革举措有序实施，创新和加强事中事后监管，持续强化涉企信息归集运用 |
| 《商务部关于印发〈深化"证照分离"改革进一步激发市场主体发展活力工作实施方案〉的通知》 | 一是在全国范围内的改革举措。对石油成品油批发经营资格审批（初审）、石油成品油批发经营资格审批、石油成品油仓储经营资格审批（初审）、石油成品油仓储经营资格审批、对外贸易经营者备案登记、从事拍卖业务许可、援外项目实施企业资格认定、进出口国营贸易经营资格认定、供港澳活畜禽经营权审批、报废机动车回收（拆解）企业资质认定、成品油零售经营资格审批、直销企业及其分支机构设立和变更审批、对外劳务合作经营资格核准等 13 项涉企经营许可事项，按照直接取消审批、审批改为备案、实行告知承诺、优化审批服务等四种方式分类推进审批制度改革。<br>二是在自由贸易试验区的改革举措。对对外贸易经营者备案登记、供港澳活畜禽经营权审批、从事拍卖业务许可、对外劳务合作经营资格核准等 4 项涉企经营许可事项进一步加大改革试点力度 |
| 《市场监管总局等六部门关于开展企业开办标准化规范化试点工作的通知》 | 认真梳理业务流程，畅通部门信息共享，严格执行规范标准，不断提高全程网办比例，大力推进企业开办要素电子化，深化企业开办智能化应用 |
| 《市场监管总局 国家税务总局关于进一步完善简易注销登记便捷中小微企业市场退出的通知》 | 拓展简易注销登记适用范围、实施个体工商户简易注销登记、压缩简易注销登记公示时间、建立简易注销登记容错机制、优化注销平台功能流程 |
| 《国家发展改革委 自然资源部 生态环境部 交通运输部 水利部 国家能源局关于加强投资数据资源共享 持续深化投资审批"一网通办"的指导意见》 | 在 2021 年底争取实现各级自然资源、生态环境、交通运输、水利等部门审批系统与投资在线平台的互联共享，并逐步深化投资审批权责"一张清单"、投资数据"一体共享"、审批事项"一网通办"。在主要任务上，该文件提出四方面举措。一是完善工作机制，优化纵横贯通的审批体系；二是健全共享标准，推进投资审批数据实时共享；三是拓展平台功能，增强各方面改革获得感；四是深化"一网通办"、促进投资审批更加高效便捷 |

续表 1-13

| 政策文件名称 | 政策内容 |
| --- | --- |
| 《国务院关于开展营商环境创新试点工作的意见》 | 进一步破除区域分割和地方保护等不合理限制，健全更加开放透明、规范高效的市场主体准入和退出机制，持续提升投资和建设便利度，更好支持市场主体创新发展，持续提升跨境贸易便利化水平，优化外商投资和国际人才服务管理，维护公平竞争秩序，进一步加强和创新监管，依法保护各类市场主体产权和合法权益，优化经常性涉企服务 |
| 《中国银保监会办公厅关于优化银行开户服务切实解决群众“办卡难”和小微企业“开户难”的通知》 | 进一步优化银行开户服务，解决群众“办卡难”和小微企业“开户难”问题，保护金融消费者合法权益的一系列措施 |
| 《国务院反垄断委员会关于平台经济领域的反垄断指南》 | 强调反垄断法及配套法规规章适用于所有行业，对各类市场主体一视同仁、公平公正对待，旨在预防和制止平台经济领域垄断行为，促进平台经济规范有序创新健康发展 |
| 《市场监管总局等五部门关于印发〈公平竞争审查制度实施细则〉的通知》 | 《公平竞争审查制度实施细则》共 7 章 31 条，分为总则、审查机制和程序、审查标准、例外规定、第三方评估、监督与责任追究、附则。此次修订围绕贯彻党中央落实公平竞争审查制度、健全公平竞争审查机制等要求，严格遵循公平竞争审查制度框架，与《中华人民共和国反垄断法》《优化营商环境条例》《重大行政决策程序暂行条例》等现行法律法规和国务院规定加强衔接，聚焦制度实施中存在的工作推进不积极、审查质量不高、监督考核不到位等突出问题，以强化制度刚性约束为修订主线，通过完善规则、优化机制、强化监督、加强保障，不断提高审查质量和效果，切实提升制度权威和效能 |
| 《工业和信息化部关于印发〈保障中小企业款项支付投诉处理暂行办法〉的通知》 | 党中央、国务院一直高度重视中小企业权益保护。为深入贯彻落实党中央、国务院决策部署，更好落实《中华人民共和国中小企业促进法》《保障中小企业款项支付条例》，促进机关、事业单位和大型企业及时支付中小企业货物、工程、服务款项，规范投诉受理、处理程序，维护中小企业合法权益，工业和信息化部印发《保障中小企业款项支付投诉处理暂行办法》 |

### 4. 人才支持方面

（1）综合施策。国务院印发《“十四五”就业促进规划》，明确了“十四五”时期促进就业的基本原则，即坚持就业导向、政策协同，坚持扩容提质、优化结构，坚持市场主导、政府调控，坚持聚焦重点、守住底线。提出到 2025 年，实现就业形势总体平稳、就业质量稳步提升、结构性就业矛盾有效缓解、创业带动就业动能持续释放、风险应对能力显著增强等目标。《“十四五”就业促进规划》提出七项重点任务。一是坚持经济发展就业导向，不断扩大就业容量；二是强化创业带动作用，放大就业倍增效应；三是完善重点群体就业支持体系，增强就业保障能力；四是提升劳动者技能素质，缓解结构性就业矛盾；五是推进人力资源市场体系建设，健全公共就业服务体系；六是优化劳动者就业环境，提升劳动者收入和权益保障水平；七是妥善应对潜在影响，防范化解规模性失业风险。

（2）促创新带就业。人力资源和社会保障部等八部门出台《关于维护新就业形态劳动者劳动保障权益的指导意见》，明确了规范用工的具体要求，也就是根据企业用工形式和新就业形态劳动者就业方式的不同，明确企业应当对符合确立劳动关系情形、不完全符合确立劳动关系情形但企业对劳动者进行劳动管理的新就业形态劳动者权益保障承担相应责任。对平台企业采取劳务派遣、外包等合作用工方式的，平台企业与合作企业依法承担各自的用工责任。

（3）抓重点群体稳就业。《国务院办公厅关于进一步支持大学生创新创业的指导意见》公开发布，要求提升大学生创新创业能力、优化大学生创新创业环境、加强大学生创新创业服务平台建设、推动落实大学生创新创业财税扶持政策、加强对大学生创新创业的金融政策支持、促进大学生创新创业成果转化、办好中国国际“互联网 +”大学生创新创业大赛、加强大学生创新创业信息服务等措施，提升大学生创新创业能力、增强创新活力，进一步支持大学生创新创业。

（4）人才培训强化就业支撑。中共中央办公厅、国务院办公厅印发《关于推动现代职业教育高质量发展的意见》，主要目标是，到 2025 年，职业教育类型特色更加鲜明，现代职业教育体系基本建成，技能型社会建设全面推进。办学格局更加优化，办学条件大幅改善，职业本科教育招生规模不低于高等职业教育招生规模的 10%，职业教育吸引力和培养质量显著提高。到 2035 年，职业教育整体水平进入世界前列，技能型社会基本建成。技术技能人才社会地位大幅提升，职业教育供给与经济社会发展需求高度匹配，在全面建设社会主义现代化国家中的作用显著增强。此外，人力资源和社会保障部办公厅关于印发《专业技术人才知识更新工程数字技术工程师培育项目实施办法》的通知中，对培养数字技术工程师队伍的目标任务、组织领导、职业培训和评价、培训机构和评价机构的遴选、政策保障、服务与监管提出明确要求。

### 5. 产业政策方面

（1）重点是对受疫情影响的行业进行帮扶。对受疫情影响较大的线下零售、住宿餐饮、外资外贸企业，文化和旅游企业以及中小企业分别出台帮扶措施。相关部委对重点行业均出台了纾困措施，如《商务部 财政部 人民银行 税务总局 银保监会 外汇局关于支持线下零售、住宿餐饮、外资外贸等市场主体纾困发展有关工作的通知》《文化和旅游部办公厅关于进一步加强政策宣传落实 支持文化和旅游企业发展的通知》《国务院办公厅关于进一步加大对中小企业纾困帮扶力度的通知》。

（2）保供稳价政策。针对受大宗商品价格上升影响的化肥行业以及煤炭和电力价格大幅上涨等情况，有关部委出台保供稳价以及对电力体制进行改革等相关政策，如《国家发展改革委等部门关于做好今后一段时间国内化肥保供稳价工作的通知》《国家发展改革委关于进一步深化燃煤发电上网电价市场化改革的通知》等。

（3）立足当前，着眼长远，提高有关行业发展质量和水平的政策。为推动工业、制造服务业、中小企业高质量发展和生活性服务业补短板上水平而出台的相关文件主要有以下几个，如《国家发展改革委 工业和信息化部关于振作工业经济运行 推动工业高质量发展的实施方案的通知》，国家发展改革委等十三部门联合印发《关于加快推动制造服务业高质量发展的意见》，《国务院促进中小企业发展工作领导小组办公室关于印发提升中小企业竞争力若干措施的通知》，《国务院办公厅转发国家发展改革委关于推动生活性服务业补短板上水平提高人民生活品质若干意见的通知》。相关产业政策见表 1–14。

**表 1–14　相关产业政策**

| 政策文件名称 | 政策内容 |
| --- | --- |
| 《商务部 财政部 人民银行 税务总局 银保监会 外汇局关于支持线下零售、住宿餐饮、外资外贸等市场主体纾困发展有关工作的通知》 | 通过加强普惠金融服务、满足企业合理资金需求、创新优化融资产品和服务、充分发挥出口信用保险作用、提升涉外企业汇率避险意识和能力、发挥专项资金引导作用、推进减税降费直达快享、优化出口退税办理、加强形势跟踪研判、广泛开展政银企对接，加大对受疫情持续影响企业的定向支持，帮助相关行业企业有效应对当前疫情形势，更好服务构建新发展格局 |
| 《文化和旅游部办公厅关于进一步加强政策宣传落实 支持文化和旅游企业发展的通知》 | 切实发挥纾困惠企政策的积极作用，支持文化和旅游企业有效应对新冠肺炎疫情持续影响，通过提高对纾困惠企政策落实工作重要性的认识，着力推动已有政策宣传落地，增强落实措施的针对性，支持企业创新发展，加强政策培训，引导企业练好内功，提高科学精准防控疫情能力和水平 |
| 《国家发展改革委等部门关于做好今后一段时间国内化肥保供稳价工作的通知》 | 全力保障化肥生产要素供应、提高化肥生产企业产能利用率、强化储备调节作用、全力畅通供应国内的化肥运输配送、维护化肥市场流通秩序、大力推进化肥减量增效、形成化肥调控工作合力等措施做好今后一段时间国内化肥保供稳价工作 |
| 《国家发展改革委关于进一步深化燃煤发电上网电价市场化改革的通知》 | 按照电力体制改革“管住中间、放开两头”总体要求，有序放开全部燃煤发电电量上网电价，扩大市场交易电价上下浮动范围，推动工商业用户都进入市场，取消工商业目录销售电价，保持居民、农业、公益性事业用电价格稳定，充分发挥市场在资源配置中的决定性作用、更好发挥政府作用，保障电力安全稳定供应，促进产业结构优化升级，推动构建新型电力系统，助力碳达峰碳中和目标实现 |
| 《关于加快推动制造服务业高质量发展的意见》 | 针对我国制造服务业供给质量不高，专业化、社会化程度不够，引领制造业价值链攀升的作用不明显，与建设现代化经济体系、实现经济高质量发展的要求还存在差距。为加快推动制造服务业高质量发展，聚焦重点环节和领域，从 6 个方面加快推动制造服务业发展，以高质量的服务供给引领制造业转型升级和品质提升。以专项行动和重点工程为抓手，统筹谋划、重点突破，实现制造业与制造服务业耦合共生、相融相长 |

续表 1–14

| 政策文件名称 | 政策内容 |
| --- | --- |
| 《国务院办公厅转发国家发展改革委关于推动生活性服务业补短板上水平提高人民生活品质若干意见的通知》 | 加强公益性基础性服务供给、加快补齐服务场地设施短板、加强服务标准品牌质量建设、强化高质量人力资源支撑、推动服务数字化赋能、培育强大市场激活消费需求、打造市场化法治化国际化营商环境来推动生活性服务业补短板、上水平，提高人民生活品质，更好满足人民群众日益增长的美好生活需要 |
| 《国务院促进中小企业发展工作领导小组办公室关于印发提升中小企业竞争力若干措施的通知》 | 通过 11 个方面 34 条具体措施，加强精准有效政策支持，营造良好发展环境，促进中小企业创新和专业化发展，提升中小企业竞争力 |
| 《国务院办公厅关于进一步加大对中小企业纾困帮扶力度的通知》 | 针对近期中小企业发展遇到的突出问题，提出了包括加大纾困资金支持力度、进一步推进减税降费、灵活精准运用多种金融政策工具、推动缓解成本上涨压力、加强用电保障、支持企业稳岗扩岗、保障中小企业款项支付、着力扩大市场需求、全面压实责任等 9 条具体措施 |
| 《国家发展改革委 工业和信息化部关于振作工业经济运行 推动工业高质量发展的实施方案的通知》 | 国家发展改革委、工业和信息化部会同有关方面制定了实施方案，以便做好宏观政策预调微调和跨周期调节，精准打通产业链供应链堵点卡点，挖掘市场需求潜力，强化政策扶持，优化发展环境，保持良好增长预期，激发市场主体活力，振作工业经济运行，推动工业高质量发展 |

### 6. 生态环保及“双碳”方面

当今世界正迎来一场以绿色低碳为特征的技术革命和产业变革。习近平主席代表中国政府郑重宣布，中国二氧化碳排放力争于 2030 年前达到峰值，努力争取 2060 年前实现碳中和，清楚地向国际社会表明了中国坚持绿色低碳发展的坚定决心。国家层面已经发布了《中共中央 国务院关于完整准确全面贯彻新发展理念做好碳达峰碳中和工作的意见》和《2030 年前碳达峰行动方案》，出台了科技、碳汇、财税、金融等保障措施，形成碳达峰碳中和“1+N”政策体系，明确了时间表、路线图、施工图。具体政策见表 1–15。

表 1–15 生态环境及“双碳”方面的政策

| 政策文件名称 | 政策内容 |
| --- | --- |
| 《关于统筹和加强应对气候变化与生态环境保护相关工作的指导意见》 | 主要是加快推进应对气候变化与生态环境保护相关职能协同、工作协同和机制协同，加强源头治理、系统治理、整体治理，以更大力度推进应对气候变化工作，实现减污降碳协同效应，为实现碳达峰目标与碳中和愿景提供支撑保障。<br>从战略规划、政策法规、制度体系、试点示范、国际合作等五个方面，建立健全统筹融合、协同高效的工作体系，推进应对气候变化与生态环境保护相关工作统一谋划、统一布置，统一实施、统一检查 |

续表 1-15

| 政策文件名称 | 政策内容 |
| --- | --- |
| 《国务院关于加快建立健全绿色低碳循环发展经济体系的指导意见》 | 从六个方面部署了重点工作任务。一是健全绿色低碳循环发展的生产体系。要推进工业绿色升级，加快农业绿色发展，提高服务业绿色发展水平，壮大绿色环保产业，提升产业园区和产业集群循环化水平，构建绿色供应链。二是健全绿色低碳循环发展的流通体系。要积极调整运输结构，加强物流运输组织管理，推广绿色低碳运输工具，加强再生资源回收利用，建立绿色贸易体系。三是健全绿色低碳循环发展的消费体系。要促进绿色产品消费，倡导绿色低碳生活方式，坚决制止餐饮浪费，因地制宜推进生活垃圾分类和减量化、资源化，推进塑料污染全链条治理。四是加快基础设施绿色升级。要推动能源体系绿色低碳转型，完善能源消费总量和强度双控制度，推进城镇环境基础设施建设升级，提升交通基础设施绿色发展水平，改善城乡人居环境。五是构建市场导向的绿色技术创新体系。要鼓励绿色低碳技术研发，加速科技成果转化。六是完善法律法规政策体系。强化法律法规支撑，健全绿色收费价格机制，加大财税扶持力度，大力发展绿色金融，完善绿色标准、绿色认证体系和统计监测制度，培育绿色交易市场机制 |
| 《中共中央　国务院关于完整准确全面贯彻新发展理念做好碳达峰碳中和工作的意见》 | 明确了碳达峰碳中和工作重点任务。一是推进经济社会发展全面绿色转型，二是深度调整产业结构，三是加快构建清洁低碳安全高效能源体系，四是加快推进低碳交通运输体系建设，五是提升城乡建设绿色低碳发展质量，六是加强绿色低碳重大科技攻关和推广应用，七是持续巩固提升碳汇能力，八是提高对外开放绿色低碳发展水平，九是健全法律法规标准和统计监测体系，十是完善政策机制 |
| 《国务院关于印发 2030 年前碳达峰行动方案的通知》 | 将碳达峰贯穿于经济社会发展全过程和各方面，重点实施能源绿色低碳转型行动、节能降碳增效行动、工业领域碳达峰行动、城乡建设碳达峰行动、交通运输绿色低碳行动、循环经济助力降碳行动、绿色低碳科技创新行动、碳汇能力巩固提升行动、绿色低碳全民行动、各地区梯次有序碳达峰行动等"碳达峰十大行动"，并就开展国际合作和加强政策保障作出相应部署 |
| 《国家发展改革委等部门关于发布〈高耗能行业重点领域能效标杆水平和基准水平（2021 年版）〉的通知》 | 对拟建、在建项目，应对照能效标杆水平建设实施，推动能效水平应提尽提，力争全面达到标杆水平。对能效低于本行业基准水平的存量项目，合理设置政策实施过渡期，引导企业有序开展节能降碳技术改造，提高生产运行能效，坚决依法依规淘汰落后产能、落后工艺、落后产品。加强绿色低碳工艺技术装备推广应用，促进形成强大国内市场。依据能效标杆水平和基准水平，限期分批实施改造升级和淘汰。对需开展技术改造的项目，各地要明确改造升级和淘汰时限（一般不超过 3 年）以及年度改造淘汰计划，在规定时限内将能效改造升级到基准水平以上，力争达到能效标杆水平；对于不能按期改造完毕的项目进行淘汰。坚决遏制高耗能项目不合理用能，对于能效低于本行业基准水平且未能按期改造升级的项目，限制用能 |
| 《生态环境部办公厅等部门关于开展气候投融资试点工作的通知》 | 通过 3 ~ 5 年的努力，试点地方基本形成有利于气候投融资发展的政策环境，培育一批气候友好型市场主体，探索一批气候投融资发展模式，打造若干个气候投融资国际合作平台，使资金、人才、技术等各类要素资源向气候投融资领域充分聚集 |

### 1.3.2 相关政策目标

根据工业和信息化部会同国家发展改革委、科技部、财政部等十九部门联合发布的《“十四五”促进中小企业发展规划》，“十四五”时期将努力构建中小企业“321”工作体系，围绕“政策体系、服务体系、发展环境”三个领域，聚焦“缓解中小企业融资难、融资贵，加强中小企业合法权益保护”两个重点，紧盯“提升中小企业创新能力和专业化水平”一个目标，并将这一工作体系作为《“十四五”促进中小企业发展规划》的核心内容，成为“十四五”促进中小企业发展工作的切入点和着力点。因此，中小企业融资支持、专精特新中小企业培育以及优化营商环境都是政府部门关注的重点。

1. 通过两项直达实体经济货币政策工具，帮助小微企业纾困

为帮助企业便利获得贷款，2020年政府工作报告提出，创新直达实体经济的货币政策工具，引发市场广泛关注。同年6月1日，普惠小微企业贷款延期支持工具、普惠小微企业信用贷款支持计划两项创新直达实体经济的政策工具问世。经过2020年下半年的实践，两项政策实施取得明显效果，在2020年底延长的基础上，2021年底将两项直达实体经济货币政策工具转换为支持普惠小微企业和个体工商户的市场化政策工具。相较既有的传统政策工具，两项直达工具具有三大特点。一是市场化，对金融机构行为进行激励，但央行不直接给企业提供资金，也不承担信用风险；二是普惠性，只要符合条件，就可以享受人民银行提供的支持；三是直达性，将货币政策操作与金融机构对企业的支持直接联系，确保精准调控。两项货币政策工具将发挥跨周期调节能力，继续支持经济增长。

2. 创新型中小企业梯度培育体系正在构建

创新型中小企业的培育工作列入《“十四五”促进中小企业发展规划》九大重点工程之首。工业和信息化部正在构建创新型中小企业评价体系，建立中小企业梯度培育体系，完善专精特新标准制定等基础设施建设。2021年8月，工业和信息化部公布第三批2 930家专精特新“小巨人”企业，截至2021年11月，我国“小巨人”企业数量已达4 762家。《“十四五”促进中小企业发展规划》提出构建优质企业梯度培育格局，目标是在“十四五”期间，培育百万家创新型中小企业、十万家省级专精特新企业、一万家专精特新“小巨人”企业和一千家“单项冠军”企业。

3. 深化商事制度改革，营造良好的营商环境

为中小企业营造良好环境，将进一步改革创新审批方式，深化“证照分离”改革，在生产

许可、项目投资审批、证明事项等领域，广泛推行承诺制，实现政府定标准、企业或个人作承诺、过程强监管、失信严惩戒，大幅提高核准审批效率。提升企业注销便利度，强化税务、社保、金融、市场监管等环节协同办理，扩大简易注销范围，让市场主体进得来、退得出。加快完善各领域监管标准体系，实施标准“领跑者”制度，鼓励行业制定更高水平自律标准，推动产品竞争力提高和产业转型升级。根据不同行业特点，合理分配国家、区域、省市县之间的监管力量，加强薄弱环节建设。创新包容审慎监管，改革按区域、按行业监管的习惯做法，探索创新监管标准和模式，发挥平台监管和行业自律作用。在部分领域实施柔性监管、智慧监管等，对一些看不准、可能存在风险的，可以划定可控范围，探索试点经验再推广。支持地方探索创新，鼓励地方从当地实际出发，先行先试推进“放管服”改革。通过综合授权等方式，支持地方深化“放管服”改革，形成更多可复制推广的经验做法，以点带面推动全国营商环境的优化。

## 1.4　相关政策建议

### 1. 抑制大宗原材料价格上涨，解决中小企业的困难

一是加强预期管理，对输入型通胀带给不同行业、领域的不同影响进行动态跟踪，打击商品市场上的各种投机和违规行为，保供稳价，同时保障重点商品的生产供应，稳定通胀预期。二是保持宏观政策连续性，帮助中小企业更好管控风险，加强对价格和外汇等环节的风险管理，削弱输入性因素对中小企业的影响。

### 2. 发展动产融资，尽快出台相关配套政策，推动政策落地

一是发展动产融资，解决中小企业融资难融资贵。目前中小企业以现行法规政策为依据，贯彻落实相关标准，规范利用存货（仓单）融资模式解决企业融资问题已取得阶段性成果，希望相关配套政策能够尽快出台并落地。二是完善信用体系建设，鼓励金融机构创新信贷产品。完善企业信用信息共享机制，强化公共信用信息的归集、共享、公开和开发利用，利用大数据等金融科技手段全面勾画中小企业信用全貌，实现银企信息有效对接，让银行面向企业需求，提供更多样的信贷产品。三是大力发展多层次资本市场体系，加大企业直接融资比重。鼓励中小微企业在创业板、北京证券交易所、区域性股权交易市场等多层次资本市场融资。四是大力发展金融科技，努力提高中小微企业的信用贷款比重。利用大数据、云计算、区块链等先进技

术，发展金融科技。推动普惠小微信用贷款占比明显提升。五是更好发挥保险行业在防灾减灾、救灾降损方面的风险管理专业作用，为中小商户提供保障。

### 3. 全面强化就业优先政策措施

一是尽快研究中小企业缴纳社保可选弹性基数的政策。自 2020 年 11 月起，社保入税已在各个省份全面施行。按规定，企业需要按实际工资作为基数足额缴纳社保，会大幅增加企业成本，应该尽快研究企业选择弹性基数缴纳社保的可行性。二是继续强化职业技能教育，提升技能人才社会地位，加强国家层面的舆论导向宣传和政策支持。三是加大人力资本投资，终身学习，培养技能。四是规范平台经济发展，支持零工经济发展，配套完善社保体系。五是优化劳动力市场管理服务。落实网络招聘服务管理规定，督促服务机构切实承担自身责任，加强主管部门事中事后监管，提高远程监管、移动监管等非现场监管能力。

### 4. 利用多种手段解决应收账款拖欠问题

贯彻落实国务院颁布的《保障中小企业款项支付条例》，切实落实监督检查责任，充分发挥法律对拖欠行为的惩戒和约束作用。建议探索以互联网和区块链等技术以及比较可靠的承兑方式、缩短承兑期限、便利贴现等多种手段，解决应收账款拖欠问题。建议以完善制度为重点建立长效治理机制，包括在反垄断法制度体系框架下解决大企业拖欠问题；利用反垄断机构的力量强化执法；进一步加强实施措施等。

### 5. 为市场主体营造稳定可预期的市场环境

一是继续落实减税降费有关政策。对于小微企业，给予更多政策扶持，发挥好财政资金补短板和民生兜底作用。评估残疾人保障金的收支情况，适当降低用人单位安置残疾人比例，减轻企业负担。要加大减税降费政策宣贯力度，加强政策精准落地。让企业补贴政策在网上兑现，实现“一键触达”。二是依托中国中小企业协会等社会组织，加快建立社会化、市场化、专业化的服务体系，协助政府助推中小企业健康发展。三是总结一些地区发展中小企业的经验，特别是优化营商环境的经验，将优秀案例在全国进行宣传。四是抓重点企业的带动，特别是围绕专精特新，采取有效措施，持续发力，实现一批企业加快成长和发展。五是建议有关部门组织有关机构为企业提供更精准的技术创新、上市辅导、创新成果转化与应用、数字化智能化改造、知识产权应用等服务，打造适合中小企业获取政策信息、参与政策互动的公共平台。

# 第2章 专精特新政策发展状况分析

专精特新概念于2011年7月由工业和信息化部首次提出，随后在《“十二五”中小企业成长规划》中提出将专精特新作为中小企业转型升级的重要途径。前三批专精特新“小巨人”企业的批准认证工作已于2019—2011年陆续完成，第四批的“小巨人”企业认定也于2022年6月启动。作为“十四五”规划中“百十万千”梯度培育体系的重要一环，专精特新政策的发展和“小巨人”企业培育工作的推进，将对我国中小微企业的高质量发展起到重要的引领作用。本章将从政策背景、政策特点和企业特点三个方面对专精特新政策发展状况进行分析介绍，为后续进一步研究提供基础信息。

## 2.1 专精特新政策背景

专精特新企业是中小企业的领头羊，也是产业链供应链的关键节点，为制造业和实体经济发展提供重要支撑。当前我国经济面临中小企业压力大、制造业短板突出和全球贸易摩擦升级的难题。要想突破这一困境，就必须鼓励中小企业走“专业化、精细化、特色化、创新型”发展道路。

### 2.1.1 中小企业压力大

近两年新冠肺炎疫情对我国经济造成了极大的冲击，对处于产业链弱势地位的中小企业尤甚。随着疫情持续反复，经济发展面临的“三重压力”没有明显缓解，中小企业从疫情中恢复的速度越来越慢。另外，受大宗商品价格上涨、全球通胀、乌克兰危机等的影响，中小企业面临的不确定性增加，中小企业信心低迷。如图2–1所示，各类中小企业指数在2020年后均围绕警戒线上下浮动或长期低于警戒线，反映出中小企业面临着较大的经营压力。

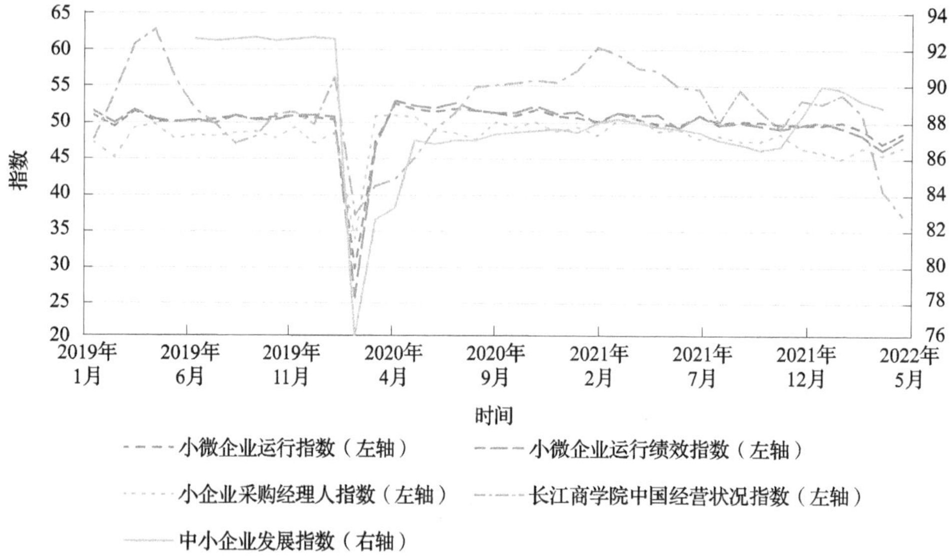


**图 2-1 各类中小企业指数变化趋势**

### 2.1.2 制造业短板突出

制造业是立身之本、强国之基，实体经济为国家经济命脉所系，制造业之于实体经济和国家发展意义重大。但是，我国制造业长期存在“大而不强”的问题。近年来受要素成本快速上涨、资源环境约束趋紧、发达国家技术垄断等因素影响，制造业的短板更加突出。我国制造业增加值占 GDP 比重近 12 年一直居世界首位，但近年来呈下行趋势，从 2011 年的 32.06% 下降至 2020 年 26.18%，在 2021 年恢复至 27.40%（见图 2-2）。同时，我国制造业固定资产投资增速也在快速下行，从 2011 年的 31.8% 跌至 2020 年的 –2.2%，在 2021 年恢复至 13.5%（见图 2-3）。虽然制造业比重下降是经济发展与工业化进程发展的必然结果，但相比欧美等发达国家，我国制造业比重下降存在过早和过快的问题。

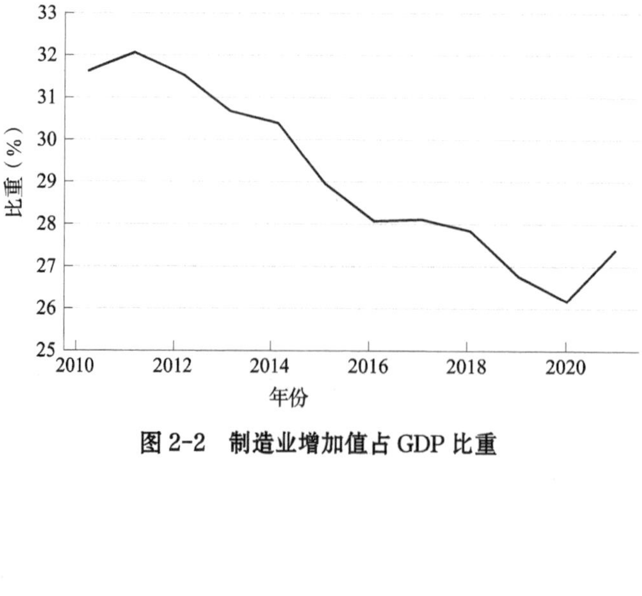


**图 2-2 制造业增加值占 GDP 比重**

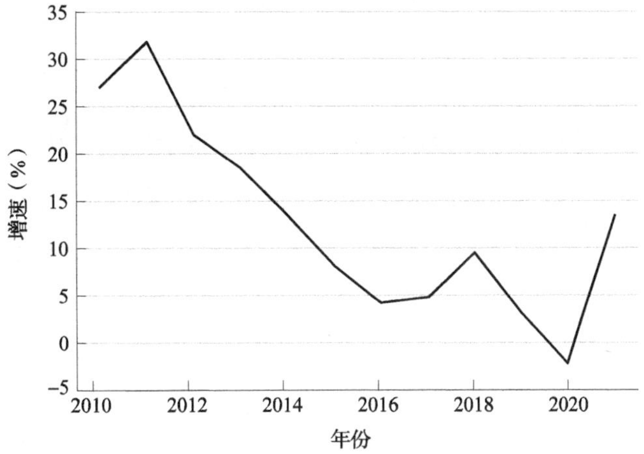


图 2-3　制造业固定资产投资增速

### 2.1.3　全球产业链重塑

随着科技的发展，以 5G、先进材料、人工智能等为代表的突破性技术簇群涌现为核心特征，全球进入第四次产业革命，产业竞争格局正在发生重大调整。各主要经济体产业链回流、供应链回缩趋势明显。从 2016 年开始，全球外国直接投资（FDI）流量整体呈下滑趋势且降幅主要集中在发达经济体，2020 年 FDI 流量下降 34.6%，2021 年又上升 64%（见图 2–4）。虽然 2021 年的 FDI 流量已经恢复至疫情前水平，但根据联合国贸易发展会议预测，FDI 流量增长势头难以为继。这种暂时性的上升主要得益于宽松的融资和重大基础设施刺激计划，随着乌克兰危机、大宗商品价格高企、融资收紧等的影响加深，2022 年 FDI 流量很有可能继续呈下降趋势。

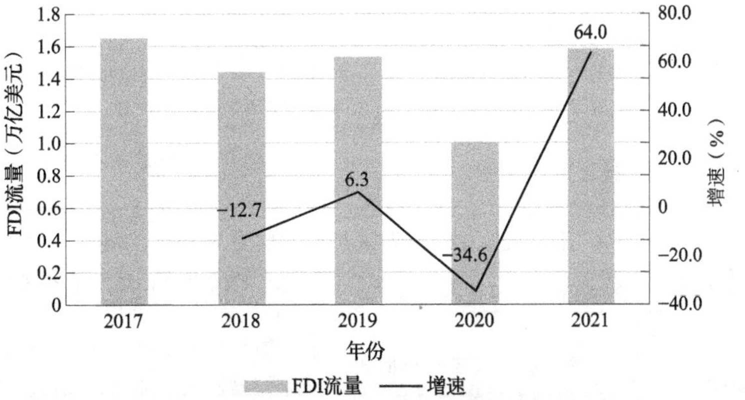


图 2-4　全球 FDI 流量及增速

为了在第四次产业革命抢占先机，主要工业化国家纷纷进行战略规划。2013 年德国政府在汉诺威工业博览会上率先提出“工业 4.0”战略，此后美国、日本、英国也先后制定了“先进制造业国家战略”“科技工业联盟”“工业 2050 战略”。为了更好整合资源，在第四次工业革命中走在前列，我国于 2015 年 5 月开始部署全面推进实施制造强国战略。同时，我国参与国际化分工不断加深，越来越多的中小企业面临的市场由过去封闭的国内市场转向高度开放的全球市场。培育专精特新“小巨人”企业对于应对全球竞争、寻求中小企业新成长路径、突破价值链低端锁定、构筑新市场竞争优势将起到至关重要的作用，为中国在第四次产业革命中对发达国家实现赶超提供更强助力。

## 2.2 专精特新政策特点

“十三五”以来，专精特新政策热度提升、支持力度加大，呈现出政策趋于精细化、注重产业生态化和区域政策差异化三个特点。

### 2.2.1 政策趋于精细化

#### 1. 强化部门协作

2011 年工业和信息化部首次提出专精特新的概念后，越来越多的政府部门不断出台政策支持中小企业走专精特新发展道路，从财税金融支持、服务体系、市场活动、企业培育和工作机制五个方面给予中小企业支持，逐渐形成了上下联动、部门协同的专精特新支持体系。具体政策见表 2–1。

表 2–1 截至 2022 年 6 月国家层面专精特新政策汇总

| 时间 | 部门 | 文件名称 | 主要内容 |
|---|---|---|---|
| 2011 年 7 月 | 工业和信息化部 | 《中国产业发展和产业政策报告（2011）》 | 专精特新概念首次提出 |
| 2011 年 9 月 | 工业和信息化部 | 《“十二五”中小企业成长规划》 | 将专精特新发展方向作为中小企业转型升级、转变发展方式的重要途径 |
| 2012 年 4 月 | 国务院 | 《关于进一步支持小型微型企业健康发展的意见》 | 鼓励小型微型企业走专精特新和与大企业协作配套发展的道路，加快从要素驱动向创新驱动的转变 |
| 2013 年 7 月 | 工业和信息化部 | 《关于促进中小企业“专精特新”发展的指导意见》 | 提高专精特新中小企业的数量和比重，提高中小企业的整体素质 |

续表 2-1

| 时间 | 部门 | 文件名称 | 主要内容 |
|---|---|---|---|
| 2015 年 5 月 | 国务院 | 《中国制造 2025》 | 发展一批主营业务突出、竞争力强、成长性好、专注于细分市场的专业化“小巨人”企业 |
| 2016 年 8 月 | 工业和信息化部、国家发展改革委等 | 《工业强基工程实施指南（2016—2020 年）》 | 培育 100 家左右年销售收入超过 10 亿元、具有国际竞争力的“小巨人”企业，形成 10 个左右具有国际竞争力、年销售收入超过 300 亿元的基础产业集聚区 |
| 2018 年 11 月 | 工业和信息化部 | 《工业和信息化部办公厅关于开展专精特新“小巨人”企业培育工作的通知》 | 计划利用 3 年时间（2018—2020 年），培育 600 家左右专精特新“小巨人”企业 |
| 2019 年 4 月 | 中共中央、国务院 | 《关于促进中小企业健康发展的指导意见》 | 支持推动中小企业转型升级，聚焦主业，增强核心竞争力，不断提高发展质量和水平，走专精特新发展道路 |
| 2020 年 7 月 | 工业和信息化部等十七部门 | 《关于健全支持中小企业发展制度的若干意见》 | 健全专精特新中小企业、专精特新“小巨人”企业和制造业单项冠军企业梯度培育体系、标准体系和评价机制 |
| 2020 年 7 月 | 工业和信息化部 | 《关于开展第二批专精特新“小巨人”企业培育工作的通知》 | 继续加大专精特新“小巨人”企业培育力度 |
| 2021 年 1 月 | 财政部、工业和信息化部 | 《关于支持“专精特新”中小企业高质量发展的通知》 | 通过中央财政资金进一步支持中小企业专精特新发展 |
| 2021 年 3 月 | 中共中央、国务院 | 《中华人民共和国国民经济和社会发展第十四个五年规划和 2035 年远景目标纲要》 | 推动中小企业提升专业化优势，培育专精特新“小巨人”企业和制造业单项冠军企业 |
| 2021 年 4 月 | 工业和信息化部 | 《工业和信息化部办公厅关于开展第三批专精特新“小巨人”企业培育工作的通知》 | 分层培育专精特新中小企业群体，分类促进企业做精做强做大，加快完善优质企业梯度培育体系 |
| 2021 年 7 月 | 工业和信息化部等六部门 | 《关于加快培育发展制造业优质企业的指导意见》 | 引导专精特新中小企业成长为国内市场领先的“小巨人”企业；用好现有资金渠道，支持专精特新中小企业高质量发展 |
| 2021 年 9 月 | 证监会 | 《证监会就北京证券交易所有关基础制度安排向社会公开征求意见》 | 突出专精特新中小企业特点，明确简便、包容、精准的发行条件，建立多元、灵活、充分博弈的承销机制，聚焦服务实体经济，大力支持科技创新 |

续表 2-1

| 时间 | 部门 | 文件名称 | 主要内容 |
|---|---|---|---|
| 2021 年 11 月 | 国务院 | 《为“专精特新”中小企业办实事清单》 | 从加大财税支持力度等 10 个方面提出 31 项具体举措 |
| 2021 年 12 月 | 工业和信息化部等十九部门 | 《“十四五”促进中小企业发展规划》 | 将“优质中小企业培育工程”作为九大重点工程之首来部署，明确“十四五”时期将建立分层评价指标，逐步构建起“百十万千”的优质中小企业梯度培育体系 |
| 2022 年 6 月 | 工业和信息化部 | 《工业和信息化部办公厅关于开展第四批专精特新“小巨人”企业培育和第一批专精特新“小巨人”企业复核工作的通知》 | 围绕强化梯度培育、加强政策支持、开展精准服务、优化发展环境、加强动态管理等 5 个方面加大培育措施 |

### 2. 细化评选标准

2018 年 11 月，工业和信息化部开展首批专精特新“小巨人”企业行动。此前，为支持中小企业高质量发展，还有培育“制造业单项冠军企业”“隐形冠军企业”等行动。相较于以前的企业评选，“小巨人”企业的认定条件更细，涵盖经济效益、专业化程度、创新能力和经营管理等四类专项指标的认定。在专精特新的发展过程中，“小巨人”企业的培育条件也在不断细化，针对不同类型的企业提出了更具体的要求。《“十四五”促进中小企业发展规划》中，明确将“优质中小企业培育工程”作为九大重点工程之首来部署，将建立分层评价指标，逐步构建起“百十万千”的优质中小企业梯度培育体系。“十四五”期间，我国将培育一百万家创新型中小企业，培育十万家省级的专精特新中小企业，一万家专精特新“小巨人”企业，一千家制造业单项冠军企业。

### 3. 完善公共服务

为提升对中小企业服务的及时性和有效性，全国已构建起覆盖省、市（州）、县三级联动的公共服务体系，为中小企业专精特新发展提供信息、技术、咨询、培训、融资、市场等各类服务支撑。目前已搭建完成了以升级公共服务平台为枢纽、地市和行业窗口平台为依托的中小企业公共服务平台网络，覆盖全国 30 多个省、自治区、直辖市和 5 个计划单列市，集聚平台 1 100 多个，形成服务体系的骨干架构。同时，政府加大了主流媒体的宣传推广。工业和信息化部将“注重示范引导”作为重要的服务内容，各级地方政府充分利用媒体渠道和中小企业示范平台资源设立专精特新“小巨人”企业专栏和系列报道，帮助企业提升品牌影响力和社会知名度。

### 2.2.2　注重产业生态化

#### 1. 打造重点产业集群

根据工业和信息化部开展的专精特新“小巨人”企业培育工作的重点领域，从第一批至第三批，“小巨人”企业培育的重点领域以《工业“四基”发展目录（2016 年版）》为基础、并结合产业发展实际不断扩展，着力突破工业“四基”发展瓶颈。第一批小巨人围绕工业“四基”发展目录、制造强国战略十大重点领域、国家 / 省份重点鼓励发展的领域展开，第二批增加了产业链供应链关键环节及关键领域，第三批增加了重点产业链关键基础技术和产品的产业化攻关等领域。专精特新“小巨人”企业培育的重点领域见表 2-2。

**表 2-2　专精特新“小巨人”企业培育的重点领域**

| 名　称 | 第一批 | 第二批 | 第三批 |
|---|---|---|---|
| 《工业“四基”发展目录》所列重点领域 | √ | √ | √ |
| 制造强国战略十大重点领域 | √ | √ | √ |
| 国家 / 省份重点鼓励发展的领域 | √ | √ | |
| 产业链供应链关键环节及关键领域 | | √ | √ |
| 重点产业链关键基础技术和产品的产业化攻关 | | | √ |
| 新一代信息技术与实体经济深度融合的创新产品 | | | √ |

中央及地方政府积极推动大中小企业融通，打造产业集群。工业和信息化部等六部门共同发布的《关于加快培育发展制造业优质企业的指导意见》中提出要联合中小企业建设先进制造业集群、战略性新兴产业集群、创新型产业集群。各级地方政府也鼓励专精特新“小巨人”企业作为产业链“链主”或产业集群龙头企业，引领带动上下游企业开展技术研发和创新联动，形成以“小巨人”企业为核心、产业集聚度高、创新能力强的重点产业集群，提升中小企业专精特新集聚发展水平和区域产业配套能力，提升产业协同效率，增强制造业竞争优势。

#### 2. 推动产业协同创新

《关于加快培育发展制造业优质企业的指导意见》提出，要依托优质企业组建创新联合体或技术创新战略联盟，开展协同创新，加大重点领域关键核心技术、产品、装备公关和示范应用。工业和信息化部会同财政部、科技部由中央财政通过中小企业发展专项资金，分 3 年投入 100 亿元支持 200 家优质实体经济开发区打造包括大中小企业融通型特色载体在内的四类创新创业特色载体，依托特色载体打造大中小企业融通发展的新型产业创新生态。地方政府也将大力支持专精特新“小巨人”企业与大型企业共建产业创新联盟或创新联合体，实现大中小企业之间的创新能力共享、成果转化和品牌协同，支持专精特新“小巨人”企业参与共建国家级重点实验室、工程技术研究中心、制造业创新中心等，开展共性技术研发供给，开展订单式研发、投放式创新、供应链互通的融通创新产业生态。

### 2.2.3 区域政策差异化

#### 1. 与当地营商环境相适应

为深入贯彻习近平总书记关于“培育一批‘专精特新’中小企业”重要指示精神，各省、自治区、直辖市陆续出台相关政策，构建专精特新企业培育体系，引导中小企业走专精特新之路。

为规范专精特新中小企业认定工作，各个省份均制定了专精特新中小企业认定管理办等文件。各个省份对省级专精特新中小企业的认定标准有细微差异。部分省份专精特新“小巨人”企业的主营业务比重、研发投入比重、细分市场地位的认定标准如表 2–3 所示，可以看出，经济发展水平高的地区认定标准更加严格。

表 2–3 部分省份专精特新“小巨人”企业认定标准

| 省份 | 主营业务比重（%） | 研发投入比重（%） | 细分市场地位 |
|---|---|---|---|
| 浙江 | ≥ 70 | ≥ 3 | 排名国内前列 |
| 山东 | ≥ 70 | ≥ 2.5 | 具备一定优势 |
| 上海 | ≥ 70 | ≥ 3 | 全国前 10 位 / 全市前 3 位 |
| 湖南 | ≥ 70 | ≥ 3 | 全国前 30 位 / 全省前 10 位 |
| 辽宁 | — | ≥ 2 | — |
| 宁夏 | — | 有研发投入 | 全区前 3 位 |
| 青海 | ≥ 50（可选） | 重视研发 | 占据优势 |

为响应“十四五”规划中的“百十万千”的培育目标，全国各省市也陆续公布了“十四五”时期的发展目标与方向。如表 2–4 所示，经济越发达和围绕专精特新出台政策越多的地区，企业培育目标相对越高。

#### 2. 与当地产业发展相结合

全国各个省份在国家明确的重点领域基础上，结合当地的主导产业、支柱产业或优势产业，形成了各个省份专精特新的发展重点。如表 2–5 和表 2–6 所示，各个省份的优势产业和重点培育领域基本一致。

**表 2-4　“十四五”时期全国部分省份专精特新企业培育目标**　单位：家

| 地区 | 省份 | 企业数量 | | 地区 | 省份 | 企业数量 | |
|---|---|---|---|---|---|---|---|
| | | 国家级 | 省市级 | | | 国家级 | 省市级 |
| 华北地区 | 河北 | — | 500（2021 年） | 华中地区 | 湖北 | — | 400（每年） |
| | 山西 | 200+（2025 年） | 2 500+（2025 年） | | 湖南 | — | 300（每年） |
| | 天津 | — | 1 000（2025 年） | 西南地区 | 重庆 | 200（2023 年） | 1 200（2023 年） |
| 东北地区 | 辽宁 | — | 50（每年） | | 四川 | — | 10 万（2025 年） |
| | 吉林 | — | 1 000（2025 年） | | 贵州 | — | 100+（每年） |
| 华东地区 | 浙江 | 800（2025 年） | 10 000（2025 年） | | 云南 | 100+（2025 年） | 300+（2025 年） |
| | 山东 | — | 1 500+（2025 年） | | 西藏 | — | 50（2025 年） |
| | 安徽 | 50（2022 年） | 3 000（2022 年） | 西北地区 | 陕西 | 30+（2021—2023 年） | 80+（2021—2023 年） |
| | 江苏 | — | 1 000（2019—2021 年） | | 宁夏 | 50（2025 年） | 1 000（2025 年） |
| | 上海 | 300（2025 年） | 5 000（2025 年） | | 甘肃 | 100+（2025 年） | 400+（2025 年） |
| | 江西 | — | 500（每年） | | 青海 | — | 200（2022 年） |
| 华南地区 | 海南 | 30+（2025 年） | 300+（2025 年） | | | | |

**表 2-5　各产业（企业数量）排名前 5 位的省份**

| 排名（位） | 新一代信息技术 | | | 新材料 | | |
|---|---|---|---|---|---|---|
| | 省份 | 数量（家） | 占全国比重（%） | 省份 | 数量（家） | 占全国比重（%） |
| 1 | 广东 | 196 | 15.50 | 山东 | 74 | 7.50 |
| 2 | 北京 | 124 | 9.80 | 广东 | 72 | 7.30 |
| 3 | 上海 | 91 | 7.20 | 浙江 | 70 | 7.00 |
| 4 | 浙江 | 79 | 6.30 | 江苏 | 68 | 6.80 |
| 5 | 江苏 | 76 | 6.00 | 湖南 | 60 | 6.00 |
| 合计 | — | 566 | 44.80 | — | 344 | 34.60 |

| 排名（位） | 高端装备制造 | | | 新能源 | | |
|---|---|---|---|---|---|---|
| | 省份 | 数量（家） | 占全国比重（%） | 省份 | 数量（家） | 占全国比重（%） |
| 1 | 浙江 | 89 | 9.80 | 江苏 | 15 | 8.90 |
| 2 | 山东 | 87 | 9.50 | 浙江 | 14 | 8.30 |
| 3 | 广东 | 72 | 7.90 | 湖南 | 14 | 8.30 |
| 4 | 江苏 | 72 | 7.90 | 安徽 | 13 | 7.70 |
| 5 | 湖南 | 56 | 6.10 | 广东 | 11 | 6.50 |
| 合计 | — | 376 | 41.30 | — | 67 | 39.70 |

表 2-6 部分省份专精特新重点领域汇总

| 省份 | 领　域 |
| --- | --- |
| 浙江 | 重点产业链：集成电路、5G、新一代信息技术、生物医药和高端医疗装备、新能源汽车和智能网联汽车、农业机械、工业母机领域 |
| 山东 | 新一代信息技术、高端装备、新能源、新材料、现代海洋、医养健康、高端化工、现代高效农业、文化创意、精品旅游、现代金融服务等 |
| 广东 | 新一代信息技术、高端装备制造、新材料、生物产业、新能源汽车、新能源、节能环保、数字创意等 |
| 江苏 | 集成电路及专用设备、网络通信设备、操作系统及工业软件、云计算大数据和物联网、智能制造装备、先进轨道交通装备、海洋工程装备和高端船舶、新型电力装备、航空航天装备、工程和农业机械、节能环保装备、节能型和新能源汽车、新能源、新材料、生物医药和医疗器械等产业 |
| 上海 | 优先支持“3+6”重点产业体系（集成电路、生物医药、人工智能 + 电子信息、生命健康、汽车、高端装备、先进材料、时尚消费品） |
| 北京 | 重点鼓励发展的支柱和优势产业领域（钢铁、高端装备制造、石化、食品 4 个优势产业，新一代信息技术、生物医药、新能源、新材料 4 个新兴产业，应急、被动式超低能耗建筑、冰雪装备、康复辅助器具 4 个高潜产业，量子通信、区块链、太赫兹 3 个未来产业） |
| 海南 | 旅游业、现代服务业、高新技术产业三大主导产业，以及热带特色高效农业（“3+1”产业） |

## 2.3 专精特新“小巨人”企业特点

本节将从企业全景、创新能力和融资能力三个方面介绍专精特新“小巨人”企业的特点。

### 2.3.1 企业概况

从企业规模来看，三批“小巨人”企业中，中型和小微型企业分别为 2 720 家和 2 042 家，占比分别为 57.1%，42.9%。其中，小微型企业占比逐年提高。第一批“小巨人”企业中，中型企业 176 家，占比 71%，小微型企业 72 家，占比 29%；第二批“小巨人”企业中，中型企业 1 016 家，占比 64.1%，小微型企业 568 家，占比 35.9%；第三批“小巨人”企业中，中型企业 1 528 家，占比 52.2%，小微型企业 1 402 家，占比 47.8%（见图 2-5）。中型企业与小微型企业占比差距逐步缩小，企业规模分布趋于平均。

从产业分布来看，专精特新“小巨人”企业的产业分布比较集中，有超六成属于工业基础领域、超八成属于战略性新兴产业及相关服务业。三批“小巨人”企业中，新一代信息技术、新材料、高端装备制造、生物产业和节能环保专精特新“小巨人”企业占比位列前五，分别为

20.9%、16.4%、15.0%、11.7% 和 8.9%。第二批和第三批的入选企业中，新一代信息技术和新能源领域的企业占比在逐渐增加。“小巨人”企业的产业分布见图 2–6。

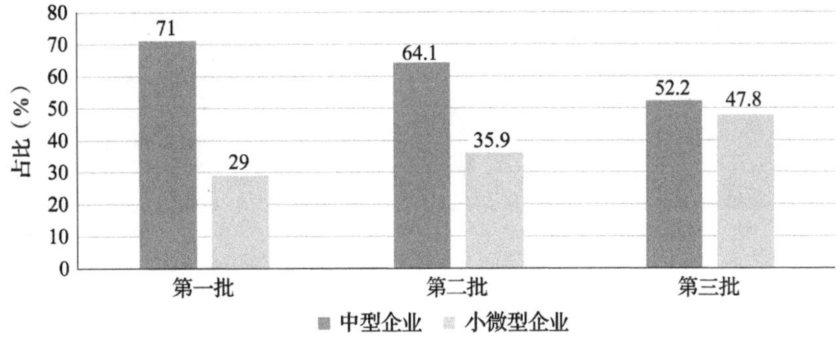


**图 2–5 “小巨人”企业规模分布**

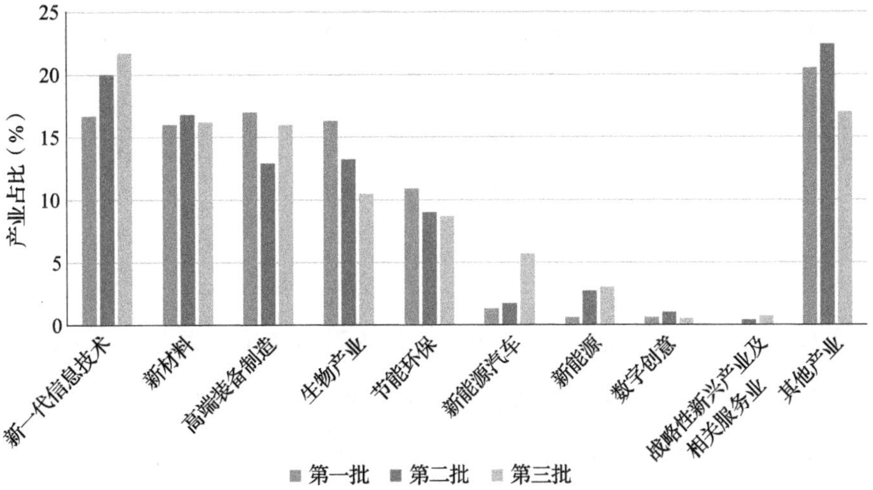


**图 2–6 “小巨人”企业的产业分布**

从地区分布来看，专精特新“小巨人”企业主要集中在东部地区，与经济总量的全国分布相一致。在三批共 4 762 家“小巨人”企业中，有 2 626 家企业分布在东部地区，占比 55.14%；1 084 家企业分布在中部地区，占比 22.76%；771 家企业分布在西部地区，占比 16.19%（见图 2–7）。

从省份分布来看，专精特新“小巨人”企业主要分布在浙江省、广东省和山东省，分别有 464 家、422 家和 361 家。

从注册资本来看，有九成以上的专精特新“小巨人”企业注册资本在 1 000 万元以上，平均注册资本 10 239.68 万元。在三批共 4 762 家“小巨人”企业中，注册资本为 1 000 万 ~ <5 000 万元的企业占比约 32.26%；注册资本为 5 000 万 ~ <10 000 万元的企业占比约 32.41%；注册资本为 10 000 万 ~ <100 000 万元的企业占比约 30.18%。“小巨人”企业的注册资本见图 2–8。

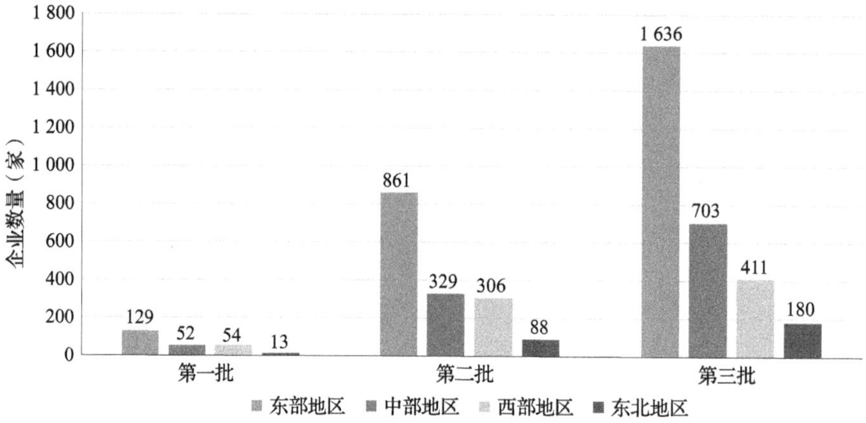


**图 2-7 “小巨人”企业的地区分布**

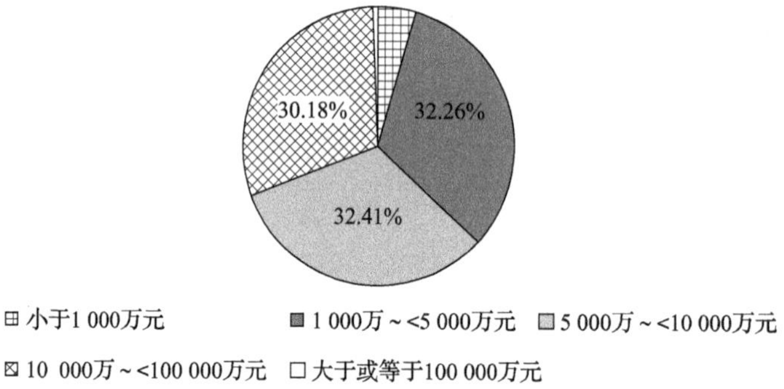


**图 2-8 “小巨人”企业的注册资本**

从企业类型上来看，在三批共 4 762 家“小巨人”企业中，内资企业占比 90.97%，港、澳、台商投资企业占比 3.94%，外商投资企业占比 5.09%。

从成立年限来看，专精特新“小巨人”企业平均成立年限 16 年。在三批共 4 762 家“小巨人”企业中，成立年限为 5 ～ <10 年的企业占比 16.18%；成立年限为 10 ～ <20 年的企业占比 54.73%；成立年限为 20 ～ <30 年的企业占比 25.93%。我国中小企业平均寿命仅 3 年左右，远小于专精特新“小巨人”企业的平均成立年限，说明成就专精特新需要较长时间的专业能力积累。“小巨人”企业的成立年限见图 2-9。

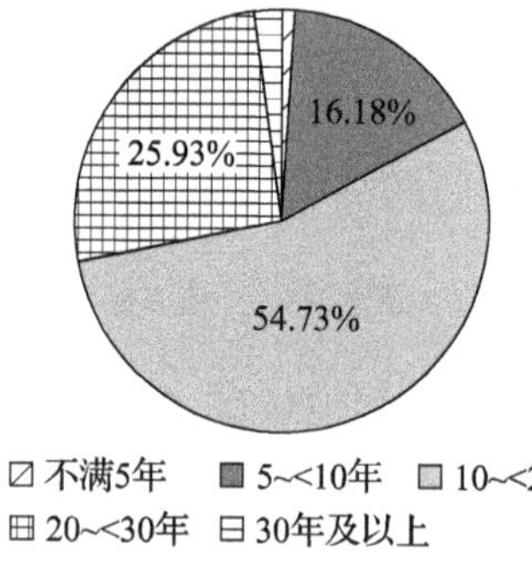


**图 2-9 “小巨人”企业的成立年限**

### 2.3.2 创新能力

从研发投入来看，三批“小巨人”企业平均研发投入强度（研发费用占营收比例）达到 5.9%，远高于中小企业平均研发经费投入强度 3% 的水平，也远超 2019 年全国规模以上工业企业 1.3% 的平均水平，约为当年高技术制造业企业平均水平的 2.4 倍。其中，第二批专精特新

"小巨人"企业连续两年研发投入强度超过 10% 的为 152 家，第三批达到了 410 家，增长势头迅猛。"小巨人"企业的研发人员占比也很高，第二、三批专精特新"小巨人"企业平均研发人员占企业全部职工的比重分别为 24.6% 和 26.6%，远高于高新技术企业 10% 的认定标准。第二批专精特新"小巨人"企业连续两年研发人员占比超过 50% 的为 64 家，第三批达到了 227 家。

从研发体系来看，第二、三批专精特新"小巨人"企业中，高新技术企业占比达到 98.3%。三批专精特新"小巨人"企业共设有国家级技术研究院、企业技术中心、企业工程中心、工业设计中心 312 个，省级技术研究院、企业技术中心、企业工程中心、工业设计中心 4 999 个。2 442 家企业设有国家级或省级企业技术中心，占比达 51.28%；1 635 家企业设有国家级或省级企业工程中心，占比达 34.33%。超过 480 家企业设有院士专家工作站，超过 660 家企业设有博士后工作站。

从研发产出来看，近五年专精特新企业的专利申请和授权数量不断增加。截至 2021 年底，专精特新"小巨人"企业专利申请总量 52.6 万件，包括发明专利 21.9 万件，占比 41.63%；实用新型专利 26.3 万件，占比 50.00%；外观设计专利 4.4 万件，占比 8.37%。发明专利和实用新型专利占比较高，表现出"小巨人"企业强劲的创新实力。"小巨人"企业的发明专利主要集中在新一代信息技术（5.0 万件）、高端装备制造（4.5 万件）和节能环保（3.3 万件）三大产业，占发明专利数量的 50% 以上。"小巨人"企业的专利申请情况见图 2-10。

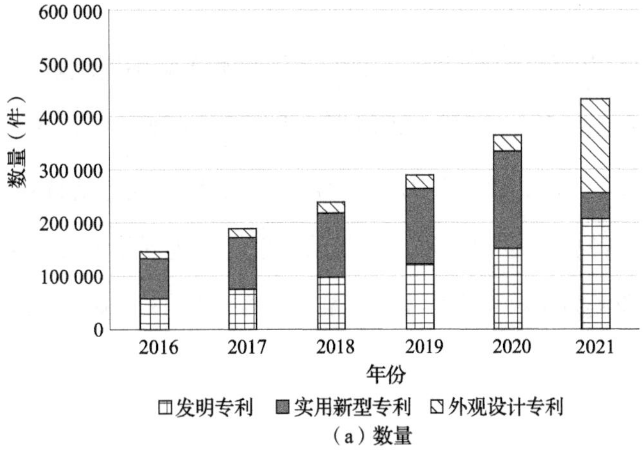


（a）数量

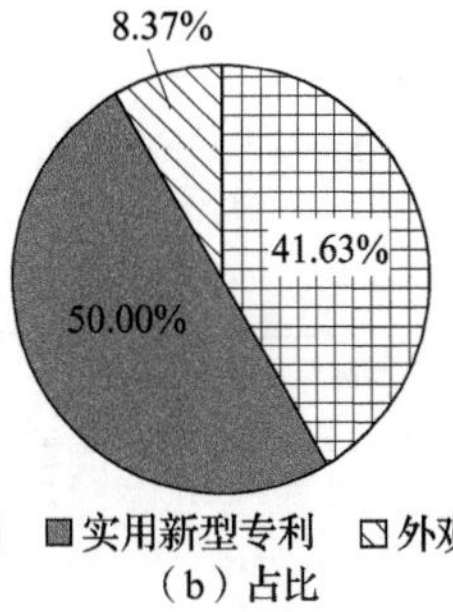


（b）占比

图 2-10 "小巨人"企业的专利申请情况

“小巨人”企业在数字化转型方面也处于领先地位。“小巨人”企业培育认定的相关条件中明确要求加大数字化投入改造，率先成为数字化赋能标杆中小企业。在此条件的激励下，三批“小巨人”企业的信息系统支撑率达到 100%，业务系统云端迁移率达到 62%。第二批专精特新“小巨人”企业平均数字化应用率达 66.3%，数字化赋能金额超过 682 万元，签订工业互联网平台等协议的企业占比为 54.6%；第三批专精特新“小巨人”企业拥有制造业与互联网融合试点示范项目企业达 862 家。这为其他企业转变发展理念、规划转型路径提供了借鉴参考和模式指引。

### 2.3.3 融资能力

从融资途径来看，新三板是“小巨人”企业直接融资的主要阵地。目前，专精特新“小巨人”企业中有 351 家企业在我国多层次资本市场上市，占比 7.4%，具体包括 A 股主板与创业板的 241 家、科创板的 110 家。此外，有 654 家“小巨人”企业在新三板挂牌，占比 13.7%。2021 年 11 月北京证券交易所开市直接拓宽了中小企业融资渠道，同时北京证券交易所为专精特新企业上市融资开辟了新路径，大幅度提高资本市场对专精特新企业的关注热情。截至 2022 年 6 月 13 日，在北京证券交易所上市的 96 家企业中有 20 家（约 20%）是国家级专精特新“小巨人”企业。

从融资金额来看，近年来专精特新“小巨人”融资金额不断增加。截至 2021 年 8 月末，专精特新“小巨人”企业共有 1 337 家获得融资，发生融资事件 2 768 笔，融资金额 4 046.57 亿元，平均单笔融资额 14 619 万元。其中，已上市 A 股及新三板专精特新“小巨人”企业共发生融资事件 1 024 笔，融资金额 21 546 081 万元，平均单笔融资额 21 041 万元。未上市的专精特新“小巨人”企业共发生融资事件 1 744 笔，融资金额 18 919 637 万元，平均单笔融资额 10 848 万元。

第 3 章

# 专精特新政策的创新效果

## 3.1 专精特新“小巨人”企业的创新情况

### 3.1.1 总体创新情况

自 2018 年培育工作开展以来，工业和信息化部共公布了三批专精特新“小巨人”企业，企业数量达到 4 762 家。从专精特新“小巨人”企业规模来看，90% 以上企业为中小型企业，中型企业和小型企业占比分别为 57.1%、42.7%，其中小微型企业占比呈现逐年增长的趋势。从企业的登记注册类型来看，民营企业占比达到 84%，在“小巨人”企业中占绝大多数，国有企业和合资企业的占比分别为 8% 和 5%。从企业注册所在地的分布来看，东部地区最多，占比超过一半，其中浙江、广东和山东三个省份的企业数量位列前三。

在企业研发创新上，首先是研发投入方面，根据工业和信息化部对专精特新“小巨人”企业的统计，第二、三批“小巨人”企业平均研发经费分别为 2 068.7 万元和 1 920.7 万元，研发经费投入强度平均值超过 6%，远高于中小企业 3% 的平均研发经费投入强度。其次，在研发人员方面，第二、三批“小巨人”企业平均研发人员占企业全部职工的比重分别为 24.6% 和 26.6%，大幅超过高新技术企业认定规定中 10% 的研发人员比例要求。在专利申请和创新产出上，专精特新“小巨人”企业的有效专利持有量同样远超高新技术企业水平，其中三批“小巨人”企业平均持有的有效专利数量分别为 37.3、51.4 和 54.6 件，相比之下高新技术企业的平均有效专利持有数量只有 8.5 件。由此可见，专精特新“小巨人”企业的培育工作取得一定成绩，企业在创新能力方面提升明显，研发经费投入强度和专利产出相比其他高新技术企业有较大优势。

### 3.1.2 “小巨人”企业中上市公司的培育情况

限于数据可得性，本书主要是用 2019 年、2020 年两批专精特新“小巨人”企业中的上市公司分析政策对创新的影响。根据证监会的上市公司行业划分标准，前两批上市的专精特新“小巨人”企业主要集中在制造业（行业代码为 C），制造业企业在“小巨人”上市公司中的占比达到 90%，此外也有少数从事生态保护和环境治理（所属行业代码为 N）、信息技术服务（所属行业代码为 I）、建筑装饰（所属行业代码为 E）以及研究和试验发展（所属行业代码为 M）的企业入选。从上市情况来看，80% 的专精特新“小巨人”企业在 2015 年后上市，分布在创业板、科创板和主板。地区（省份）分布上，主要集中在江苏、浙江、广东、福建等东部省份，以及北京、上海两个直辖市，中部和西部省份的专精特新“小巨人”上市公司数量相对较少。

在企业经营和研发投入的方面，根据国泰安数据库（CSMAR）的企业财务数据，第一批专精特新“小巨人”企业上市公司 2020 年的营业收入平均值为 3.279 5 亿元，研发支出平均值为 2 673 万元，研发支出占营业收入的比值平均为 7.74%，研发人员数量在总员工中占比的平均值为 21.81%；第二批专精特新“小巨人”企业上市公司 2020 年的营业收入平均值为 7.795 4 亿元，研发支出平均值为 3 900 万元，研发支出占营业收入的比值平均为 7.29%，研发人员数量在总员工中占比的平均值为 20.91%。

从企业的研发投入来看，两批专精特新“小巨人”上市公司的研发支出均呈增长趋势（见图 3–1），第一批“小巨人”企业平均研发支出从 2016 年的 2 661 万元增长到 2020 年的 4 632 万元，第二批“小巨人”企业平均研发支出从 2016 年的 3 742 万元增长到 2020 年的 7 619 万元，第二批“小巨人”企业的研发支出增速相对更快。在研发支出占营业总收入的比重上，第一批“小

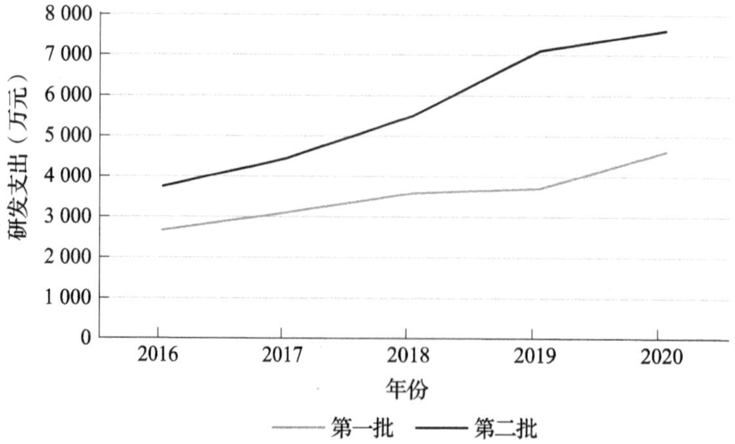


**图 3-1 “小巨人”企业的研发支出**

巨人”企业均基本保持稳定，比重维持在 7% ~ 8%，第二批“小巨人”企业研发支出的比重呈现增长趋势，从 2016 年的 6.01% 增加到 2019 年的 7.81%，2020 年略有下降。

从企业获得的发明、实用新型和外观设计的专利数量来看，两批企业中平均每个企业获得的专利数量均呈现增长趋势，分别从 2016 年的 16.44 和 21.18 件增长到 2020 年的 33.44 和 29.68 件，其中 2020 年相比 2019 年获得专利数量有大幅增长，与专精特新“小巨人”企业名单公布的时间节点相吻合（见图 3-2）。

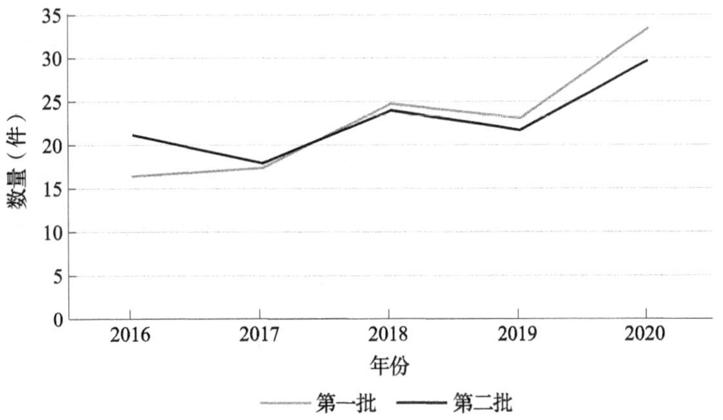


**图 3-2　平均每个企业获得的发明、实用新型和外观设计专利数量**

通过对前两批专精特新“小巨人”企业中上市公司的数据分析，可以发现，无论是从企业在研发活动的投入上还是从专利获得的创新产出来看，“小巨人”企业在入选名单之后都延续甚至加快了其研发创新的步伐，并取得一些成果。

## 3.2　模型设定与变量选取

### 3.2.1　研究样本与数据来源

#### 1. 样本选择

本章聚焦专精特新“小巨人”企业培育政策对入选企业研发创新的影响，在接受处理的实验组样本选择上，基于数据可获得性，根据工业和信息化部 2019 年 6 月和 2020 年 11 月分别公布的第一批和第二批专精特新“小巨人”企业名单，选取其中的上市公司作为研究样本，第一批和第二批的数量分别是 30 家和 154 家。在对照组的选择上，由于入选专精特新“小巨人”企业名单的上市公司集中分布在创业板和科创板，而且创业板和科创板的企业整体上具有成立时间较短、创新性强、成长性较高的特征，与专精特新“小巨人”企业的特质相符，具有一定的可对比性，因此将创业板和科创板其他上市公司作为对照的样本。为了提高研究可对比性，挑选出研发投入较高、持有一定数量专利的企业，本书在企业规模、营业收入和研发投入等指标上进行限制，结合专精特新“小巨人”企业的评选标准，筛选出营业收入 1 亿元以上、研发经费支出占营业收入的比重不低于 2%、从事企业研发创新活动的科技人员在企业职工总数中的占比不低于 10% 的企业，最终得到的对照组样本数量共计 867 家。

2. 数据来源

本章中使用的数据主要来自中国研究数据服务平台（CNRDS）、国泰安数据库、Wind 数据库中的上市公司数据，其中部分缺失数据通过查询企业年度、半年度报告等方式获取。样本时间段为 2015—2020 年，即从第一批专精特新“小巨人”企业评选通知公布前三年到数据可获得的最新一年，收集整理的数据包括专精特新“小巨人”企业和创业板、科创板其他上市公司获得的政府补助、研发投入、专利申请与获得的数量以及财务报表等。在对数据的处理上，剔除了缺失值的样本，并对极端值进行 2.5% 的缩尾处理。

### 3.2.2 研究假说

根据政府扶持企业的相关理论和已有学者的研究，在市场经济中，由于存在信息不对称问题，中小型企业面临着内部资金不足并且融资困难等问题，技术研发的正外部性和公共物品特性也降低了企业进行研发创新的动力。政府扶持能在一定程度上解决信息不对称和公共物品导致的市场失灵问题，通过直接性引导和间接性引导促进企业创新投入，其中政府补助能缓解企业资金短缺困难，补充企业研发资金，研发费用加计扣除等税收优惠政策能够在一定程度上激励企业进行研发创新，而企业自身的税收负担越重，相对投入研发创新活动的动力就会越小。在此基础上，本书提出假说一：政府补助、研发费用加计扣除、税收负担等政策因素会影响企业研发投入。

相比于政府对普通中小企业的政策扶持，在专精特新“小巨人”企业的培育政策中，涵盖了优化政策环境、加大财税支持、加强金融服务、加强科技创新等多方面措施，设立了专项财税资金，各省市也出台了相应的配套支持措施，因此企业在入选专精特新“小巨人”企业名单之后，与其他企业相比，能够获得更多政府的资金支持和优惠政策。在此基础上，本书提出假说二：入选专精特新“小巨人”企业名单有助于企业获得更多政策扶持，如政府补贴强度增加、税收负担减轻等，企业面临的融资约束会得到缓解。

本章在前两个假说的基础上，针对本书关注的专精特新“小巨人”企业以及对应的培育政策，进一步检验政策扶持对“小巨人”企业研发创新的政策效果，即相比于其他企业，在入选专精特新“小巨人”企业名单之后企业获得更多政府补助和优惠政策，而这些政策扶持对企业研发投入有促进作用，那么入选名单后“小巨人”企业的研发投入和投入强度应当有所增加，并且由于研发投入增加，企业申请和获得的专利数量也相应增长。由于从企业增加研发投入到获得创新产出需要一段时间，并且不同类型专利所需要的审查和批准时间也不同，一般情况下，申请外观设计专利的审批时间为 6 个月，实用新型专利的审批时间为 1 年，发明专利的审批时间为 22 个月。基于此，本书提出假说三：企业在入选“小巨人”企业名单之后研发投入强度增加，同时在入选当年申请的专利数量增加、第二年获得的实用新型和外观设计专利数量也相应增加。具体而言，第一批专精特新“小巨人”企业名单的公布时间为 2019 年 6 月，按照此假说，第一批企业在 2019 年申请的专利数量增加，则在 2020 年获得的实用新型、外观设计专利数量就会增加，第二批企业名单由于公布时间为 2020 年 11 月，2021 年的数据尚未更新，暂时无法进行检验。

政策扶持分为功能性产业政策和选择性产业政策，专精特新“小巨人”企业的培育工作是从中小企业中选择出创新能力强、成长潜力大的企业，通过政府补助对其进行重点支持，促进企业创新。“小巨人”企业的培育政策作为一项选择性产业政策，根据黄先海等学者的研究[1]，除了存在扶持重点企业推动“小巨人”企业创新的政策效果外，还会对企业的创新行为和创新绩效产生影响，导致企业的寻租行为。具体而言，由于第一批专精特新“小巨人”企业评选标准公布（2018 年 11 月）之前，企业难以提前根据标准来调整自身研发创新行为，而第二批专精特新“小巨人”企业在已知“小巨人”企业评选标准的情况下，为了增加自身被评选上的可能性，有动机提前增加研发投入、申请更多专利。基于此，本书提出假说四：选择性产业政策对企业行为产生引导作用，即在公布专精特新“小巨人”企业评选标准后，第二批评选上的企业在评选前即 2019 年的研发投入和专利数量都提前增加。

### 3.2.3　模型设定

#### 1. 模型一

对于假说一，借鉴已有的关于企业研发投入与政策扶持的文献，构建模型检验政策扶持对企业研发创新活动的影响，将企业研发投入强度 *RD* 作为被解释变量，在回归模型中加入政

[1] 黄先海，陈勇．论功能性产业政策：从 WTO “绿箱”政策看我国的产业政策取向［J］．浙江社会科学，2003（2）：66-70.

府补贴强度 *Sub*、研发费用加计扣除政策优惠强度 *Deduct*、税收负担 *Taxburden* 和控制变量 **Z**，模型设计为：

$$RD_{i,t}=\beta_0+\beta_1\cdot Sub+\beta_2\cdot Deduct+\beta_3\cdot Taxburden+\beta_n\cdot \mathbf{Z}+\lambda_t+\mu_i+\varepsilon_{i,t}$$

### 2. 模型二

针对假说二，将假说一中影响企业研发创新的政策因素（政府补贴强度 *Sub* 和税收负担 *Taxburden*）作为被解释变量，是否入选专精特新“小巨人”企业名单的虚拟变量 *List* 作为主要解释变量，检验企业在评选上专精特新“小巨人”企业之后是否获得更多政策上的扶持，模型表达式为：

$$Sub_{i,t}=\beta_0+\beta_1\cdot List+\beta_n\cdot \mathbf{Z}+\lambda_t+\mu_i+\varepsilon_{i,t}$$

$$Taxburden_{i,t}=\beta_0+\beta_1\cdot List+\beta_n\cdot \mathbf{Z}+\lambda_t+\mu_i+\varepsilon_{i,t}$$

### 3. 模型三

针对假说三，将是否入选专精特新“小巨人”企业名单的虚拟变量 *List* 作为解释变量加入企业研发创新的回归模型，将企业研发投入强度和创新产出 *Patent*（申请与获得的专利数量）分别作为被解释变量，控制政策因素和衡量企业经营的相关指标。对企业研发投入强度的回归模型为：

$$RD_{i,t}=\beta_0+\beta_1\cdot List+\beta_n\cdot \mathbf{Z}+\lambda_t+\mu_i+\varepsilon_{i,t}$$

对申请与获得的专利数量进行回归分析时，由于从研发投入到专利申请以及专利申请与获得批准之间具有时间差，将处理组样本限制为第一批“小巨人”企业，设置评选上“小巨人”企业后（2019 年、2020 年）的年份虚拟变量与接受处理（入选名单）的交互项 *List* · *Yeardummy* 为解释变量，企业创新产出作为被解释变量，模型设计为：

$$Patent_{i,t}=\beta_0+\beta_1\cdot List\cdot Yeardummy+\beta_n\cdot \mathbf{Z}+\lambda_t+\mu_i+\varepsilon_{i,t}$$

### 4. 模型四

针对假说四，将处理组样本限制为第二批专精特新“小巨人”企业，设置公布专精特新“小巨人”企业评选标准后（2019 年、2020 年）的年份虚拟变量与接受处理（入选名单）的交互项 *List* · *Yeardummy* 为解释变量，企业研发投入强度和创新产出分别作为被解释变量，模型设计为：

$$RD_{i,t}=\beta_0+\beta_1\cdot List\cdot Yeardummy+\beta_n\cdot \mathbf{Z}+\lambda_t+\mu_i+\varepsilon_{i,t}$$

$$Patent_{i,t}=\beta_0+\beta_1\cdot List\cdot Yeardummy+\beta_n\cdot \mathbf{Z}+\lambda_t+\mu_i+\varepsilon_{i,t}$$

上述模型中，$i$ 表示个体企业，$t$ 表示时间，$\beta_0$ 表示截距项，$\beta_n$（$n$=1，2，3…）为解释变量相对应的系数参数，$\lambda_t$ 表示不因个体而改变的时间效应，$\mu_i$ 表示不随时间改变的个体效应，$\varepsilon_{i,t}$ 为随机扰动项。

# 3.3 变量选择

## 3.3.1 被解释变量

关于中小企业研发创新，本书主要从投入和产出两个方面来衡量企业的研发创新活动，首先是考察专精特新“小巨人”企业和其他创业板、科创板企业在研发活动上的投入，其次是分析企业研发创新的产出成果。被解释变量定义见表 3–1。

表 3–1　被解释变量定义

| 类型 | 变量 | 测量指标 |
|---|---|---|
| 被解释变量 | *RD*<br>研发投入强度 | 研发费用 / 营业总收入 |
| | *Patent*<br>创新产出（绩效） | 当年申请与获得的专利数量<br>（发明、实用新型和外观设计专利） |

（1）研发投入强度。根据现有文献和研究的普遍做法，在研发投入方面，本书将企业财务报表中的研发费用作为衡量企业研发投入的变量，采用研发费用在营业总收入中所占比重的指标来衡量研发投入强度。

（2）创新产出。在创新产出方面，本书以企业申请与获得的专利数量来衡量企业的创新产出，在此基础上，对专利中的发明、实用新型和外观设计进行类型上的区分，进一步探究企业对研发专利类型是否存在偏好。此外，由于不同类型专利所需要的审查和批准时间不同，外观设计和实用新型专利申请的审批时间一般在一年以内，发明专利的审批通过时间为两年左右，并且在评选专精特新“小巨人”企业公布的专项标准中，将实用新型与外观设计专利进行了合并计算，而本书使用的专利数量统计为年度指标，结合黎文靖和郑曼妮[1]等学者的做法，将实用新型与外观设计的专利数量进行合并处理。

## 3.3.2 解释变量与控制变量

### 1. 解释变量

（1）政府补助。对于政府补助的衡量，已有学者研究中主要有绝对值（取对数）和相对值

[1] 黎文靖，郑曼妮. 实质性创新还是策略性创新？：宏观产业政策对微观企业创新的影响［J］. 经济研究，2016（4）：60–73.

（比值）两种方法，本书使用比值的方法计算政府补贴强度指标，通过企业财务报表中营业外收入项目下的政府补助占营业总收入中的比重来衡量政府补助这一政策扶持方式对企业研发创新的影响。

（2）研发费用加计扣除与税收负担。针对研发费用加计扣除的衡量，借鉴刘圻等[1]的设计方法，从政策的激励作用强度对其进行量化，采用研发费用加计扣除政策的优惠强度指标衡量该政策对企业研发创新活动产生的激励作用，计算方法为当年研发投入 ×50%× 企业所得税率 / 当期期末总资产。此外，本书采用税收负担指标从整体上对企业面临的税收负担进行衡量，计算公式为企业财务报表中的所得税费用除以当期利润总额。

（3）入选专精特新“小巨人”企业名单处理状态的虚拟变量。在模型中设置反映企业处理状态的虚拟变量，企业在被评选上专精特新“小巨人”企业之前虚拟变量为 0，入选之后虚拟变量为 1，即第一批入选企业在 2019 年及以后的处理状态为 1，第二批入选企业在 2020 年的处理状态为 1，创业板和科创板的其他企业在所有年份处理状态均为 0。

### 2. 控制变量

本书对与企业研发活动相关的经营活动变量进行控制，在控制变量的选择上包括了财务杠杆、经营现金流情况、融资约束以及企业所在的行业和地区等。财务杠杆通过企业的资产负债率进行衡量；企业盈利能力的衡量指标采用总资产收益率，即当期净利润除以期末总资产；经营现金流为经营活动产生的现金流净额除以期末总资产，反映企业经营的现金流情况；融资约束采用了使用频率较高的 SA 指标；企业所在地区变量，根据企业注册所在省份划分为东部、中部和西部，采用虚拟变量进行分析；行业类型主要区分了制造业和非制造业；企业性质引入虚拟变量，国有持股企业为 1，民营企业为 0。

解释变量和控制变量定义见表 3–2。

**表 3–2　解释变量和控制变量定义**

| 类型 | 变量 | 测量指标 |
|---|---|---|
| 解释变量 | *List*<br>是否入选名单 | 虚拟变量（入选后为 1，入选前为 0） |
| | *Sub*<br>政府补贴强度 | 当年收到的政府补助 / 营业总收入 |
| | *Deduct*<br>研发费用加计扣除政策优惠强度 | 当年研发投入 ×50%×<br>企业所得税率 / 当期期末总资产 |

[1] 刘圻，何钰，杨德伟. 研发支出加计扣除的实施效果：基于深市中小板上市公司的实证研究［J］. 宏观经济研究，2012（9）：87–92.

续表 3-2

| 类型 | 变量 | 测量指标 |
|---|---|---|
| 解释变量 | *Taxburden*<br>税收负担 | 所得税费用 / 利润总额 |
| 控制变量 | *Staff*<br>研发人员 | 技术人员数量（取对数）及占比 |
| | *Roa*<br>企业盈利能力 | 总资产收益率（净利润 / 期末总资产） |
| | *Lev*<br>财务杠杆 | 资产负债率 |
| | *Cash*<br>经营现金流 | 经营活动产生的现金流净额 / 期末总资产 |
| | *Fc*<br>融资约束 | SA 指标 =0.043 × 企业规模 $^2$−0.737 ×<br>企业规模 −0.04 × 企业年龄<br>（企业规模为以百万元为单位的期末总资产取对数） |
| | *Di*<br>企业所在地区 | 根据东、中、西部划分<br>东部：*Di*1=1，*Di*2=0<br>中部：*Di*1=0，*Di*2=1<br>西部：*Di*1=0，*Di*2=0 |
| | *Indus*<br>行业类型 | 虚拟变量<br>行业代码 C 开头为 1，其余为 0 |
| | *State*<br>产权性质 | 虚拟变量<br>国有持股企业为 1，其余为 0 |
| | *Age*<br>企业年龄 | 当期时间 – 成立时间 |

### 3.3.3　描述性统计

从表 3-3 中对各主要变量的描述性统计可以看到，①样本企业研发投入强度的均值为 0.081，即研发支出占总营业收入的比例平均为 8.1%，其中最大值为 0.265，最小值为 0.026，差距较大，表明企业之间在研发支出方面存在一定差异；②企业申请和获得专利数量的平均值分别为 4.935 件和 3.846 件，相应的标准差较大，表明各企业在专利申请与获得的数量上存在较大差距，同时总体平均值也大幅低于专精特新“小巨人”企业平均申请和获得的专利数量；③企业中研发人员在全部员工中占比的平均值为 25.1%，标准差为 0.147，最小值仅为 10.4% 而最大值达到 68.7%，不同企业的研发人员占比差距较大；④政府补贴强度的平均值为 0.013，标准差为 0.016，说明不同企业获得的政府补贴强度存在较大的差距；⑤企业税收负担的平均值为 0.116，大部分企业当期所得税费用在利润总额中的占比在 0 ~ 20%，但存在一些与均值差距较大的企业；⑥代表企业盈利能力的总资产收益率的平均值为 4.2%，标准差为 7.1%，数据波动较大，部分企业总资产收益甚至为负，说明不同公司之间的盈利状况还是有着较大的差别，可能与企业研发和发展周期有关；⑦从企业财务杠杆来看，其测量指标资产负债率的平均值为 31.3%，最高达到 70.4%，最低仅有 5.9%，表明不同企业在财务杠杆状况上也存在明显差异；⑧经营现金流占营业收入比重的平均值仅为 4.6%，表明企业经营活动的内部现金流情况较紧，不利于增加企业研发投入；⑨融资约束的均值为 −3.751，标准差为 0.196，说明“小巨人”企业的融资约束问题普遍存在；⑩企业年龄均值为 16.601 年，成立年份差距较大，表明“小巨人”企业所处的发展周期各不相同；⑪从地区分布来看，79.5% 的企业分布于东部省份，12.8% 企业位于中部省份，其余 7.7% 企业位于西部；⑫从行业分布来看，61.3% 的样本企业从事制造业，其中 90% 以上的专精特新“小巨人”上市公司为制造业，只有不到 10% 的企业分布在其他四个行业；⑬从企业的产权性质来看，12.5% 的企业存在国有持股，其中 22.8% 的专精特新“小巨人”企业存在国有持股，剩下 77.2% 的“小巨人”企业为民营企业。

**表 3-3 变量的描述性统计**

| 变量 | 平均值 | 标准差 | 最小值 | 最大值 |
|---|---|---|---|---|
| 研发投入强度 | 0.081 | 0.055 | 0.026 | 0.265 |
| 申请的专利数量 / 件 | 4.935 | 11.067 | 0 | 50 |
| 获得的专利数量 / 件 | 3.846 | 8.923 | 0 | 41 |
| 研发人员数量（对数） | 5.402 | 0.901 | 3.738 | 7.545 |
| 研发人员占比 | 0.251 | 0.147 | 0.104 | 0.687 |
| 政府补贴强度 | 0.013 | 0.016 | 0 | 0.070 |
| 研发费用加计扣除政策优惠强度 | 0.005 | 0.003 | 0.001 | 0.016 |
| 税收负担 | 0.116 | 0.092 | −0.150 | 0.364 |
| 盈利能力 | 0.042 | 0.071 | −0.251 | 0.156 |
| 财务杠杆 | 0.313 | 0.170 | 0.059 | 0.704 |
| 经营现金流 | 0.046 | 0.058 | −0.086 | 0.176 |
| 融资约束 | −3.751 | 0.196 | −4.198 | −3.374 |
| 企业年龄 / 年 | 16.601 | 4.801 | 4 | 43 |
| 所在地是否为东部省份 | 0.795 | 0.404 | 0 | 1 |
| 所在地是否为中部省份 | 0.128 | 0.334 | 0 | 1 |
| 行业是否为制造业 | 0.613 | 0.487 | 0 | 1 |
| 是否为国有持股企业 | 0.125 | 0.331 | 0 | 1 |

注：变量“政府补贴强度”样本数为 2 852 家“小巨人”企业，其他变量样本数均为 3 905 家“小巨人”企业。

利用 STATA 软件对变量进行相关性分析，从表 3-4 中可以看出变量间的相关系数较小，表明各变量之间不存在严重的共线性问题。

**表 3-4　变量之间的相关性分析**

| 变量 | （1）研发投入强度 | （2）是否入选“小巨人”企业名单 | （3）政府补贴强度 | （4）研发费用加计扣除政策优惠强度 | （5）税收负担 | （6）盈利能力 | （7）财务杠杆 | （8）经营现金流 | （9）融资约束 | （10）企业年龄 |
|---|---|---|---|---|---|---|---|---|---|---|
| （1）研发投入强度 | 1 | | | | | | | | | |
| （2）是否入选“小巨人”企业名单 | 0.027<br>（0.198） | 1 | | | | | | | | |
| （3）政府补贴强度 | 0.270<br>（0.000） | 0.130<br>（0.000） | 1 | | | | | | | |
| （4）研发费用加计扣除政策优惠强度 | 0.642<br>（0.000） | −0.011<br>（0.487） | 0.078<br>（0.000） | 1 | | | | | | |
| （5）税收负担 | −0.215<br>（0.000） | 0.018<br>（0.249） | 0.014<br>（0.475） | −0.196<br>（0.000） | 1 | | | | | |
| （6）盈利能力 | −0.078<br>（0.000） | 0.055<br>（0.001） | 0.069<br>（0.001） | 0.088<br>（0.000） | 0.271<br>（0.000） | 1 | | | | |
| （7）财务杠杆 | −0.240<br>（0.000） | −0.060<br>（0.000） | −0.176<br>（0.000） | −0.112<br>（0.000） | −0.083<br>（0.000） | −0.378<br>（0.000） | 1 | | | |
| （8）经营现金流 | −0.006<br>（0.692） | 0.035<br>（0.028） | −0.020<br>（0.321） | 0.134<br>（0.000） | 0.039<br>（0.014） | 0.343<br>（0.000） | −0.226<br>（0.000） | 1 | | |
| （9）融资约束 | 0.071<br>（0.000） | −0.038<br>（0.019） | 0.182<br>（0.000） | 0.045<br>（0.005） | −0.011<br>（0.479） | 0.091<br>（0.000） | −0.126<br>（0.000） | −0.035<br>（0.028） | 1 | |
| （10）企业年龄 | −0.070<br>（0.000） | 0.039<br>（0.014） | −0.146<br>（0.000） | −0.020<br>（0.219） | 0.022<br>（0.174） | −0.060<br>（0.000） | 0.032<br>（0.047） | 0.047<br>（0.003） | −0.638<br>（0.000） | 1 |

注：括号内为 p 值。

相关性分析结果显示，在主要解释变量中，是否入选“小巨人”企业名单的虚拟变量与研发投入强度的相关系数为 0.027，显著性较低，入选名单可能会影响企业研发投入强度；政府补贴强度与研发投入强度的相关系数为 0.27，并且在 1% 的水平上显著，表明政府补贴强度与企业研发投入强度存在正相关关系；研发费用加计扣除政策优惠强度与研发投入强度的相关系数显著为正，表明与研发创新相关的税收优惠政策可能会促进企业投入更多资金到研发活动；税收负担与研发投入强度的相关的系数为 –0.215，表明企业税负对研发投入可能存在负面影响。

控制变量中，财务杠杆与研发投入强度的相关系数显著为负，表明企业高财务杠杆与企业研发投入为负相关关系；经营现金流与研发投入强度的相关系数为负但不显著，对企业研发投入的影响不确定；融资约束与研发投入强度的相关系数为正，且在 1% 的水平上显著，说明企业面临的融资问题与其研发投入之间为正相关；企业年龄与研发投入强度的相关系数为负且在 1% 的水平下显著，可能是成立时间较长的企业有成熟的研发体系，研发投入强度小于年轻企业。

## 3.4 实证分析

### 3.4.1 影响企业研发投入的因素

在对面板数据进行回归分析前需确定模型为固定效应模型还是随机效应模型，本书使用 Hausman 检验，原假设为随机效应模型，检验结果 p 值小于 0.01，因此拒绝原假设，采用固定效应模型，对样本中的个体和年份进行控制。

基于模型一，本书先从研发投入的角度衡量影响企业研发投入强度的因素，以研发费用支出占营业收入的比重作为被解释变量，得到的回归结果如表 3–5 所示。其中，模型（1）是仅用政府补助强度、研发费用加计扣除政策优惠强度和税收负担作为解释变量的个体固定效应模型，模型（2）是加入了企业财务杠杆等其他控制变量之后的个体固定效应模型，模型（3）是同时控制了个体和年份的双向固定效应模型。

模型（1）~（3）的结果均显示，政府补贴强度和研发费用加计扣除政策优惠强度对企业研发投入强度具有显著的正向作用。在模型（3）中，政府补贴强度、研发费用加计扣除政策优惠强度、盈利能力、财务杠杆、经营现金流、融资约束、企业年龄对企业研发投入强度的影响均在 1% 的水平上显著，拟合系数 $R^2$ 为 0.481，说明模型的整体拟合效果较好。具体而言：

①政府补贴强度的系数为 0.207，即政府补助在营业收入中比重提高一个百分点，企业研发支出占营业收入中的比重提高 0.207 个百分点，表明政府补助对企业研发活动具有显著的正向激励作用，企业获得的政府补助占营业收入比重越大，在研发创新上的投入越多；②研发费用加计扣除政策优惠强度的系数显著为正，表明鼓励企业创新的税收优惠政策对企业研发具有显著促进作用，而税收负担系数为负但不显著，对企业研发投入强度无显著影响；③反映财务杠杆水平的资产负债率的系数为 –0.035，表明企业财务杠杆越高，在研发创新上投入的资金越低，研发强度越低；④反映盈利能力的资产收益率的系数为 –0.116，表明企业在盈利能力方面的劣势会反向激励企业在研发创新上投入更多，也可能是盈利水平低的企业处于快速成长期，对研发创新更加重视；⑤企业年龄的系数为 –0.004，即企业成立时间越长，企业研发投入强度相对越低，可能与企业发展周期有关，企业进入成熟期后研发强度相对下降。

**表 3–5　对企业研发投入强度的回归结果**

| 变量 | 研发投入强度 | | |
|---|---|---|---|
| | 模型（1） | 模型（2） | 模型（3） |
| 政府补贴强度 | 0.187***<br>（0.033） | 0.217***<br>（0.034） | 0.207***<br>（0.036） |
| 研发费用加计扣除政策优惠强度 | 9.825***<br>（0.31） | 9.867***<br>（0.302） | 9.93***<br>（0.303） |
| 税收负担 | –0.021***<br>（0.005） | –0.002<br>（0.005） | –0.002<br>（0.005） |
| 盈利能力 | — | –0.115***<br>（0.009） | –0.116***<br>（0.009） |
| 财务杠杆 | — | –0.035***<br>（0.006） | –0.035***<br>（0.006） |
| 经营现金流 | — | –0.031***<br>（0.01） | –0.03***<br>（0.01） |
| 融资约束 | — | –0.101***<br>（0.014） | –0.102***<br>（0.014） |
| 企业年龄 | — | –0.004***<br>（0.001） | –0.004***<br>（0.001） |
| 个体固定效应 | 控制 | 控制 | 控制 |
| 年份固定效应 | — | — | 控制 |
| 观测值 / 家 | 2 852 | 2 852 | 2 852 |
| $R^2$ | 0.399 | 0.478 | 0.481 |

注：1. 数字后括号内为标准误。

2. *、**、*** 分别表示在 10%、5%、1% 的水平上显著。

综上所述，通过回归分析得到与已有研究较为相符的结论，即政府补助和研发费用加计扣除的税收优惠政策对企业研发投入具有正向的促进作用。

### 3.4.2 入选“小巨人”企业名单对政策因素的影响

#### 1. 对企业获得政府补助的影响

基于模型二，以企业获得的政府补贴强度作为被解释变量，检验入选专精特新“小巨人”企业名单对企业获得政府补助的影响，得到的回归结果如表 3-6 所示。其中，模型（1）为个体固定效应模型，模型（2）为同时控制了个体和年份的双向固定效应模型，模型（3）是加入了企业产权性质的分样本回归，对企业是否为国有持股企业进行异质性分析。

表 3-6 对企业获得政府补助的回归结果

| 变量 | 政府补贴强度 | | |
|---|---|---|---|
| | 模型（1） | 模型（2） | 模型（3） |
| 是否入选“小巨人”企业名单 | 0.013***<br>（0.002） | 0.008***<br>（0.002） | 0.008***<br>（0.002） |
| 财务杠杆 | 0<br>（0.004） | 0.001<br>（0.004） | 0.001<br>（0.004） |
| 经营现金流 | 0.010<br>（0.007） | −0.001<br>（0.006） | −0.001<br>（0.006） |
| 融资约束 | 0.021**<br>（0.010） | 0.015<br>（0.009） | 0.016*<br>（0.009） |
| 企业年龄 | −0.003***<br>（0） | −0.003***<br>（0） | −0.003***<br>（0） |
| 产权性质 | — | — | 0.003**<br>（0.001） |
| 个体固定效应 | 控制 | 控制 | 控制 |
| 年份固定效应 | — | 控制 | 控制 |
| 观测值 / 家 | 2 852 | 2 852 | 2 852 |
| $R^2$ | 0.217 | 0.304 | 0.305 |

注：1. 数字后括号内为标准误。

2. *、**、*** 分别表示在 10%、5%、1% 的水平上显著。

从表 3-6 中回归结果可以看到，在控制固定效应后，入选名单对企业获得政府补助的系数均在 1% 的水平上显著为正，模型（2）中入选“小巨人”企业名单的系数为 0.008，表示企业在评选上“小巨人”企业后获得的政府补贴强度提高了 0.8%，获得了更多的政府补助，进而激励企业增加研发投入，可能存在政策扶持通过增加政府补助激励企业投入更多到研发创新的作用机制。此外，模型（3）中企业产权性质的系数为 0.003，在 5% 的水平上显著，即国有持股企业获得的政府补贴强度高于其他企业 0.3 个百分点，表明国有持股企业相比民营企业获得的政府补贴强度更大。

### 2. 对税收负担的影响

以企业的税收负担作为被解释变量，检验入选专精特新“小巨人”企业名单对企业税收负担方面的影响，得到的回归结果如表 3-7 所示。模型（1）~（3）中，入选名单对企业税收负担的系数均为负但不显著，表明企业在入选专精特新“小巨人”企业名单后整体税收负担没有显著变化，可能是因为政策层面上对于科技型企业的税收政策和税率是统一的，专精特新“小巨人”企业在税收政策上与创业板和科创板的企业没有明显区别，而研发费用加计扣除的比例是外生政策给定的，是否入选名单不影响企业享受的扣除比例，但由于专精特新“小巨人”企业的研发投入更多，享受到的加计扣除政策减税力度更大，在一定程度上鼓励企业增加研发投入。

表 3-7　对企业税收负担的回归结果

| 变量 | 税收负担 | | |
|---|---|---|---|
| | 模型（1） | 模型（2） | 模型（3） |
| 是否入选“小巨人”企业名单 | −0.011<br>（0.021） | −0.011<br>（0.023） | −0.011<br>（0.023） |
| 财务杠杆 | −0.129***<br>（0.020） | −0.126***<br>（0.020） | −0.126***<br>（0.020） |
| 经营现金流 | 0.028<br>（0.035） | 0.039<br>（0.036） | 0.039<br>（0.036） |
| 融资约束 | −0.122**<br>（0.051） | −0.112**<br>（0.051） | −0.113**<br>（0.051） |
| 企业年龄 | −0.013***<br>（0.003） | −0.012***<br>（0.003） | −0.012***<br>（0.003） |
| 产权性质 | — | — | −0.004<br>（0.007） |
| 个体固定效应 | 控制 | 控制 | 控制 |
| 年份固定效应 | — | 控制 | 控制 |
| 观测值 / 家 | 3 905 | 3 905 | 3 905 |
| $R^2$ | 0.053 | 0.056 | 0.057 |

注：1. 数字后括号内为标准误。

2. *、**、*** 分别表示在 10%、5%、1% 的水平上显著。

### 3.4.3 入选“小巨人”企业名单对研发投入和创新产出的影响

#### 1. 企业研发投入的影响

在检验入选“小巨人”企业名单对其获得政府补助是否产生显著影响后，基于模型一的回归结果显示政府补助对企业创新具有正向的激励作用，本书进一步分析评选上专精特新“小巨人”企业后企业研发投入是否也存在显著增长，对于本书提出的假说三进行检验，在企业研发投入强度的固定效应模型中加入是否入选专精特新“小巨人”企业名单的虚拟变量，评估入选“小巨人”企业名单的政策效果，得到的回归结果如表 3–8 所示。其中，模型（1）是仅用是否加入作为核心解释变量的个体固定效应模型，模型（2）是加入了政府补贴强度和企业税收负担作为解释变量之后的个体固定效应模型，模型（3）是同时控制了个体固定效应和年份固定效应的双向固定效应模型。

表 3–8 入选“小巨人”企业名单对企业研发投入强度的回归结果

| 变量 | 研发投入强度 | | |
|---|---|---|---|
| | 模型（1） | 模型（2） | 模型（3） |
| 是否入选“小巨人”企业名单 | 0.006**<br>（0.003） | 0.004<br>（0.003） | 0.004<br>（0.003） |
| 盈利能力 | –0.127***<br>（0.008） | –0.131***<br>（0.011） | –0.130***<br>（0.011） |
| 财务杠杆 | –0.021***<br>（0.006） | –0.026***<br>（0.007） | –0.027***<br>（0.007） |
| 经营现金流 | –0.028***<br>（0.009） | –0.026**<br>（0.013） | –0.031**<br>（0.013） |
| 融资约束 | 0.011<br>（0.014） | –0.007<br>（0.018） | –0.011<br>（0.018） |
| 企业年龄 | 0.002***<br>（0.001） | 0.002<br>（0.001） | 0.001<br>（0.001） |
| 政府补贴强度 | — | 0.181***<br>（0.045） | 0.162***<br>（0.048） |
| 税收负担 | — | –0.016**<br>（0.007） | –0.015**<br>（0.007） |
| 个体固定效应 | 控制 | 控制 | 控制 |
| 年份固定效应 | — | — | 控制 |
| 观测值 / 家 | 3 905 | 2 852 | 2 852 |
| $R^2$ | 0.124 | 0.136 | 0.140 |

注：1. 数字后括号内为标准误。

2. *、**、*** 分别表示在 10%、5%、1% 的水平上显著。

表 3–8 的回归结果显示，模型（1）中，入选专精特新“小巨人”企业名单的系数为 0.006，在 5% 的水平上显著，即企业在评选上专精特新“小巨人”企业后研发投入强度提高 0.6 个百分点，表明入选专精特新“小巨人”企业名单对企业的研发投入强度存在较显著的正向作用。模型（2）和（3）中，在控制了政府补贴强度和税收负担的变量后，入选专精特新“小巨人”企业名单的系数仍然为正但不显著，而政府补贴强度和税收负担的系数均显著。模型（3）中政府补贴强度的系数为 0.162，在 1% 的水平上显著，税收负担的系数为 –0.015，在 5% 的水平上显著，表明政府补贴强度提高 1%，企业研发投入强度提高 16.2%，而企业的税收负担增加 1%，相应的企业研发投入强度降低 1.5%，验证了政府补助对企业研发创新存在正向的激励作用，而税收负担会抑制企业进行研发创新。结合上一部分对假说二的检验，表明入选专精特新“小巨人”企业名单主要通过增强企业获得的政府补助等渠道发挥促进企业增加研发投入的作用。

### 2. 对企业创新产出的影响

将模型中的被解释变量替换为企业申请和获得的专利数量，并根据专精特新“小巨人”企业的评选标准以及黎文靖和郑曼妮等学者的研究，将专利划分发明专利和实用新型、外观设计专利两大类型，设置评选上“小巨人”企业后（2019 年、2020 年）的年份虚拟变量与接受处理（入选名单）的交互项作为解释变量，对第一批评选上专精特新“小巨人”企业的样本和对照组企业进行回归，检验入选专精特新“小巨人”企业名单对企业创新产出的影响，得到的回归结果如表 3–9 所示。

**表 3–9　对第一批企业申请专利数量的回归结果**

| 变量 | 申请的专利数量 | | 申请的发明专利数量 | 申请的实用新型、外观设计专利数量 |
|---|---|---|---|---|
| | 模型（1） | 模型（2） | 模型（3） | 模型（4） |
| 交互项 | 7.703***<br>（1.212） | 7.765***<br>（1.225） | 2.521***<br>（0.759） | 5.094***<br>（0.591） |
| 盈利能力 | 2.260*<br>（1.311） | 3.335**<br>（1.413） | 2.377***<br>（0.875） | 0.992<br>（0.681） |
| 财务杠杆 | 1.493<br>（1.007） | 1.669<br>（1.033） | 1.030<br>（0.639） | 1.101**<br>（0.498） |
| 经营现金流 | –1.666<br>（1.701） | –1.276<br>（1.751） | –1.191<br>（1.084） | 0.363<br>（0.844） |

续表 3–9

| 变量 | 申请的专利数量 | | 申请的发明专利数量 | 申请的实用新型、外观设计专利数量 |
|---|---|---|---|---|
| | 模型（1） | 模型（2） | 模型（3） | 模型（4） |
| 融资约束 | –1.074<br>（2.466） | –1.219<br>（2.524） | –0.407<br>（1.562） | –0.365<br>（1.217） |
| 企业年龄 | 0.127<br>（0.130） | 0.117<br>（0.133） | 0.149*<br>（0.083） | –0.038<br>（0.064） |
| 研发投入强度 | — | 9.791***<br>（3.456） | 6.983***<br>（2.140） | 2.906*<br>（1.666） |
| 个体固定效应 | 控制 | 控制 | 控制 | 控制 |
| 年份固定效应 | 控制 | 控制 | 控制 | 控制 |
| 观测值 / 家 | 3 857 | 3 771 | 3 771 | 3 771 |
| $R^2$ | 0.042 | 0.045 | 0.033 | 0.058 |

注：1. 数字后括号内为标准误。

2. *、**、*** 分别表示在 10%、5%、1% 的水平上显著。

表 3–9 是对第一批企业申请专利数量的回归结果，模型（1）是以是否入选“小巨人”企业名单与年份虚拟变量的交互项作为核心解释变量的双向固定效应模型，模型（2）是加入了企业研发投入强度作为解释变量之后的双向固定效应模型，模型（3）是将被解释变量替换为申请的发明专利数量，模型（4）以实用新型和外观设计专利的申请数量作为被解释变量。

表 3–9 中的回归结果显示，模型（1）~（4）中入选专精特新“小巨人”企业名单与年份虚拟变量交互项的系数均显著为正，模型（1）中入选专精特新“小巨人”企业名单交互项的系数为 7.703，在 1% 的水平上显著，即企业在入选“小巨人”企业名单之后申请的专利数量相比之前增加了约 7.7 件，表明入选名单可能对企业的创新产出存在正向影响。考虑到企业获得的专利数量还受到企业研发投入强度的影响，在模型（2）中对其进行控制，可以看到，研发投入强度与专利申请数量的系数为 9.791，在 1% 的水平上显著，表明研发投入强度对申请和获得的专利数量有正向作用，企业研发投入增加有助于申请和获得更多的专利。从专利的类型来看，发明专利与实用新型、外观设计专利申请数量的系数均显著为正。

表 3–10 是对第一批企业获得专利数量的回归结果，由于实用新型、外观设计专利获得批准的时间一般为一年以内，而发明专利的时间在两年左右，即 2019 年申请的实用新型、外观设计专利在 2020 年获得批准，而同时期申请的发明专利至少要在 2021 才能获得批准。鉴于 2021 年的专利统计数据尚未更新，本书仅对实用新型、外观设计专利的获得批准数量进行回

归分析，模型（1）是以是否入选“小巨人”企业名单作为核心解释变量的双向固定效应模型，模型（2）是加入了上一期对应的专利申请数量作为解释变量之后的双向固定效应模型，被解释变量均为 2020 年获得的实用新型、外观设计专利数量。

**表 3-10　对第一批企业获得实用新型、外观设计专利数量的回归结果**

| 变量 | 获批的实用新型、外观设计专利数量 | |
|---|---|---|
| | 模型（1） | 模型（2） |
| 交互项 | 4.830***<br>（0.669） | 6.546***<br>（0.637） |
| 盈利能力 | 0.960<br>（0.723） | 0.619<br>（0.682） |
| 财务杠杆 | 1.671***<br>（0.556） | 1.228**<br>（0.524） |
| 经营现金流 | −1.557*<br>（0.938） | −1.581*<br>（0.884） |
| 融资约束 | 2.237<br>（1.361） | 2.553**<br>（1.284） |
| 企业年龄 | 0.282***<br>（0.072） | 0.298***<br>（0.068） |
| 上期专利申请 | — | 0.381***<br>（0.020） |
| 个体固定效应 | 控制 | 控制 |
| 年份固定效应 | 控制 | 控制 |
| 观测值 / 家 | 3 857 | 3 857 |
| $R^2$ | 0.055 | 0.160 |

注：1. 数字后括号内为标准误。
2. *、**、*** 分别表示在 10%、5%、1% 的水平上显著。

表 3-10 的回归结果显示，模型（1）和模型（2）中入选专精特新“小巨人”企业名单和年份虚拟变量交互项的系数分别为 4.830 和 6.546，均在 1% 的水平上显著为正，表明第一批企业在评选上“小巨人”企业的第二年获得的实用新型、外观设计专利数量有显著增长。模型（2）中，入选“小巨人”企业名单与年份虚拟变量交互项的系数为 6.546，表明“小巨人”企业在 2020 年获得批准的实用新型、外观设计专利数量相比 2019 年增加约 6.5 件，上一期对应专利申请数量的系数为 0.381，表明 2019 年申请的实用新型和外观设计专利中约有 38.1% 的专利转化为当年新获得授权的专利。

### 3.4.4 入选“小巨人”企业名单前企业的研发投入和专利数量变化情况

#### 1. 评选前研发投入的变化

专精特新“小巨人”企业培育政策的效果不仅包括入选后通过加大补贴力度促进企业研发创新的效应，还包括在公布“小巨人”企业评选标准后诱导企业进行寻租行为的效应，激励企业为了顺利评选上而增加研发投入和专利持有量。针对本书提出的假说四，将模型中的被解释变量分别替换为企业研发投入强度，设置评选上“小巨人”企业前（2019 年）的年份虚拟变量与接受处理（入选名单）的交互项作为核心解释变量，对第二批评选上专精特新“小巨人”企业的样本和对照组企业进行回归，检验第二批专精特新“小巨人”企业在已知评选标准的情况下是否提前增加了研发投入和投入绝对值，得到的回归结果如表 3–11 所示，模型（1）是以企业研发投入强度为被解释变量的双向固定效应模型，模型（2）是以研发投入绝对值（取对数）为被解释变量的模型回归结果。从表 3–11 中可以看到，无论是研发投入强度还是投入绝对值，第二批入选的专精特新“小巨人”企业的交互项系数均不显著，表明第二批“小巨人”企业在入选前其研发投入都没有显著增加。

表 3–11 对第二批“小巨人”企业入选前研发投入的回归结果

| 变量 | 研发投入强度 | 研发投入绝对值 |
|---|---|---|
| | 模型（1） | 模型（2） |
| 交互项 | 0.003<br>（0.003） | 0.027<br>（0.043） |
| 盈利能力 | –0.125***<br>（0.008） | 0.475***<br>（0.105） |
| 财务杠杆 | –0.020***<br>（0.006） | 0.446***<br>（0.076） |
| 经营现金流 | –0.033***<br>（0.010） | 0.074<br>（0.129） |
| 融资约束 | 0.006<br>（0.014） | –3.698***<br>（0.185） |
| 企业年龄 | 0.002**<br>（0.001） | –0.019**<br>（0.01） |
| 个体固定效应 | 控制 | 控制 |
| 年份固定效应 | 控制 | 控制 |
| 观测值 / 家 | 3 829 | 3 848 |
| $R^2$ | 0.129 | 0.515 |

注：1. 数字后括号内为标准误。

2. *、**、*** 分别表示在 10%、5%、1% 的水平上显著。

### 2. 入选前专利数量的变化

同理，将模型中的被解释变量替换为第二批企业在 2019 年的专利申请数量，以入选前的年份虚拟变量与接受处理（入选名单）的交互项作为核心解释变量，检验第二批专精特新“小巨人”企业在是否策略性地提前增加了专利申请，建立自身在评选“小巨人”企业时的优势，得到的回归结果如表 3–12 所示。模型（1）是以是否入选“小巨人”企业名单与年份虚拟变量的交互项作为核心解释变量的双向固定效应模型，模型（2）是加入了企业研发投入强度作为解释变量之后的双向固定效应模型，模型（3）是将被解释变量替换为申请的发明专利数量，模型（4）以实用新型和外观设计专利的申请数量作为被解释变量。从表中结果可以看到，模型（1）~（4）中交互项的系数均显著为正，申请的发明专利数量的系数为 2，申请的实用新型和外观设计专利数量的系数为 4.007，即第二批入选企业在评选前一年（2019 年）申请的专利数量显著增加，平均增加了 6 件，有理由认为第二批企业在已知专精特新“小巨人”企业评选标准后提前进行了专利申请的准备，以增加自身专利储备和参选时的竞争力。

表 3–12　对第二批“小巨人”企业入选前专利申请数量的回归结果

| 变量 | 申请的专利数量 | | 申请的发明专利数量 | 申请的实用新型、外观设计专利数量 |
|---|---|---|---|---|
| | 模型（1） | 模型（2） | 模型（3） | 模型（4） |
| 交互项 | 6.303***<br>（0.802） | 6.252***<br>（0.811） | 2.000***<br>（0.451） | 4.007***<br>（0.411） |
| 盈利能力 | 2.762<br>（1.915） | 4.074**<br>（2.063） | 3.250***<br>（1.147） | 0.491<br>（1.045） |
| 财务杠杆 | 3.464**<br>（1.392） | 3.692***<br>（1.427） | 2.148***<br>（0.793） | 1.716**<br>（0.723） |
| 经营现金流 | –3.365<br>（2.363） | –2.967<br>（2.431） | –2.342*<br>（1.352） | –0.138<br>（1.231） |
| 融资约束 | –7.602**<br>（3.403） | –7.891**<br>（3.480） | –5.182***<br>（1.935） | –1.858<br>（1.763） |
| 企业年龄 | –0.215<br>（0.179） | –0.234<br>（0.183） | –0.041<br>（0.102） | –0.171*<br>（0.093） |
| 研发投入强度 | — | 11.356**<br>（4.760） | 7.569***<br>（2.647） | 2.777*<br>（1.617） |
| 个体固定效应 | 控制 | 控制 | 控制 | 控制 |
| 年份固定效应 | 控制 | 控制 | 控制 | 控制 |
| 观测值 / 家 | 3 913 | 3 828 | 3 828 | 3 828 |
| $R^2$ | 0.060 | 0.063 | 0.046 | 0.060 |

注：1. 数字后括号内为标准误。

2. *、**、*** 分别表示在 10%、5%、1% 的水平上显著。

与之对应的，对第二批专精特新“小巨人”企业在2020年获得的实用新型和外观设计专利数量进行回归发现（见表3-13），入选当年年份虚拟变量与接受处理（入选名单）交互项的系数均显著为正，表明第二批企业在评选当年获得授权的实用新型和外观设计专利数量显著增加，在一定程度上帮助其评选上“小巨人”企业，同时也表明第二批“小巨人”企业在没有显著增加研发投入的情况下通过策略性增加专利数量这一评选专项指标来增强自身竞争力，以及选拔政策对企业创新行为的引导作用。

**表3-13　对第二批“小巨人”企业入选当年实用新型、外观设计专利获得数量的回归结果**

| 变量 | 获批的实用新型、外观设计专利数量 | |
|---|---|---|
| | 模型（1） | 模型（2） |
| 交互项 | 3.882***<br>（0.457） | 3.309***<br>（0.462） |
| 盈利能力 | 1.169<br>（1.099） | 1.431<br>（1.126） |
| 财务杠杆 | 2.276***<br>（0.800） | 2.532***<br>（0.919） |
| 经营现金流 | −3.027**<br>（1.357） | −1.986<br>（1.460） |
| 融资约束 | 0.196<br>（1.957） | −0.050<br>（2.356） |
| 企业年龄 | 0.248**<br>（0.103） | 0.163<br>（0.200） |
| 上期专利申请 | — | 0.220***<br>（0.010） |
| 个体固定效应 | 控制 | 控制 |
| 年份固定效应 | 控制 | 控制 |
| 观测值 / 家 | 3 905 | 2 805 |
| $R^2$ | 0.069 | 0.269 |

注：1. 数字后括号内为标准误。

2. *、**、*** 分别表示在10%、5%、1%的水平上显著。

# 3.5　稳健性检验

## 3.5.1　平行趋势检验

利用固定效应模型对政策效果进行稳健性估计的一个前提是被解释变量满足“平行趋

势”，即如果没有该政策的实施（本书指专精特新“小巨人”企业名单的公布），实验组与对照组之间应大体上保持共同的趋势，否则，模型将不能准确捕捉该政策的效应，因为实验组与对照组之间可能本身就存在着不同的变化趋势。

本书首先构建专精特新“小巨人”企业名单公布前的年份虚拟变量，然后生成该虚拟变量与政策指示变量的交互项。通过将该虚拟变量纳入回归，根据其系数显著性判断在专精特新“小巨人”企业名单公布年份以前，研发投入强度的差异是否已经存在。本书一共检验了名单公布前 3 年和名单公布当年被解释变量（研发投入强度）的变化趋势，回归结果如表 3-14 所示。从表 3-14 中可以看到，无论是单独加入一年的虚拟变量还是一起加入，检验项的系数均不显著，因此认为企业的研发投入强度在专精特新“小巨人”企业名单公布之前不存在显著差异。说明在公布“小巨人”企业名单前，实验组和对照组间企业研发投入强度的变化趋势不存在显著差异，平行趋势假说成立，上文回归中得到的入选“小巨人”企业名单对企业扩大研发投入具有正向促进作用的结论是稳健的。

**表 3-14　平行趋势检验**

| 变量 | 模型（1） | 模型（2） | 模型（3） |
|---|---|---|---|
| 加入名单（接受处理） | 0.004 5*<br>（0.002 6） | 0.004 8*<br>（0.002 7） | 0.005 0*<br>（0.002 9） |
| 加入名单（2016 年） | 0.004 5<br>（0.008 3） | 0.005 8<br>（0.008 6） | 0.006 3<br>（0.009 1） |
| 加入名单（2017 年） | — | 0.004 2<br>（0.007 3） | 0.004 8<br>（0.008 0） |
| 加入名单（2018 年） | — | — | 0.001 4<br>（0.007 5） |
| 其他控制变量 | 控制 | 控制 | 控制 |
| 个体固定效应 | 控制 | 控制 | 控制 |
| 年份固定效应 | 控制 | 控制 | 控制 |
| 观测值 / 家 | 4 091 | 4 091 | 4 091 |

### 3.5.2 安慰剂检验

为了检验对专精特新“小巨人”企业培育政策效果估计结果的稳健性，排除其他可能存在的政策或随机因素的影响，本书采用安慰剂检验的方法，检验入选“小巨人”企业名单的政策效果是真实存在的还是对其他随机挑选的企业也成立。具体操作方法为，通过保留 2018 年的样本数据，从中随机抽取 180 个样本（约等于样本中两批专精特新“小巨人”企业上市公司的数量），将其设置为伪实验组，把伪实验组与“小巨人”企业名单公布年份的交互项带入模型，进行 500 次循环回归，得到伪实验组入选名单虚拟变量的系数和 $p$ 值的数据，如图 3-4 所示。

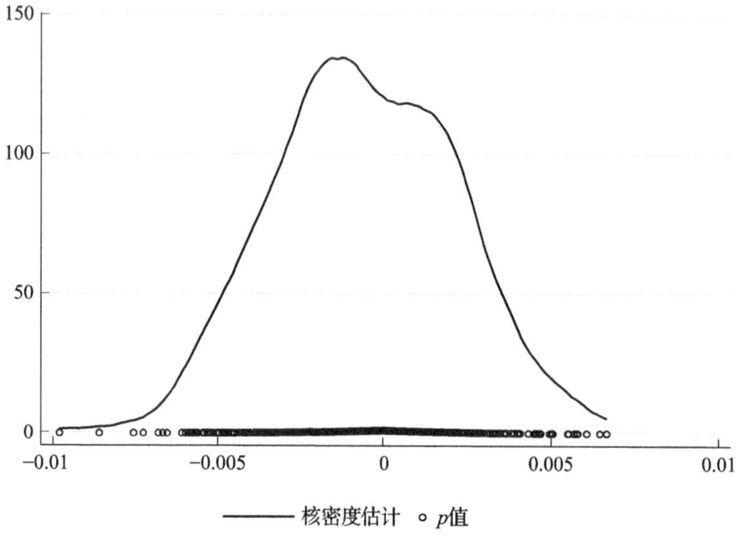


**图 3-4 安慰剂检验**

可以看到，大多数伪实验组系数估计值的 $p$ 值都大于 0.1，即在 500 次回归中，大部分用伪实验组估计的政策实施效果在 10% 的水平上不显著，也就是通过随机抽选的企业代替“小巨人”企业得到的政策效果是不显著的。上文用真实公布的专精特新“小巨人”企业样本数据估计得到的虚拟变量系数为 0.006，远离图中系数分布的密集区域，这表明上文实证分析中对入选“小巨人”企业名单对其研发投入影响的估计结果不大可能是偶然得到的，不大可能受到了其他因素的影响，因此“小巨人”企业培育政策对企业研发创新具有促进作用的结论具备一定的稳健性。

### 3.5.3 PSM-DID 分析

为解决入选专精特新“小巨人”企业名单的上市公司与其他创业板、科创板企业之间在趋势变动上存在的系统性差异，降低固定效应模型方法的估计偏误，提高对专精特新“小巨人”企业培育政策效果估计的准确性，本书采用 PSM-DID（双重差分倾向得分匹配）方法进行稳健性检验，利用企业的经营指标等数据对样本中的企业进行精准匹配，找到对照组中与“小巨人”上市公司情况最接近的企业，从而更准确地识别出入选“小巨人”企业名单对企业产生的政策效果是否显著。

在进行 PSM-DID 估计之前，需要先进行平衡性检验，即判断匹配后处理组和对照组的各变量之间是否变得平衡。如果不存在显著差异，则满足 PSM-DID 方法的使用条件，对两批企业分别进行平衡性检验，结果如表 3-15 和表 3-16 所示。可以看到，经过匹配后，绝大部分变量的标准化偏差都小于 10%，第一批企业和第二批企业总体偏差均值分别为 8.2 和 5.8，通过平衡性检验。

在具体匹配方法中，本书使用最近邻匹配，基于评选专精特新“小巨人”企业前一年的样本特征数据，为入选名单的“小巨人”企业匹配作为参照的样本，匹配比例为 1∶3。同时，使用公布名单当年的企业研发投入数据减去公布名单前一年的企业研发投入数据，得到的差值为公布专精特新“小巨人”企业名单当年企业研发投入数据的变化值，将此差值作为被解释变量，是否入选名单的虚拟变量作为解释变量，通过 PSM（倾向得分匹配）估计得到其系数即为处理组与对照组在企业研发投入变化值的差别（DID，双重差分法）。

**表 3-15　PSM-DID 适用性检验（第一批公布名单）**

| 变量 | 是否匹配 | 均值 | | 标准化偏差（%） | *t* 检验 | |
|---|---|---|---|---|---|---|
| | U：匹配前<br>M：匹配后 | 处理组 | 对照组 | | *t* 值 | *p* 值 |
| 盈利能力 | U<br>M | 0.074<br>0.074 | 0.012<br>0.073 | 53.4<br>0.5 | 1.52<br>0.03 | 0.128<br>0.975 |
| 财务杠杆 | U<br>M | 0.272<br>0.272 | 0.363<br>0.254 | −50.6<br>9.9 | −1.69<br>0.34 | 0.091<br>0.736 |
| 经营现金流 | U<br>M | 0.061<br>0.061 | 0.049<br>0.045 | 19.0<br>24.0 | 0.69<br>0.75 | 0.489<br>0.460 |
| 融资约束 | U<br>M | −3.750<br>−3.750 | −3.800<br>−3.760 | 23.6<br>6.4 | 0.94<br>0.18 | 0.346<br>0.862 |
| 企业年龄 | U<br>M | 16.930<br>16.930 | 17.510<br>16.910 | −11.4<br>0.4 | −0.49<br>0.01 | 0.626<br>0.990 |

表 3-16 PSM-DID 适用性检验（第二批公布名单）

| 变量 | 是否匹配<br>U：匹配前<br>M：匹配后 | 均值 | | 标准化偏差（%） | *t* 检验 | |
|---|---|---|---|---|---|---|
| | | 处理组 | 对照组 | | *t* 值 | *p* 值 |
| 盈利能力 | U | 0.059 | 0.015 | 35.8 | 2.87 | 0.004 |
| | M | 0.059 | 0.050 | 7.3 | 0.63 | 0.529 |
| 财务杠杆 | U | 0.298 | 0.374 | −41.8 | −3.27 | 0.001 |
| | M | 0.298 | 0.285 | 7.2 | 0.56 | 0.579 |
| 经营现金流 | U | 0.066 | 0.057 | 13.6 | 1.12 | 0.264 |
| | M | 0.066 | 0.058 | 11.5 | 0.85 | 0.398 |
| 融资约束 | U | −3.850 | −3.830 | −11.3 | −1.06 | 0.289 |
| | M | −3.850 | −3.860 | −1.4 | −0.09 | 0.928 |
| 企业年龄 | U | 18.670 | 18.150 | 10.3 | 0.98 | 0.328 |
| | M | 18.670 | 18.580 | 1.6 | 0.10 | 0.919 |

经过匹配估计，入选名单对企业研发投入的处理效应如表 3-17 所示，第一批专精特新“小巨人”企业接受入选名单的处理效应为 0.012 8，在 5% 的水平上显著，表明第一批企业在评选上“小巨人”企业后，研发投入强度相比与其相似的企业有更快的增长，存在激励企业研发创新的政策效果。第二批专精特新“小巨人”企业入选名单的处理效应为 0.001 9，不显著，表明第二批企业在入选“小巨人”企业名单之后研发投入强度相比与其相似的企业无显著差异，可能原因是第二批专精特新“小巨人”企业名单公布时间较晚，距离企业公布财务报表时间较短，入选“小巨人”企业名单对企业研发投入产生影响的政策效果尚未完全显现。

总体看，尽管两批企业接受入选名单的显著性存在差异，但其平均处理效应均为正，表明入选专精特新“小巨人”企业名单对企业研发投入具有一定的积极影响，“小巨人”企业培育政策的扶持有利于增加企业研发投入、鼓励企业进行技术创新。

表 3-17 入选名单对企业研发投入的平均处理效应

| 批次 | 处理组 | 对照组 | 处理组与对照组的差值 | 标准差 | *t* 检验 |
|---|---|---|---|---|---|
| 第一批 | 0.002 1 | −0.010 7 | 0.012 8 | 0.062 | 2.08 |
| 第二批 | 0.005 7 | 0.003 8 | 0.001 9 | 0.035 | 0.52 |

### 3.5.4 机制检验

通过前文对影响企业研发投入因素的回归，可以发现政府补贴强度对企业研发投入强度具有正向的激励作用，而企业在评选上专精特新“小巨人”企业之后获得的政府补助整体上相比其他创业板、科创板的企业有所增加，可能存在通过加大政府补助力度促进企业研发投入的机制。因此，本部分将尝试检验入选专精特新“小巨人”企业名单对企业获得的政府补贴强度的正面效应，与上一部分相似，本部分同样采取最近邻匹配的匹配方法，匹配比例为 1∶3。

适应性检验如表 3-18 和表 3-19 所示，匹配后各变量的标准化偏差基本在 10% 以下，两批企业总体的偏差均值均为 4.2，可以认为处理组和对照组的变量之间不存在显著差异，通过平衡性检验。

表 3-18　PSM-DID 适用性检验（第一批公布名单）

| 变量 | 是否匹配 U：匹配前 M：匹配后 | 均值 | | 标准化偏差（%） | *t* 检验 | |
|---|---|---|---|---|---|---|
| | | 处理组 | 对照组 | | *t* 值 | *p* 值 |
| 产权性质 | U | 0.193 | 0.095 | 28.2 | 3.13 | 0.002 |
| | M | 0.180 | 0.151 | 8.2 | 0.58 | 0.559 |
| 财务杠杆 | U | 0.290 | 0.376 | −47.5 | −4.25 | 0 |
| | M | 0.293 | 0.284 | 5.4 | 0.51 | 0.609 |
| 经营现金流 | U | 0.065 | 0.058 | 12.5 | 1.16 | 0.246 |
| | M | 0.065 | 0.070 | −6.4 | −0.52 | 0.606 |
| 融资约束 | U | −3.830 | −3.820 | −4.7 | −0.49 | 0.327 |
| | M | −3.830 | −3.830 | −0.3 | −0.02 | 0.951 |
| 企业年龄 | U | 17.360 | 16.900 | 9.4 | 0.98 | 0.327 |
| | M | 17.390 | 17.350 | 0.8 | 0.06 | 0.951 |

注：偏差均值 U 为 40.5，M 为 4.2。

表 3-19　PSM-DID 适用性检验（第二批公布名单）

| 变量 | 是否匹配 U：匹配前 M：匹配后 | 均值 | | 标准化偏差（%） | *t* 检验 | |
|---|---|---|---|---|---|---|
| | | 处理组 | 对照组 | | *t* 值 | *p* 值 |
| 产权性质 | U | 0.186 | 0.096 | 26.2 | 2.57 | 0.010 |
| | M | 0.186 | 0.190 | −1.1 | −0.06 | 0.949 |
| 财务杠杆 | U | 0.297 | 0.376 | −43.3 | −3.33 | 0.001 |
| | M | 0.297 | 0.294 | 1.9 | 0.15 | 0.878 |
| 经营现金流 | U | 0.066 | 0.058 | 12.0 | 0.97 | 0.332 |
| | M | 0.066 | 0.067 | −1.5 | −0.10 | 0.924 |
| 融资约束 | U | −3.850 | −3.820 | −14.3 | −1.31 | 0.192 |
| | M | −3.850 | −3.830 | −7.8 | −0.52 | 0.605 |
| 企业年龄 | U | 18.610 | 17.900 | 15.6 | 1.41 | 0.158 |
| | M | 18.610 | 18.240 | 8.5 | 0.56 | 0.577 |

与上一部分相同的方法，用公布名单当年的企业研发投入数据减去公布名单前一年的企业政府补助数据，得到的差值为公布专精特新“小巨人”企业名单当年政府补助数据的变化值，将此差值作为被解释变量，是否入选名单的虚拟变量作为解释变量，通过 PSM 估计得到其系数即为处理组与对照组在政府补助变化值上的差别。

经过匹配估计，入选名单对政府补贴强度的处理效应如表 3-20 所示，第一批专精特新“小巨人”企业接受入选名单的处理效应为 0.002 9，在 10% 的水平上显著，即企业入选“小巨人”企业名单后相比作为对照的企业，企业获得的政府补贴强度提高了 0.29%，表明第一批企业在评选上“小巨人”企业后获得的政府补贴强度与其相似的企业相比有更快的增长，进而激励企业进行研发创新。第二批专精特新“小巨人”企业入选名单的处理效应为 0.002 7，不显著，表明第二批企业在入选“小巨人”企业名单之后获得的政府补贴强度与其他企业相比不存在显著增长，可能是因为 2020 年度企业报表统计截止日期距离公布企业名单时间只有两个月，入选“小巨人”企业名单的政策效果未完全显现，给予“小巨人”企业的专项补助没有及时反映在财务报表中。

总体看，两批企业入选名单的平均处理效应均为正，考虑到时间因素，本书认为入选专精特新“小巨人”企业名单对企业获得的政府补贴强度存在一定的正面效应，企业在入选后获得了更多的政府补助和专项资金，政策扶持通过政府补助的机制对企业研发创新产生激励作用。

表 3-20 入选名单对政府补助的平均处理效应

| 批次 | 处理组 | 对照组 | 处理组与对照组的差值 | 标准差 | $t$ 检验 |
|---|---|---|---|---|---|
| 第一批 | 0.002 2 | −0.000 7 | 0.002 9 | 0.001 6 | 1.8 |
| 第二批 | 0.002 5 | −0.000 2 | 0.002 7 | 0.001 9 | 1.4 |

# 3.6 小 结

## 3.6.1 研究结论

通过对前两批评选上专精特新“小巨人”企业中的上市公司以及创业板、科创板企业的实证研究，本书检验了影响企业研发投入强度的因素，并进一步对这些影响因素进行分析，检验入选“小巨人”企业名单对上述因素中与政策相关变量的影响，研究了专精特新“小巨人”企业培育政策发挥作用的渠道和机制，最后再次检验了评选“小巨人”企业对企业创新行为的引导效果以及入选“小巨人”企业名单对企业研发投入和创新产出的影响，并通过稳健性检验验证了回归结果的稳健性。基于上述研究内容，本书得出以下结论。

一是在对影响企业研发投入影响因素的研究中，发现与政策扶持相关的政府补助、研发费用加计扣除等税收优惠政策对企业研发投入强度具有正向激励作用，税收负担对企业研发活动具有负面的阻碍作用。因此，政府补贴强度和研发费用加计扣除等税收政策优惠力度越大，企业研发投入强度越大，专精特新“小巨人”企业政策扶持中的专项资金补助等财税政策有助于增加企业研发投入。

二是通过考察入选专精特新“小巨人”企业名单前后企业获得的政府补助等指标的变化并与其他企业进行对比，发现企业在入选专精特新“小巨人”企业名单之后获得了更多的政府补助，税收负担则无显著变化，经过机制检验，认为加大政府补贴力度是专精特新“小巨人”企业培育政策发挥促进企业研发创新作用的渠道。

三是通过考察入选名单前后企业研发投入强度的增量并对比其他企业的投入情况，发现入选专精特新“小巨人”企业名单对企业研发投入强度具有较显著的激励作用，而在控制政府补助和税收负担变量后，入选“小巨人”企业名单对企业研发投入强度的系数变得不显著，表明入选“小巨人”企业名单对企业研发投入可能是通过增加政府补助、缓解企业资金约束等作用机制实现促进企业创新的政策效果。从创新产出来看，第一批企业在入选“小巨人”企业名单当年，其申请的发明专利和实用新型、外观设计专利数量均有显著增加，并且在第二年获得授权的实用新型、外观设计专利数量也显著增加了，企业在入选“小巨人”企业名单后增加的研发投入转化为专利产出。

四是第二批入选企业在已知第一批专精特新“小巨人”企业评选标准的情况下，为了扩大自身专利储备以增强评选“小巨人”企业时的竞争力，策略性地增加了其专利申请的数量，获得授权的实用新型和外观设计专利数量也在次年显著增加，有理由认为第二批企业存在在没有显著增加研发投入的情况下，通过策略性增加专利数量这一评选专项指标来增强自身竞争力的寻租行为。

### 3.6.2　政策建议

促进企业研发创新，既需要功能性政策为企业提供科技创新的基础设施，搭建创新协同的数字化平台，同时也要加大财税支持力度，通过选择性政策对创新能力强的企业进行奖补，补充其研发资金，缓解企业融资约束问题，利用研发费用加计扣除等税收减免政策激发企业创新动力。基于本书研究结果，提出以下建议。

一是坚持政府对企业创新研发投入进行补助的扶持政策，加大对企业研发创新投入的补贴力度，在此基础上进一步优化政府奖补资金的分配，在给予企业研发补助时综合考虑企业研发投入强度、科技人员占比、企业盈利能力及企业规模等因素，结合企业现状和需求，在扩大政府补助范围的同时强化补助力度，鼓励重点企业创新。本书的实证研究表明，政府补助对企业研发创新活动具有较显著的正向作用，通过政府补助的机制促进企业提高研发投入强度，有助于增加企业创新能力和竞争力，进而推动我国产业结构转型升级。此外，积极推动“产学研”结合，引导高等学校和科研机构与企业开展深入合作，提升研发投入到创新产出的转化效率，促进创新产出水平的提高。

二是优化税收政策设计，充分调动企业研发的积极性。研发费用加计扣除政策在一定程度上减轻了科技型企业的税收负担，通过税收抵扣的方式补充了企业研发资金，减轻了企业融资约束问题，激励了企业追加研发投入，应坚持推行研发费用加计扣除政策，扩大政策惠及的企业范围，针对不同类型的企业执行细分政策，使得政策更具有可行性和规范性，使税收优惠政策能够更有效地促进企业创新活力。目前我国研发费用加计扣除的比例为 75%，与发达国家相比，我国对研发费用扣除的力度还有提高空间。本书建议提高研发费用加计扣除的比例，进一步释放税收优惠对企业研发创新的激励作用，根据实际情况可先在制造业行业和科技型企业中试点，将研发费用加计扣除比例提高到 100%。此外，在充分考虑中国国情的基础上，借鉴欧美发达国家实行的研发费用抵免方式，对科技型企业提供更加优惠的税收抵免政策，充分激发其研发创新的积极性。

三是加强评选机制和动态管理，在评选专精特新“小巨人”企业时，应进一步完善考评机制，避免企业为了评选上而进行策略性创新，增加创新“数量”而非创新“质量”的投机行为，把企业研发创新的质量也纳入考核标准，让真正具有创新实力和动力的中小企业入选专精特新“小巨人”企业名单。此外，强化考核评价，立足滚动式发展，采取淘汰制逐年剔除部分成长速度慢、目标实现进度相对落后的专精特新“小巨人”企业，对评选上的企业施加一定压力，避免企业在评选之后缺乏研发创新的动力、止步不前，提高政策扶持的精准性和扶持效率，让政策扶持对企业研发创新的促进效果实现最大化。

# 第4章 专精特新“小巨人”企业人才需求分析

## 4.1 专精特新“小巨人”企业的发展现状

### 4.1.1 使用数据

本章所使用的数据主要有三个来源：①基于4 762家国家级专精特新“小巨人”企业的研究报告，这些报告是由Wind、粤开证券研究院、智慧芽等完成的；②基于职教桥大数据中心（全国线上招聘数据）3 500多家专精特新“小巨人”企业的相关信息；③基于爱企查企业信息查询平台的国家级专精特新“小巨人”企业公示的企业工商信息。

### 4.1.2 企业规模情况

工业和信息化部于2019年、2020年、2021年认定并公布了三批专精特新“小巨人”企业名单，第一批企业共248家，第二批企业共1 744家，第三批企业共2 930家，这三批所认定的专精特新“小巨人”企业共4 762家（第二批160家企业未通过公示）。

从图4-1可知，获批的专精特新“小巨人”企业中，少于50人规模的有114家、50～<150人规模的有288家、150～<500人规模的有1 842家、500～<1 000人规模的有723家、1 000～<5 000人规模的有511家、5 000～<10 000人规模的有13家、10 000人及以上规模的有14家。

从从业人数规模分布来看，150～<500人规模的占比52.6%，远高于其他类规模企业的占比。这说明现阶段国家对专精特新“小巨人”企业的政策，重点在于扶持“小而优、小而强”的企业。

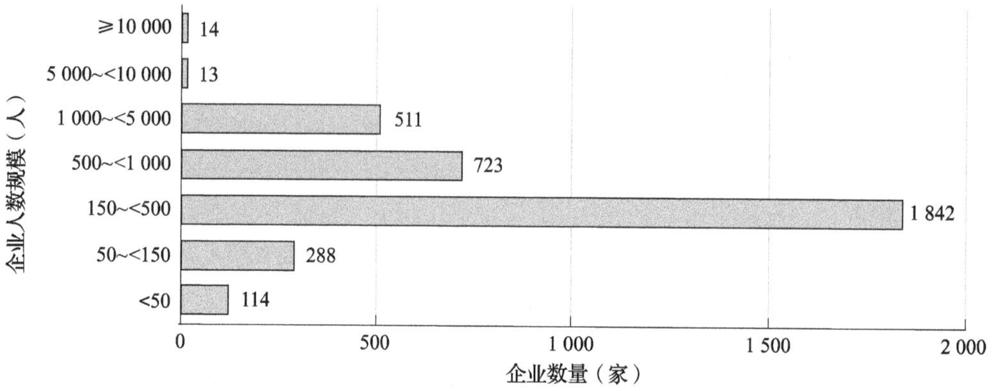


**图 4-1 专精特新“小巨人”企业人数规模分布**

注：数据来源于职教桥大数据中心（全国线上招聘数据），统计时间范围为 2020 年 7 月—2021 年 6 月。

### 4.1.3 行业分布情况

按照二级行业标准划分，专精特新“小巨人”企业中数量排名前 5 的行业分别为：机械 / 设备 / 重工、电子技术 / 半导体 / 集成电路、原材料和加工、仪器仪表 / 工业自动化、石油 / 化工 / 矿产 / 地质。图 4-2 给出了排名前 20 的各行业名称及具体数量。

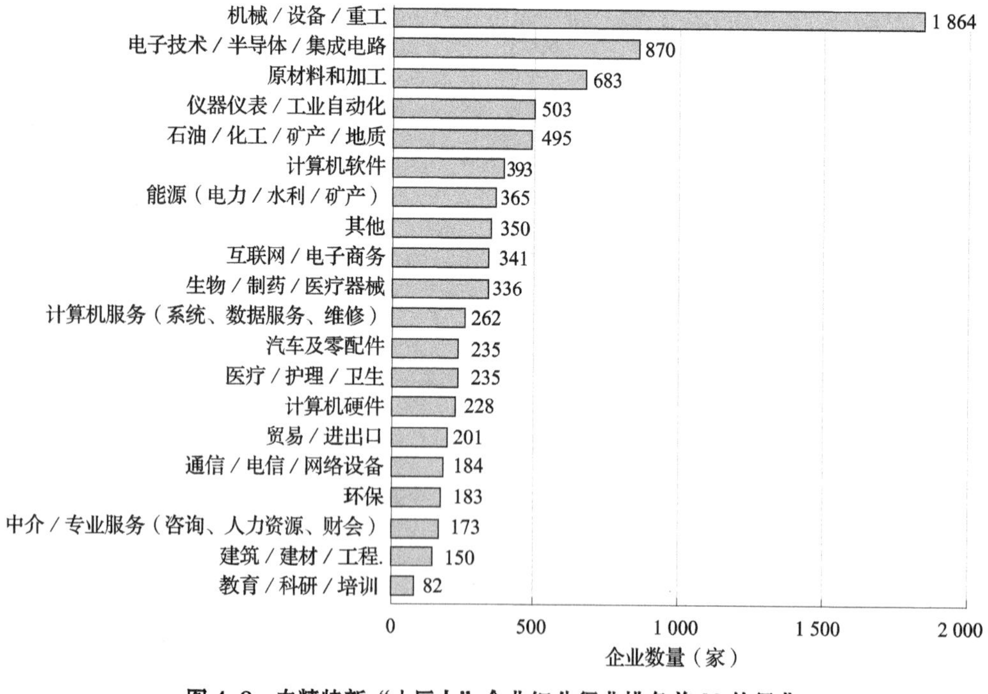


**图 4-2 专精特新“小巨人”企业细分行业排名前 20 的行业**

注：数据来源于职教桥大数据中心（全国线上招聘数据），统计时间范围为 2020 年 7 月—2021 年 6 月。

从行业分布情况来看，专精特新“小巨人”企业主要集中在高端装备、电子技术、半导体等行业，这些都是国家解决“卡脖子”难题所要重点发展的领域。

### 4.1.4　区域分布情况

专精特新“小巨人”企业数量排名前 20 的城市为：宁波、深圳、成都、青岛、厦门、东莞、西安、长沙、广州、郑州、合肥、大连、杭州、温州、沈阳、武汉、苏州、石家庄、南京和烟台。其中 12 个城市位于沿海省份，6 个城市位于中部 / 东北内陆省份，2 个城市位于西部地区，从数量上呈现出较为明显的东高西低的梯度分布特征。各城市“小巨人”企业的具体数量见图 4–3。

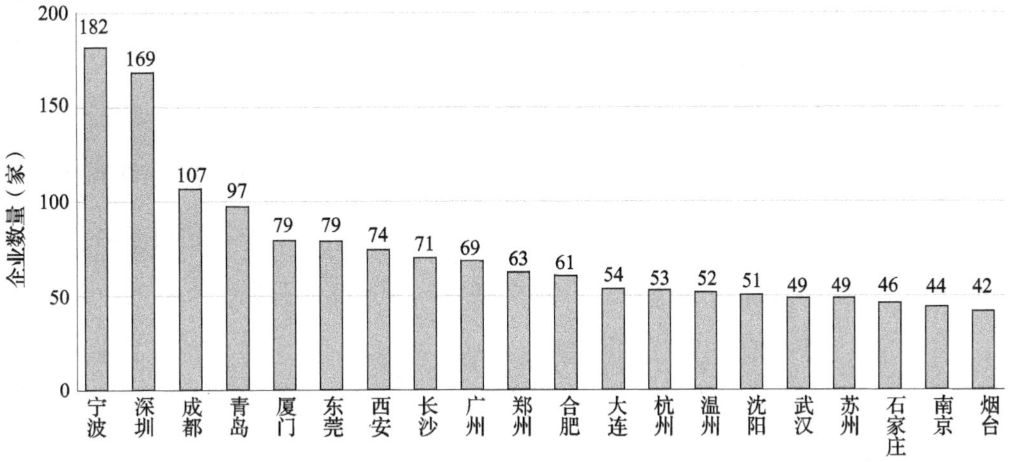


**图 4–3　专精特新“小巨人”企业数量排名前 20 的城市（不含直辖市）**

注：数据来源于工业和信息化部、职教桥大数据中心，统计截止时间为 2021 年 7 月 31 日。

在“小巨人”企业数量排名前 20 的城市中，沿海城市占比达到 60%，并且排名靠前的基本上都是沿海城市。这与我国区域经济发展水平不平衡有很大关系，沿海地区在宏观政策、营商环境、生产要素集聚等方面都有着显著的比较优势，与内陆省市相比，其区域竞争力更强。换言之，专精特新“小巨人”企业的城市分布是市场资源配置的结果。

## 4.2　专精特新“小巨人”企业的人才需求

作为推动现代产业体系建设和实现产业链供应链现代化水平的排头兵，专精特新“小巨人”企业创新能力较强、市场占有率较高、质量效益较优、掌握关键核心技术较多，这些都得益于它们的人才具有较高的素质水平。专精特新“小巨人”企业在招聘环节就对人才需求提出了较高的要求。本部分详细分析了专精特新“小巨人”企业人才需求的各种特征，以期能为国家相关部门制定人才方面的政策提供数据支撑。

### 4.2.1 使用数据

本部分所使用的数据主要是职教桥从网络爬取的大数据。职教桥每月持续性地采集互联网上主流综合性招聘网站（如前程无忧、智联招聘、58 同城等）、行业垂直招聘网站（如拉勾网、最佳东方网、丁香人才网等）、全国各地区地域性招聘网站（如百城招聘网、桂聘网、香港劳工网等）、国企 / 事业单位招聘网站（如国聘网、中国公共招聘网、事业单位招聘考试网等）以及多个校园招聘平台（如实习僧、应届生求职网、预才网等），总共不低于 100 个数据采集渠道的行业人才需求信息。

不同来源的数据会出现重复情况，职教桥开发了“重复数据识别处理算法”用以识别和删除重复数据。为了去除无效数据，职教桥开发了“数据有效性识别处理算法”，只有持续时间达到标准后的招聘数据才被视为有效招聘数据。由于岗位描述信息较为混乱，职教桥还开发了“职能多标签分类算法”，对岗位名称进行标准化操作，标准化后的岗位标签类似于《中华人民共和国职业分类大典》。需要注意的是，同一个岗位可能对应两个岗位标签。

职教桥的数据是从 2020 年 7 月至 2021 年 6 月爬取的网络招聘大数据，包含了 3 502 家专精特新“小巨人”企业，共 284 121 条有效招聘数据。为了跟普通企业进行比较，本部分的分析也使用一些普通企业的招聘数据。

### 4.2.2 不同岗位的需求量分布

表 4–1 给出了专精特新“小巨人”企业和普通企业需求量最大的前 20 个岗位。对专精特新“小巨人”企业而言，排名前 20 位的岗位依次为：销售顾问、销售经理、生产线工人、工程技术员、软件工程师、销售工程师、工艺工程师、操作工、机械工程师、生产管理员、项目经理、售后服务专员、客户主管 / 经理、电气工程师、技术支持工程师、软件测试工程师、质量工程师、市场主管 / 经理、硬件工程师、会计。

对普通企业而言，排名前 20 位的岗位依次为：销售顾问、生产线工人、操作工、销售经理、生产管理员、销售工程师、文员、仓库管理员、客户主管 / 经理、会计、市场推广专员、售后服务专员、工程技术员、项目经理、市场主管 / 经理、软件工程师、焊工、外贸专员、安装工人、Java 开发工程师。

表 4-1　专精特新“小巨人”企业与全行业岗位需求数量前 20 名对比表

| 序号 | 专精特新“小巨人”企业 | | 全行业 | |
|---|---|---|---|---|
| | 岗位名称 | 招聘需求（条） | 岗位名称 | 招聘需求（条） |
| 1 | 销售顾问 | 77 732 | 销售顾问 | 14 441 100 |
| 2 | 销售经理 | 36 410 | 生产线工人 | 10 150 085 |
| 3 | 生产线工人 | 34 877 | 操作工 | 6 964 264 |
| 4 | 工程技术员 | 29 720 | 销售经理 | 3 041 589 |
| 5 | 软件工程师 | 20 457 | 生产管理员 | 1 951 845 |
| 6 | 销售工程师 | 20 328 | 销售工程师 | 1 491 811 |
| 7 | 工艺工程师 | 15 515 | 文员 | 1 456 732 |
| 8 | 操作工 | 14 733 | 仓库管理员 | 1 420 654 |
| 9 | 机械工程师 | 14 532 | 客户主管 / 经理 | 1 086 994 |
| 10 | 生产管理员 | 13 859 | 会计 | 1 067 098 |
| 11 | 项目经理 | 12 226 | 市场推广专员 | 1 025 300 |
| 12 | 售后服务专员 | 11 794 | 售后服务专员 | 1 005 169 |
| 13 | 客户主管 / 经理 | 11 603 | 工程技术员 | 886 388 |
| 14 | 电气工程师 | 10 694 | 项目经理 | 776 275 |
| 15 | 技术支持工程师 | 10 533 | 市场主管 / 经理 | 694 046 |
| 16 | 软件测试工程师 | 9 482 | 软件工程师 | 635 069 |
| 17 | 质量工程师 | 8 566 | 焊工 | 548 110 |
| 18 | 市场主管 / 经理 | 8 311 | 外贸专员 | 521 199 |
| 19 | 硬件工程师 | 7 279 | 安装工人 | 510 588 |
| 20 | 会计 | 6 656 | Java 开发工程师 | 455 349 |

注：数据来源于职教桥大数据中心（全国线上招聘数据），统计时间范围为 2020 年 7 月—2021 年 6 月。

通过对比可以发现，无论对专精特新“小巨人”企业而言，还是对普通企业而言，有些岗位的需求量都比较大，如销售顾问、销售经理、销售工程师等。但是，相对于普通企业，专精特新“小巨人”企业对工程师类岗位的需求量特别大。一般来说，工程师需要的技能水平较高。换言之，专精特新“小巨人”企业对高技能岗位的需求比例要高于普通企业。

### 4.2.3　岗位的学历要求

学历要求是人才招聘的一项重要标准，通过学历要求能够推断招聘企业所期望的人才素质水平。比较专精特新“小巨人”企业和普通企业各类岗位对学历的要求，能够大体判断两类企业的人才素质状况。

### 1. 对研究生学历有要求的岗位

对同一类岗位，例如算法工程师，有些企业会要求应聘者至少有研究生学历，有些企业没有要求。对每一类岗位，我们都计算出要求有研究生学历的招聘企业的占比，并且进行排序。表 4–2 给出专精特新“小巨人”企业和普通企业排名前 10 的对研究生学历有要求的岗位。排在第一位的是算法工程师岗位，有 47% 的专精特新“小巨人”企业提出研究生及以上学历要求，有 33% 的普通企业提出研究生及以上学历要求。其他岗位的情况也类似，专精特新“小巨人”企业对学历提出高要求的比例明显高于普通企业，说明专精特新“小巨人”企业对人才素质水平有更高的要求。

**表 4–2 不同岗位要求研究生及以上学历的企业占比**

| 序号 | 专精特新“小巨人”企业 | | 普通企业 | |
|---|---|---|---|---|
| | 岗位名称 | 企业占比（%） | 岗位名称 | 企业占比（%） |
| 1 | 算法工程师 | 47 | 算法工程师 | 33 |
| 2 | 产品设计师 | 26 | 工程技术员 | 6 |
| 3 | 工程技术员 | 17 | 工艺设计工程师 | 5 |
| 4 | 工艺设计工程师 | 17 | 嵌入式软件工程师 | 4 |
| 5 | 硬件工程师 | 8 | 硬件工程师 | 4 |
| 6 | 产品经理 | 7 | 产品设计师 | 4 |
| 7 | 软件工程师 | 7 | 软件工程师 | 4 |
| 8 | 嵌入式软件工程师 | 6 | 技术支持工程师 | 4 |
| 9 | 技术支持工程师 | 6 | 产品经理 | 3 |
| 10 | 市场推广专员 | 6 | 机械工程师 | 2 |

注：数据来源于职教桥大数据中心（全国线上招聘数据），统计时间范围为 2020 年 7 月—2021 年 6 月。

### 2. 对本科学历有要求的岗位

使用类似的方法分析对本科学历有要求的岗位。如果某岗位要求是研究生学历，则把该岗位自动认定为它对本科学历也有要求。表 4–3 给出了专精特新“小巨人”企业和普通企业排名前 20 的对本科学历有要求的岗位。排名第一的还是算法工程师，97.8% 的专精特新“小巨人”企业要求学历在本科及以上，89.5% 的普通企业要求学历在本科及以上。其他岗位的情况与算法工程师大体类似，专精特新“小巨人”企业对本科学历有要求的比例都高于普通企业。

分析对本科学历有要求的岗位，再次验证了专精特新“小巨人”企业对人才素质水平有更高的要求。

表 4-3　不同岗位对学历要求在本科及以上的企业占比

| 序号 | 专精特新“小巨人”企业 | | 普通企业 | |
| --- | --- | --- | --- | --- |
| | 岗位名称 | 企业占比（%） | 岗位名称 | 企业占比（%） |
| 1 | 算法工程师 | 97.8 | 算法工程师 | 89.5 |
| 2 | 嵌入式软件工程师 | 91.9 | 嵌入式软件工程师 | 82.1 |
| 3 | 硬件工程师 | 87.5 | 产品经理 | 68.9 |
| 4 | Java 开发工程师 | 87.3 | 硬件工程师 | 67.6 |
| 5 | 软件工程师 | 85.2 | Java 开发工程师 | 66.1 |
| 6 | 产品设计师 | 82.4 | 软件工程师 | 66.1 |
| 7 | 产品经理 | 76.0 | 软件测试工程师 | 55.4 |
| 8 | 工程技术员 | 75.6 | 工程技术员 | 51.3 |
| 9 | 售前工程师 | 75.5 | 工艺设计工程师 | 50.8 |
| 10 | 工艺设计工程师 | 72.9 | 售前工程师 | 50.6 |
| 11 | 软件测试工程师 | 71.3 | 产品设计师 | 46.0 |
| 12 | 客户主管 / 经理 | 66.7 | 技术支持工程师 | 43.1 |
| 13 | 项目经理 | 63.7 | 电气工程师 | 40.5 |
| 14 | 技术支持工程师 | 60.4 | 质量工程师 | 40.5 |
| 15 | 机械工程师 | 60.1 | 机械工程师 | 39.7 |
| 16 | 电气工程师 | 57.7 | 自动化工程师 | 39.3 |
| 17 | 自动化工程师 | 57.5 | 运维工程师 | 38.2 |
| 18 | 市场推广专员 | 52.9 | 项目经理 | 37.4 |
| 19 | 运维工程师 | 52.5 | 工艺工程师 | 28.4 |
| 20 | 会计 | 51.8 | 采购专员 | 23.8 |

注：数据来源于职教桥大数据中心（全国线上招聘数据），统计时间范围为 2020 年 7 月—2021 年 6 月。

### 3. 销售类岗位的学历要求

从前面的分析可以看出，无论对专精特新“小巨人”企业而言，还是对普通企业而言，需求量最大的都是销售类岗位。所以，分析“小巨人”企业和普通企业销售类岗位学历的要求，也能大体上看出两类企业对学历的总体要求。图 4-4 给出了专精特新“小巨人”企业对销售顾问的学历要求。可以看出，要求学历在本科及以上的企业占比 30%，要求大专学历的企业占比 62.72%。图 4–5 给出了专精特新“小巨人”企业对销售经理的学历要求，得到的结论与销售顾问基本一致，要求学历在本科及以上的企业占比 27.55%，要求大专学历的企业占比 66.40%。

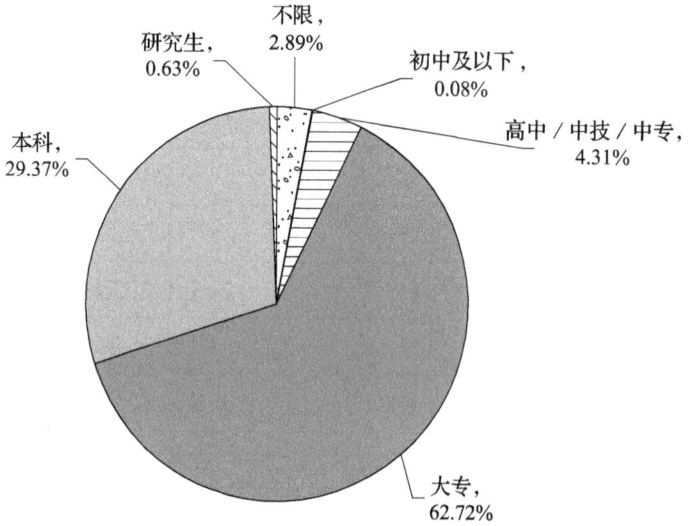


**图 4–4　专精特新“小巨人”企业对销售顾问岗位的学历要求**

注：数据来源于职教桥大数据中心（全国线上招聘数据），统计时间范围为 2020 年 7 月—2021 年 6 月。

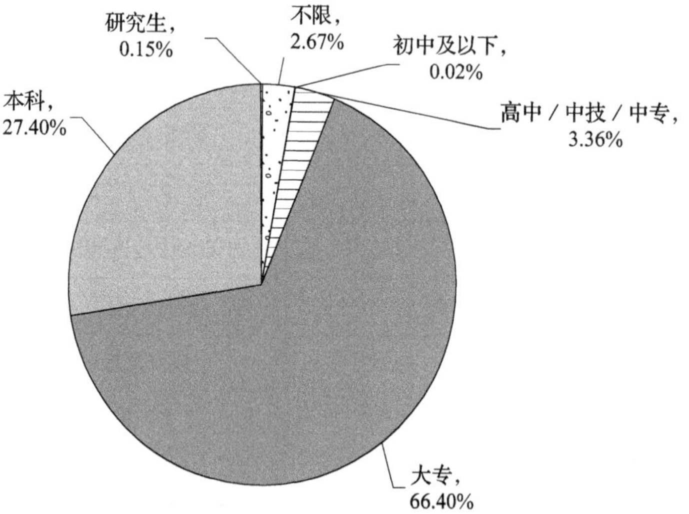


**图 4–5　专精特新“小巨人”企业对销售经理岗位的学历要求**

注：数据来源于职教桥大数据中心（全国线上招聘数据），统计时间范围为 2020 年 7 月—2021 年 6 月。

图 4–6 给出了全国范围内普通企业对销售顾问这一岗位的学历要求情况。可以发现，普通企业对学历的要求明显下降，对本科学历有要求的企业占比不到 10%，对大专学历有要求占比仅 46.20%，远远低于专精特新“小巨人”企业。

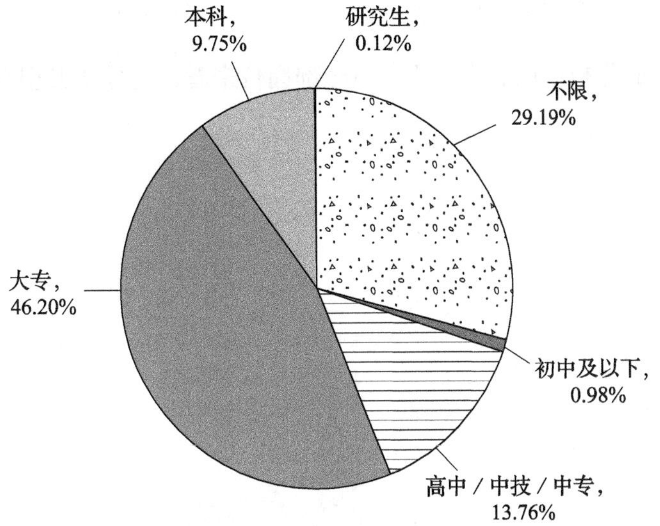


**图 4-6　普通企业对销售顾问岗位的学历要求**

注：数据来源于职教桥大数据中心（全国线上招聘数据），统计时间范围为 2020 年 7 月—2021 年 6 月。

从需求人数最多的销售类岗位可以看出，专精特新“小巨人”企业对学历有更高的要求。

### 4. 技术类岗位的学历要求

无论是专精特新“小巨人”企业，还是普通企业，对技术岗位的学历要求都是最高。通过对比专精特新“小巨人”企业和普通企业对技术岗位的学历要求也能得到一些有趣的结论。图 4-7 给出了专精特新“小巨人”企业对算法工程师的学历要求，可以看出，46.87% 的专精特新“小巨人”企业要求学历为研究生，要求本科及以上学历的专精特新“小巨人”企业累计占比在 97% 以上。

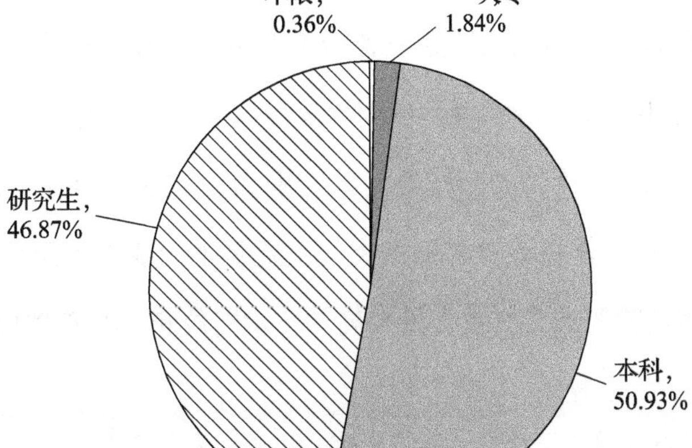


**图 4-7　专精特新“小巨人”企业对算法工程师岗位的学历要求**

注：数据来源于职教桥大数据中心（全国线上招聘数据），统计时间范围为 2020 年 7 月—2021 年 6 月。

图 4–8 给出了普通企业对算法工程师岗位的学历要求。可以看出，32.98% 的普通企业要求研究生学历，要求本科及以上学历的普通企业累计占比不足 90%。

通过对学历要求的分析可以看出，无论从全部岗位来看，还是从典型岗位来看，专精特新“小巨人”企业对学历的要求都高于普通企业。

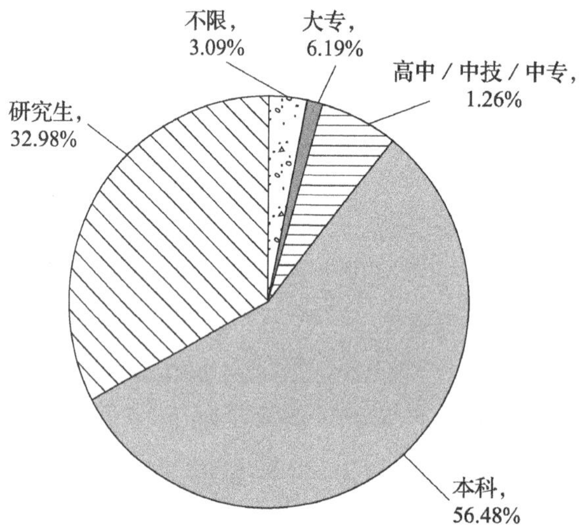


**图 4–8　普通企业对算法工程师岗位的学历要求**

注：数据来源于职教桥大数据中心（全国线上招聘数据），统计时间范围为 2020 年 7 月—2021 年 6 月。

### 4.2.4　岗位的工作经验要求

工作经验也是人力资源素质水平的重要方面，通过比较专精特新“小巨人”企业与普通企业对岗位工作经验的要求，也能看出两类企业人力资源素质水平的差异。

#### 1. 各类岗位对工作经验的要求

图 4–9 给出了专精特新“小巨人”企业各岗位对员工的经验要求，可以看出，各岗位对工作经验的要求虽然不相同，但大多数专精特新“小巨人”企业岗位基本上要求有 1 ~ <5 年的工作经验，要求有 10 年及以上工作经验的企业占比较小。其中 62.7% 的企业要求具备 3 ~ <5 年的工作经验。对工作经验要求低的岗位主要是生产线工人及生产管理员，67% 的企业对这一岗位没有工作经验要求。科技含量较高的技术岗位和一些管理性质的岗位，对相关工作经验的要求比较高。

5 年及以上经验的要求是对工作经验的较高要求，表 4–4 是对专精特新“小巨人”企业和普通企业有此要求的岗位按企业占比进行排序的情况。可以看出，在对工作经验要求较高的各类工作岗位上，相对于普通企业，专精特新“小巨人”企业对工作经验有更高的要求。

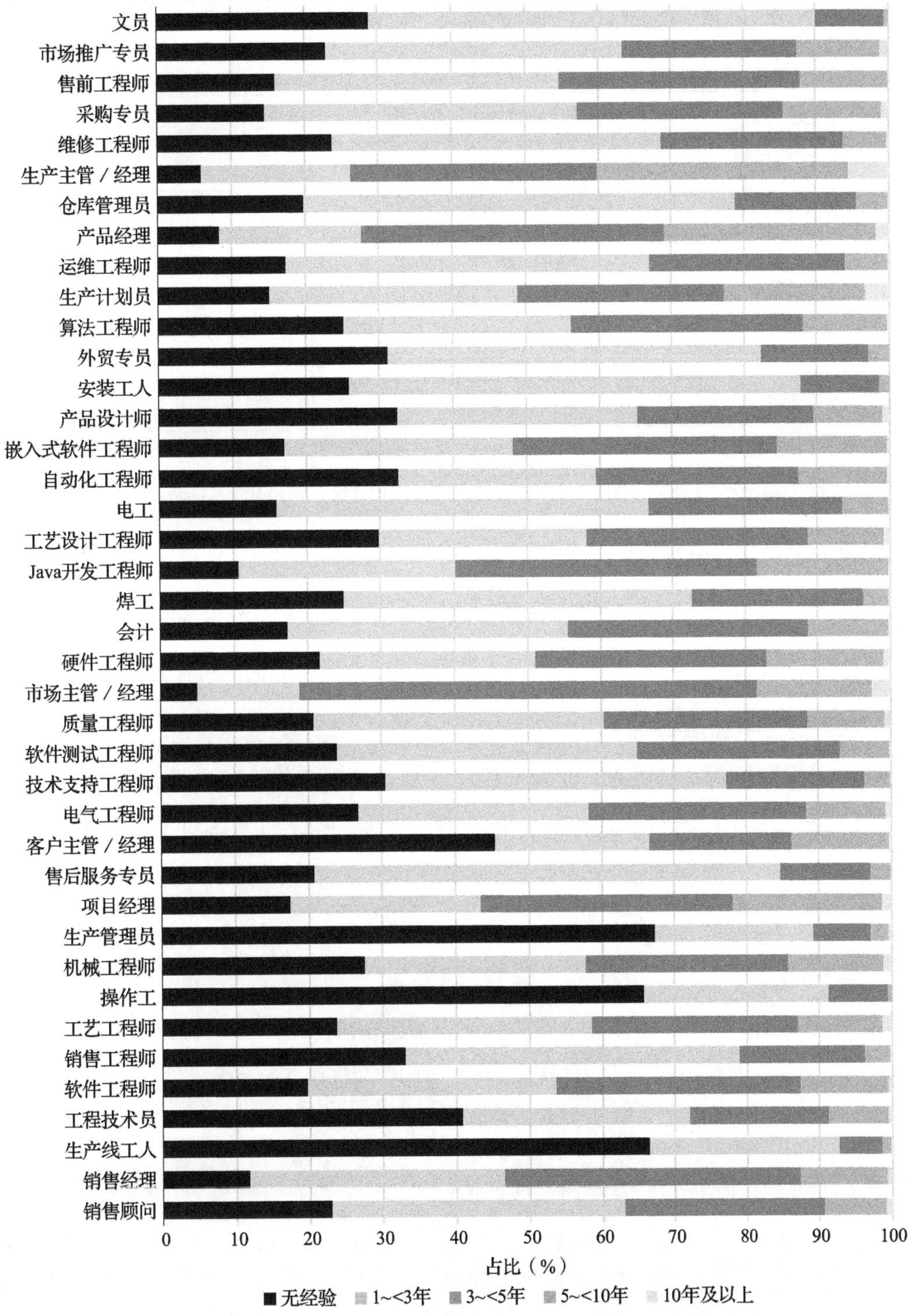


**图4-9 专精特新“小巨人”企业各岗位对工作经验的要求分布图**

注：资料来源于职教桥大数据中心（全国线上招聘数据），统计时间范围为2020年7月—2021年6月。

表 4-4 专精特新“小巨人”企业与普通企业的工作经验要求（5 年及以上）对比

| 序号 | 岗位名称 | 专精特新“小巨人”企业<br>要求 5 年及以上工作经验占比（%） | 普通企业<br>要求 5 年及以上工作经验占比（%） |
|---|---|---|---|
| 1 | 生产主管 / 经理 | 40.16 | 31.37 |
| 2 | 产品经理 | 30.92 | 22.20 |
| 3 | 生产计划员 | 22.81 | 21.72 |
| 4 | 项目经理 | 21.94 | 25.37 |
| 5 | 市场主管 / 经理 | 18.39 | 16.31 |
| 6 | Java 开发工程师 | 18.29 | 17.26 |
| 7 | 硬件工程师 | 16.97 | 13.51 |
| 8 | 嵌入式软件工程师 | 15.34 | 11.06 |
| 9 | 采购专员 | 14.32 | 10.02 |
| 10 | 机械工程师 | 14.14 | 13.24 |

注：数据来源于职教桥大数据中心（全国线上招聘数据），统计时间范围为 2020 年 7 月—2021 年 6 月。

## 2. 典型岗位的工作经验要求

无论是专精特新“小巨人”企业，还是普通行业的企业，对工作经验要求最高的岗位是生产主管 / 经理，分别达到 40.16% 和 31.37%（见表 4-4），所以我们选择生产主管 / 经理这一岗位对工作经验要求进行对比分析。

图 4-10 是专精特新“小巨人”企业对生产主管岗位的工作经验要求，图 4-11 是普通企业对生产主管岗位的工作经验要求。可以看出，专精特新“小巨人”企业要求工作经验有 5 年

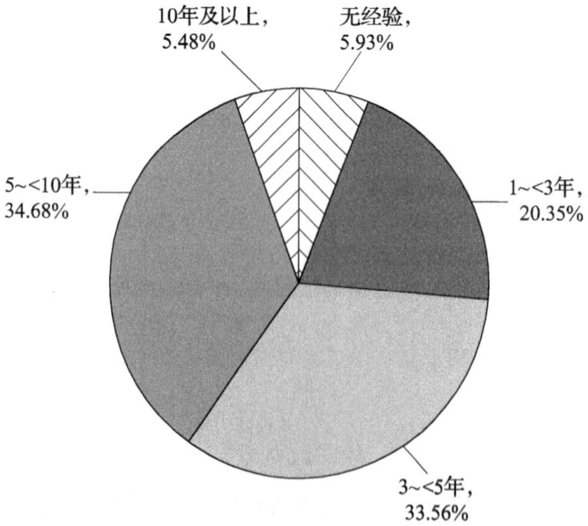


**图 4-10 专精特新“小巨人”企业对生产主管岗位的工作经验要求**

注：数据来源于职教桥大数据中心（全国线上招聘数据），统计时间范围为 2020 年 7 月—2021 年 6 月。

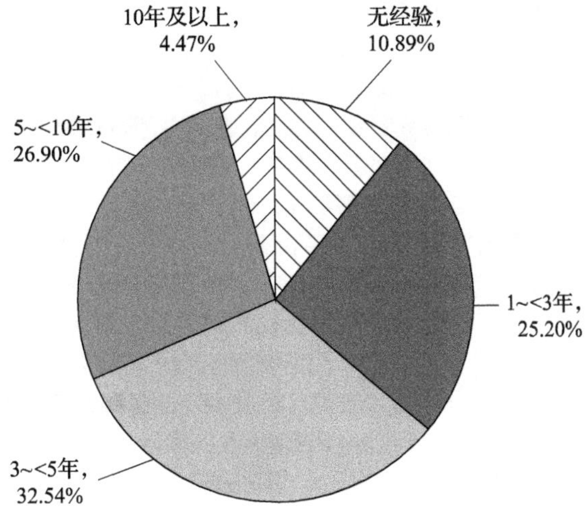


**图 4-11　普通企业对生产主管岗位的工作经验要求**

注：数据来源于职教桥大数据中心（全国线上招聘数据），统计时间范围为 2020 年 7 月—2021 年 6 月。

以上的企业占比更高。背后原因可以从专精特新“小巨人”企业申报标准方面去理解。根据专精特新“小巨人”企业申报领域的界定，“小巨人”企业有很大比例属于高端制造行业，生产环节非常重要，因而对生产主管的工作经验要求相对就比较高。

### 4.2.5　岗位薪资情况

薪资待遇高是吸引人才最重要的手段，如果企业提供的岗位薪资与相应人才的心理预期薪资不匹配的话，就会造成供求矛盾，通过分析薪资待遇能更好地为企业合理调整相关稀缺岗位的薪资水平提供一些参考。

#### 1. 各岗位薪酬的总体分布

图 4–12 显示了专精特新“小巨人”企业给各类岗位的薪酬待遇水平。总体来看，薪酬在 4 000 元以下的岗位占比并不大，多数企业的各岗位薪酬位于 6 000 ~ <10 000 元。薪酬水平众数位于 4 000 ~ <6 000 元的主要是低技能要求的操作工、生产管理员、文员等岗位。薪酬水平众数位于 6 000 ~ <8 000 元的主要是质量工程师等技能要求相对较高的岗位以及生产主管 / 经理等中层管理人员。薪酬水平众数位于较高水平 10 000 ~ <15 000 元的主要是对技能要求更高的软件测试工程师等岗位及对企业业绩有重要贡献的销售类管理层岗位、产品研发等岗位。

#### 2. 高薪酬水平岗位的分析

月薪酬在 20 000 元及以上的，可归为高薪酬水平。我们计算了各岗位给出 20 000 元及以上薪酬的企业比例，并进行了排序。图 4–13 是专精特新“小巨人”企业的排序情况。从图中可知，技术含量更高的算法工程师，41.35% 的企业给出的岗位薪酬达到 20 000 元及以上。嵌入式软

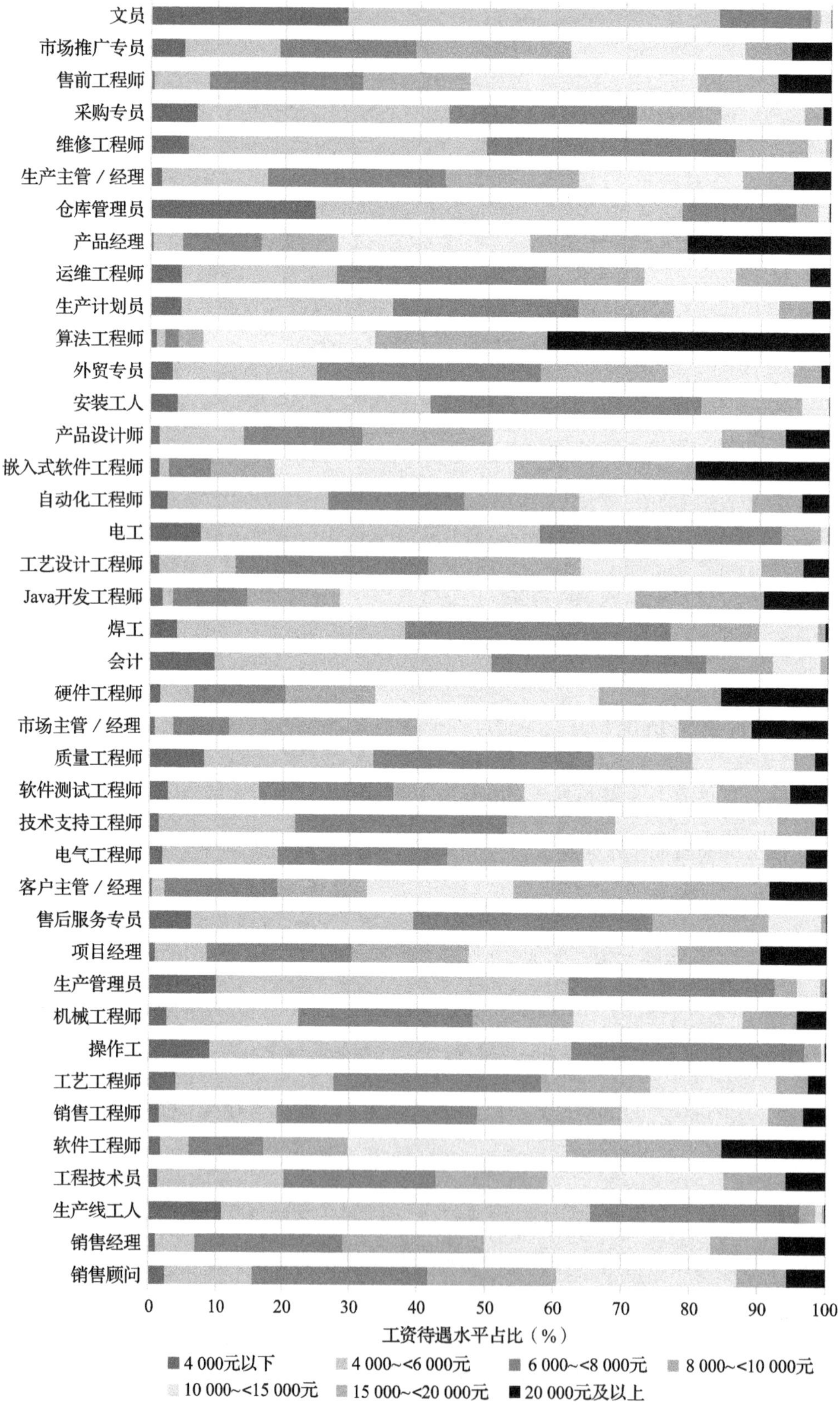


**图 4-12 专精特新"小巨人"企业各类岗位薪酬待遇水平**

注：数据来源于职教桥大数据中心（全国线上招聘数据），统计时间范围为 2020 年 7 月—2021 年 6 月。

件工程师岗位达到 20 000 元薪酬的企业占比达到 19.54%。产品经理岗位的薪酬也较高，达到 20 000 元薪酬的企业占比达到 20.91%。这从侧面反映出专精特新“小巨人”企业技术、研发、管理类等核心岗位的薪酬水平较高。

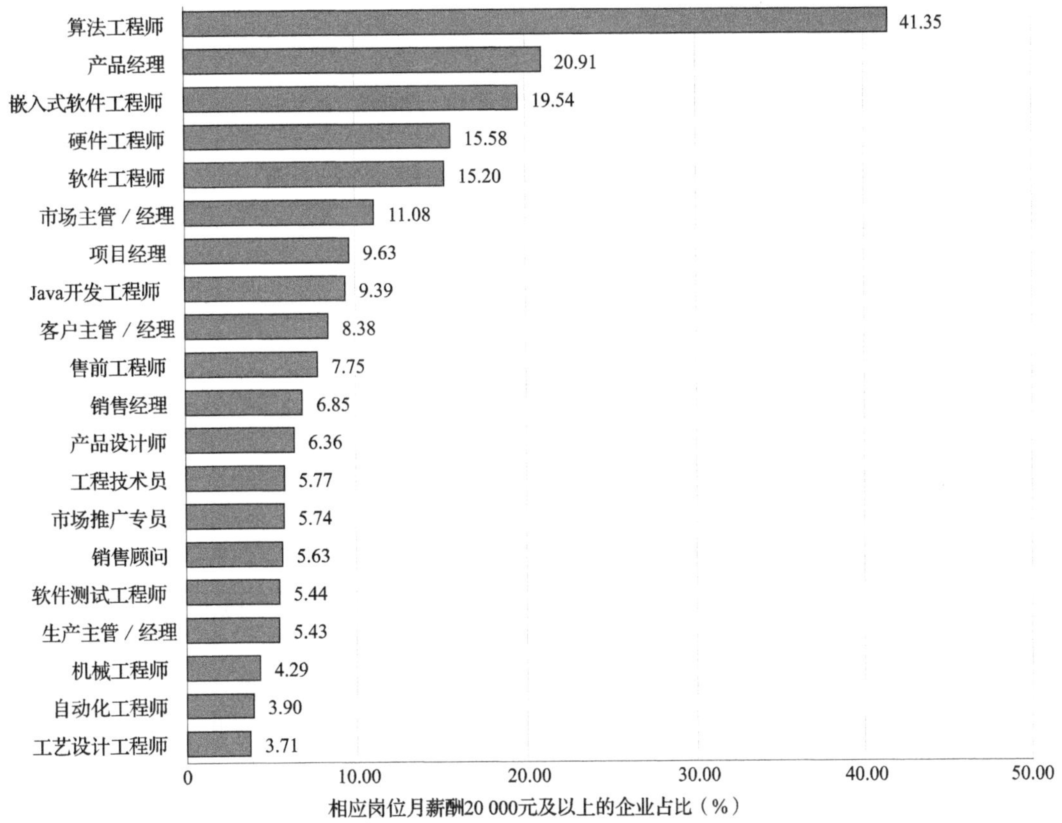


**图 4-13　专精特新“小巨人”企业岗位月薪酬在 20 000 元及以上的占比图**

注：数据来源于职教桥大数据中心（全国线上招聘数据），统计时间范围为 2020 年 7 月—2021 年 6 月。

图 4-14 是普通企业的排序情况。从图中可知，排在前 3 位的岗位是算法工程师、产品经理、嵌入式软件工程师，与专精特新“小巨人”企业的排序没有差别，企业占比差别也不大。在有些岗位上，普通企业的占比甚至高于专精特新“小巨人”企业。

通过比较专精特新“小巨人”企业和普通企业的薪资情况，得到的结果是“小巨人”企业薪酬相比普通企业并不占优势。所以，我们选择了平均薪资最高的前 10 个岗位又做了进一步的分析，相关结果见图 4-15。从图中可以看出，在排名前 10 的高薪岗位中，专精特新“小巨人”企业提供的薪酬水平并没有明显的优势，甚至在一些岗位上薪酬水平还达不到普通行业的水平，如算法工程师、Java 开发工程师、项目经理及产品经理这四个岗位。以算法工程师为例，这一岗位全行业的平均薪酬达到 22 060 元，专精特新“小巨人”企业这一岗位的平均薪酬是 20 120 元；其余的如售前工程师等岗位虽然平均薪酬超过了全行业的水平，但差异并不明显。

位的招聘时长情况。招聘时长排在前 3 位的岗位分别是工艺设计工程师、销售工程师和安装工人，招聘时长分别达到 64 天、63 天和 62 天。生产线工人、操作工等基础技能人员的平均招聘时长也排在前列，达到 62 天。可见专精特新“小巨人”企业这些岗位的人才供求矛盾还是比较突出的。专精特新“小巨人”企业人才招聘时间比较短的岗位有质量工程师、售后服务专员、自动化工程师。这些岗位的人才供给较为充裕，能在较短时间内招聘到合适的人选。

**表 4-6　专精特新“小巨人”企业部分岗位人才招聘时长**

| 序号 | 岗位名称 | 总招聘人数（人） | 人才招聘平均闭环时长（天） |
|---|---|---|---|
| 1 | 工艺设计工程师 | 5 172 | 64 |
| 2 | 销售工程师 | 20 325 | 63 |
| 3 | 安装工人 | 4 866 | 62 |
| 4 | 生产线工人 | 34 875 | 62 |
| 5 | 操作工 | 14 733 | 62 |
| 6 | 焊工 | 6 586 | 62 |
| 7 | 电工 | 5 067 | 61 |
| 8 | 嵌入式软件工程师 | 5 000 | 60 |
| 9 | 销售顾问 | 77 726 | 60 |
| 10 | 工艺工程师 | 15 514 | 59 |
| 11 | 销售经理 | 36 409 | 59 |
| 12 | 电气工程师 | 10 694 | 59 |
| 13 | 机械工程师 | 14 532 | 58 |
| 14 | 软件工程师 | 20 455 | 58 |
| 15 | 项目经理 | 12 226 | 58 |
| 16 | 产品设计师 | 4 935 | 58 |
| 17 | Java 开发工程师 | 6 028 | 58 |
| 18 | 自动化工程师 | 5 020 | 57 |
| 19 | 售后服务专员 | 11 794 | 56 |
| 20 | 质量工程师 | 8 566 | 56 |

在人才招聘时长方面，我们得到的总体结论是，专精特新“小巨人”企业的人才供求矛盾，不仅体现在高端岗位上，还体现在低端岗位上。

# 4.3　专精特新“小巨人”企业人才供求存在的问题

## 4.3.1　企业对人才的吸引力不强

通过上面的分析可以看出，专精特新“小巨人”企业对人力资源素质水平要求较大，不仅要求有较高的学历，还要求有较长的工作经验。高素质的人才要求的薪酬水平也比较高。但是，相对于普通企业，专精特新“小巨人”企业并没有给出相应的高薪酬。

通过高校毕业生的反馈可以看出，专精特新“小巨人”企业无论是在工作条件方面，还是在人才职业发展方面，影响力都要小于国有或者外资等类型的大企业，专精特新“小巨人”企业对人才的吸引力并不强。由于企业规模、企业性质等客观因素的限制，专精特新“小巨人”企业难以提供高薪、高福利来吸引人才。对于高级人才而言，他们认为专精特新“小巨人”企业的稳定性劣于大企业，在中小企业发展的风险要高于大企业。上述原因导致专精特新“小巨人”企业面临着招人难，招到合适人才更难的艰难困境。

现有人才流失也是专精特新“小巨人”企业面临的一大难题，理论界普遍认同的标准是，人才流动的合理比例应该在 10% ~ 15%，超过 20% 的人才流动即应视为“人才流失”。根据广东省省情调查中心 2015 年发布的《广东省情调查报告》，作为全国经济最发达地区之一的广东省，中小企业人才流失率竟然达到了 40%。虽然本次研究未能获取专精特新“小巨人”企业人才流失的直接数据，但从招聘时长来看，专精特新“小巨人”企业招聘各岗位时长为 38 ~ 66 天，远高于全国 21 ~ 52 天的平均水平。上述情况能够从侧面反映出专特精新“小巨人”企业同样面临着较为严重的人才流失问题，人才一旦流失，重新招聘的难度也比较大。

专精特新“小巨人”企业大多尚未建立起体系健全、行之有效的现代企业管理制度，家族式管理、人治大于法治、经验多于科学的现象较为普遍。在人力资源管理方面，“重外引，轻内培”的现象较为突出，企业往往愿意花费大量的时间精力和金钱从外部招聘人才，却不重视既有企业员工的学习培训工作，没有建立起真正能够激励员工成长的薪酬管理体系和岗位晋升通道体系。上述原因都加剧了专精特新“小巨人”企业在人才方面“招不到，留不住，难培养，用不上”的不合理现象。

### 4.3.2 高校分布不均衡加剧人才供给不均衡

从人才的供给角度来看，国内高校是企业人才需求的主要供给方。专精特新“小巨人”企业的人才供给依赖于高校，国内高校分布不均衡会影响专精特新“小巨人”企业的人才供给。

经济大省广东，虽然高校数量位列全国前茅，但人均拥有高校数量却垫底，山东位列倒数第二，浙江、安徽、江苏人均拥有高校数量也排在中后位置。这种人均教育资源分配极度不平衡的现状表明，专精特新“小巨人”企业需求量最大的华东地区在人才培养上仍存在较大的缺口。而在专精特新“小巨人”企业分布较少的西部地区，如西安、兰州等地，高校众多，人均高校密度指标排位较高，但因所在区域对服务于专精特新“小巨人”企业的相关人才的吸引能力较弱，导致毕业生向东、中部大比例流动，无形中加重了东、中、西部地区专精特新“小巨人”企业人才供需不平衡的态势。

### 4.3.3 相关人才被严重分流

即使专精特新“小巨人”企业能够对各类岗位提供平均薪酬水平，其对人才的吸引力也弱于就业稳定性更好的行政事业单位。最近几年，公务员、事业单位报考逐年升温，国企招聘的竞争日趋激烈。根据人力资源和社会保障部的统计数据，2019 年应届高校毕业生的规模为 834 万人，仅同期的考研人数与考公务员人数就达到了 400 万人左右，约占应届毕业生总数的 48%。此外，很多高校毕业生还前往各类国企和外企就业。鉴于上述原因，专精特新“小巨人”企业的人才供给空间被进一步压缩，更多民营性质的专精特新“小巨人”企业在发展初期就会碰到人力资源短缺等关键问题。

### 4.3.4 岗位供求矛盾突出

无论是高技能岗位，还是低技能岗位，专精特新“小巨人”企业都面临较为严重的供求矛盾。

1. 高技能岗位的供求缺口问题

专精特新“小巨人”企业人才招聘需求最大的专业类别集中在计算机、电子、自动化、机械等领域，这些专业对应的是专精特新“小巨人”企业的核心技术岗位。但从岗位人才招聘时长分析得出，数据研发工程师、工艺设计工程师等职位的招聘时长排在最前面，可见高技能岗位面临比较严重的供求缺口问题。

结合前文专精特新“小巨人”企业人才需求分析，造成这种现象的原因可能有以下几点。一是这些高技能岗位在学历、工作经验等方面的门槛条件较高。如计算机、电子类相关岗位对学历提出了较高要求，90% 的企业对工程师岗位的学历要求都在本科及以上。对工作经验的要求一般在 3 年及以上。二是专精特新“小巨人”企业地域分布高度集中，造成人才招聘地域内竞争激烈，加剧了专精特新“小巨人”企业的招聘难度。三是专精特新“小巨人”企业高技能岗位的薪酬待遇水平整体来看并没有明显的优势，相关就业人员在选择企业时可能不会考虑专精特新“小巨人”企业。

### 2. 低技能岗位的供求缺口问题

从前文专精特新“小巨人”企业人才需求的分析中可以看出，生产线工人、操作工等基础技能人员的平均招聘时长排在前列，都达到 62 天。虽然从学历、工作经验等就业门槛角度来看，这些一线技能工人的招聘要求并不高，但仍然存在较为严重的供求缺口问题，造成这种现象的原因可能在供给层面。

一是总量供给不足。低技能岗位的社会认可度低，当前社会仍存在重学历文凭、轻视职业技能的观念，人们普遍认同“学而优则仕”“劳心者治人，劳力者治于人”的就业观，许多青年把“学技术当工人”作为退而求其次的最后选择。这种普遍重视“精英”教育而忽视大众教育的倾向，减少了低技能人才的供给数量。同时，现有人才评价体系限制了职业院校毕业生的发展，技术型和技能型人才进入劳动力市场以后，即使能够顺利就业，就业岗位的质量、薪酬水平以及晋升的速度往往赶不上其他从业者。缺乏相配套的薪酬制度，在很大程度上影响了人们从事这一工作的积极性。二是结构性矛盾突出。专精特新“小巨人”企业集中的区域都在经济比较发达的沿海省份，很多低技能人才来自不发达的内陆省份。如果不能给予这些低技能人才足够高的薪酬水平，他们不会自动迁移到专精特新“小巨人”企业所在区域。

总之，专精特新“小巨人”企业在智能制造、电子信息等高技能岗位的人才缺口明显。与此同时，专精特新“小巨人”企业在一线操作工中的工匠型人才也非常不足，并且相关人才频繁跳槽的现象较为普遍，加大了企业的人才培养成本，不利于企业的长期可持续发展。

## 4.4　专精特新“小巨人”企业人才高质量发展的对策与建议

2021 年 12 月 11 日，工业和信息化部等十九部门印发《“十四五”促进中小企业发展规划》，明确提出要提升中小企业创新能力和专业化水平，支持中小企业成长为创新的重要发源地。本节将围绕创新人才供给、创新人才能力提升等方面问题，为专精特新“小巨人”企业人才高质量发展提出一些对策建议，旨在从人才要素出发，为专精特新“小巨人”企业找准人、引对人、用好人、留住人解难纾困。

### 4.4.1　加强对专精特新“小巨人”企业人才的研究

无论从企业成长潜力看，还是从人才知识结构、学历结构、急需紧缺岗位看，专精特新“小巨人”企业和普通中小企业都有明显差异，因此，对专精特新“小巨人”企业人才进行个案研究，便于后期有针对性地开展人才培养、引进、服务工作。

**1. 加强专精特新“小巨人”企业人才特性研究，示范引领梯次人才培育**

人才是企业创新的主体，是第一生产力。当前，人才资本已超越物质和货币资本成为企业发展最重要的生产要素。在我国，中小企业吸收 80% 的就业人口，是人才就业、成长的载体和平台，是我国经济韧性、就业韧性的重要支撑。和普通中小企业相比，专精特新“小巨人”企业以专注铸专长，以配套强产业，以创新赢市场，是中小企业中最具战略思维、企业管理能力、科技创新能力、技术应用能力、产品推广能力的排头兵，专精特新“小巨人”企业已成为我国技术创新的高地和创新人才集聚的“蓄水池”，加强对其人才特性的分析，便于准确了解其人才的共性特征，弄清其人才的知识基础、能力结构、综合素养等，以其岗位能力标准，有针对性地制定人才培养目标，设置人才培养内容，确定人才培养模式，制定人才评价标准，示范引领院校、行业梯次人才培育工作。

**2. 加强专精特新“小巨人”企业急需紧缺人才研究，从人才角度及时强链、补链**

我国正处在产业转型升级的关键时期，国家“十四五”规划里反复提到增强基础研究、科技创新、自主可控等能力。2021 年的中央人才工作会议明确提出了“四个面向”，即面向世界科技前沿、面向经济主战场、面向国家重大需求、面向人民生命健康。这为人才工作提出了新要求，那就是要聚焦我国科技自立自强、关键核心技术突破的重点领域，加强急需紧缺人才的培养和引进工作。专精特新“小巨人”企业是我国中小企业的典型代表，在提升产业链供应链的稳定性和竞争力，解决关键核心技术“卡脖子”问题等方面发挥着不可替代的作用。从人才链角度查漏补缺，及时强链、补链，避免专精特新“小巨人”企业在关键领域被“卡脖子”，为专精特新“小巨人”企业技术创新和突破保驾护航。

### 4.4.2 完善专精特新“小巨人”企业人才评价机制

#### 1. 评价标准需关注产业一线科技人才

2021年中央人才工作会议明确提出，要建立以创新价值、能力、贡献为导向的人才评价体系，形成并实施有利于科技人才潜心研究和创新的评价体系。和国外相比，我国科技人才分布较为不平衡，学术研究领域较多，企业人才缺失较为严重，尤其是顶尖人才。以人工智能领域为例，我国顶尖人才仅占全球的10%，其中供职于学术研究机构的比例为82%，供职于企业的比例仅为18%，虽然与国际平均水平（21%）相比差距并不是很大，但因人才总量较少，平均到产业一线的人才数量就寥寥无几。我国集成电路设计研究也同样呈现学术领导局面，和美日韩的情况相比，我国企业参与度占比仅为11%，远低于美国的38%、韩国的39%和日本的45%水平。对专精特新“小巨人”企业而言，因为其规模不大、企业稳定性差、可提供平台有限，对科技人才的吸引力不足。因此，结合产业发展实际，围绕专精特新“小巨人”企业科技人才量身定制评价标准，打破传统唯论文、唯职称、唯学历、唯奖项评价人才的“四唯”怪圈，科研资源分配从按“帽子”大小向一线科技人才倾斜，提升专精特新“小巨人”对科技人才的吸引力。

#### 2. 扩大用人主体人才评价自主权，避免评、聘两张皮

以往人才评价过于注重人才培养机构和专业人才评价机构的作用，企业用人主体角色缺失，评、聘分离。以卓越工程师人才工程为例，高端工程技术人才是专精特新“小巨人”企业急需紧缺人才，早在2010年教育部就推出卓越工程师人才教育计划，10年来已培养一大批各种类型的高质量人才，按理说可以缓解企业工程技术人才紧缺的局面。据企业调研，即便是卓越工程师院系的毕业生，也会受到企业岗位设定、职称评定、职务晋升等的限制，因为学生能力无法和企业岗位能力要求相匹配；另外，作为用人主体，近八成企业反映不了解该工程，导致培养工程师的单位与评、聘工程师的单位供求完全错配，致使人才培养工程落地环节大大缩水。

加强企业人才评价自主权需从以下三方面着手。第一，鼓励有条件的企业牵头制定人才评价规范和标准，贡献自己的评、聘实践经验，实现产业一线人才用产业一线实践来评价。第二，细分专业领域，开展同行评价，定量与定性相结合，提高产业一线人员对人才评价的话语权。第三，评价标准和评价结果向社会开放，加强评价标准和企业聘用标准对接，形成用人主体认同评价标准、使用评价结果、完善评价模式的良性人才评价机制，打通人才尤其是高端人才向专精特新“小巨人”产业一线流动的壁垒。

### 4.4.3 构建专精特新“小巨人”企业人才引育生态

**1. 产教融合，鼓励专精特新“小巨人”企业积极参与院校人才培养体系建设，提升院校人才培养质量、效率**

院校毕业生适应企业岗位工作时间长一直被企业诟病。据企业调研，新招收应届生一般需要三个月、半年、一年等周期不等的培训才能正式上岗，这对院校和企业来说都是极大的资源浪费。院校对产业变革反应不敏感，对新技术、新业态、新模式所引起的岗位能力要求变化把握不及时，导致院校专业体系、课程内容设置滞后。但院校拥有充沛的师资、强大的课程、教学资料研发能力，培训场地和实验室资源丰富。专精特新“小巨人”企业介于大型企业和普通中小企业之间，其人才需求无论从数量、结构上看都具有较强的代表性，不仅能反映创新人才特质、人才使用标准，而且能快速预警产业急需紧缺人才的数量和相应岗位。鼓励专精特新“小巨人”企业积极参与院校人才培养，建立产教融合协同育人机制，创新人才培养模式，提升院校人才供给的数量和质量。

当前已涌现不少产教融合典型案例。中科曙光是国产芯片领军企业，超算、人工智能、大数据研发能力十分强大。为解决曙光及其生态合作伙伴的人才供给问题，2018 年中科曙光联合西交利物浦大学开展产教融合合作，成立人工智能产业学院，从产业端向高校注入资源，探索未来大学校园新形态。中科曙光从课程设置、师资提供、实训实践、就业支持等方面深度介入，保证学院人才培养、学生就业实习等与产业端无缝对接。截至目前，产业学院已招生 3 届，全日制学生达 600 多人，企业讲师授课比例超过 1/3，针对人工智能和大数据相关前沿技术定向开发课程十多门，开展前沿技术、技术实训、就业服务等讲座上百场，开启了“融合式教育”的典范。

**2. 创新模式，推进专精特新“小巨人”企业在职人才知识更新**

第一，按岗位类型分层次设置人才培养目标，制定人才培养标准，开发人才培养课程，构建师资、课程、课件资源库。第二，围绕企业生产运行、产品研发、产业链配套、市场开拓、绿色发展等提升核心竞争力的关键环节，开设短期主题培训，扩大人才培训覆盖面。第三，发挥国家技术创新中心、制造业创新中心、企业工程技术中心、国家重点实验室等平台作用，以项目为载体，加大企业技术领军人才培养力度。第四，依托国家中小企业经营管理人才培养工程，加快专精特新“小巨人”企业领军人才队伍建设。第五，依托专精特新“小巨人”企业相关产业联盟，开展专精特新“小巨人”企业技术合作，促进人才交流。第六，支持有条件的专精特新“小巨人”企业设立博士后流动工作站，加大青年科技人才培养力度。第七，依托制造业人才培养基地、未来技术学院、现代产业学院等开展校企合作，以订单培养、专项培训等形式，培养高技能型人才。

**3. 搭建平台，促进专精特新“小巨人”企业人才供需精准对接**

第一，建立区域人才供需上报机制。在人才需求端，企业定期报告需求岗位、数量、专业方向、能力要求等信息。在人才供给端，院校及时上报相关专业学科、招生人数、毕业生人数、毕业生进入目标行业人数等。行业人才管理部门及时统计、分析、预警，定期向社会发布，引导人才向紧缺行业、岗位集聚。第二，完善人才市场功能，畅通线上、线下人才招引渠道。有数据表明，中小企业通过人才市场引入人才的数量仅占全部招聘渠道的18%[1]。建立高效率的人才搜寻、招引、服务机制，使人才尤其是高级人才容易“找得到、看得准、引得进、留得住”。

**4. 加强交流，助力专精特新“小巨人”企业人才国际化发展**

技术要面向国际前沿，相应人才也应面向国际前沿，人才国际化发展是专精特新“小巨人”企业走向全球产业链、站稳全球产业链、做好全球产业链“链主”企业的根本保障。具体措施有以下几个方面。第一，聚焦重大技术领域，支持专精特新“小巨人”企业在海外设立研发中心，鼓励企业与海外人才开展联合研发、技术合作等形式的国际合作，使人才“走出去”。第二，依托国家海外人才引进工程，支持专精特新“小巨人”企业与海外人才服务机构或团体设立海外人才联络处，将人才“引进来”。第三，支持专精特新“小巨人”企业人才积极参与申请国际专业技术资格认证，努力开拓国际市场。第四，鼓励有条件的专精特新“小巨人”企业积极参与国际技术和人才的认证体系建设，掌握国际相关规则、标准制定的主导权和决定权。

### 4.4.4　完善专精特新“小巨人”企业人才激励机制

**1. 国家层面**

第一，设立专精特新“小巨人”企业急需紧缺人才专项基金，对科技研发、技术改进、工艺提升等作出贡献的人才给予物质奖励。第二，为专精特新“小巨人”企业专业技术人员、技能人员职称评定提供绿色通道，支持有条件的企业自主评审，或组织中小企业专项评审。第三，建立急需紧缺人才柔性流动机制，促进人才跨区域、跨行业、跨体制流动。第四，加大政府引导投入，扩大人才发展投入规模，强化企业主体投入作用，为人才搭建发展平台。

[1] 辛茂香. 中小企业高级人才供求分析及对策研究［D］. 北京：对外经济贸易大学，2005.

### 2. 企业层面

专精特新“小巨人”企业应在本地区人才政策框架下，专门配套并优化自身的人力资源制度，规避中小企业自身规模小、稳定性低、平台小等劣势，提升其对其他企业的人才吸引力，把区域内的人才引进来并且留得住。第一，制定薪酬溢价高工资驱动的人才激励机制，通过薪酬溢价，提高与同区域、同岗位之间的薪酬水平差异，提高急需紧缺岗位人才薪酬待遇。第二，搭建企业人才创新中心、实验室、智库等，为人才创新创业、能力提升提供环境和平台。第三，增加科技研发经费投入，给科技人才足够的自主权。

## 4.5 小　　结

本章基于爬取的招聘大数据研究了专精特新“小巨人”企业的人才需求问题，得到了以下结论。第一，专精特新“小巨人”企业所从事的行业与国家重点扶持的行业高度吻合。第二，与普通企业相比，专精特新“小巨人”企业在招聘时提出更高的要求，例如更高的学历、更多的工作经验等。第三，专精特新“小巨人”企业在招聘时并没有给出更高的薪资水平。综合第二、第三两个结论可以看出，专精特新“小巨人”企业存在典型的“既要鸡下蛋，又不给鸡吃饭”现象。第四，专精特新“小巨人”企业在高技能岗位上存在着较为严重的供求缺口问题，工艺设计工程师、销售工程师等岗位的人才招聘时间都比较长。第五，专精特新“小巨人”企业在低技能岗位上也存在着较为严重的供求缺口问题，生产线工人、操作工等岗位的人才招聘时间也比较长。

在上述结论的基础上，本章还提出一些政策建议，例如加强对相关人才发展规律的研究、完善人才评价机制、构建人才培养生态体系等。希望通过这些措施的实施，能够让人才进得来、用得好、留得住。

第 5 章

# 专精特新企业融资需求分析

## 5.1 支持专精特新企业的融资政策

自国家将大力培育专精特新企业作为战略以来，各类政策层出不穷，其中一个重要政策是融资支持。据不完全统计，已颁布的关于中小微企业的政策文件有 20 个，其中有关专精特新企业的政策文件有 6 个，大部分都涉及融资支持。促进专精特新企业融资的政策主要包括发挥专项资金引导、拓宽融资渠道、支持资本市场对接等，相关具体政策如表 5–1 所示。

表 5–1 专精特新企业的融资政策

| 文件名称 | 发布日期 | 发布单位 | 融资政策 |
| --- | --- | --- | --- |
| 《关于促进中小企业“专精特新”发展的指导意见》 | 2013 年 7 月 16 日 | 工业和信息化部 | 发挥各级各类支持中小企业发展专项资金和基金的引导和扶持作用，加大对中小企业技术进步和技术改造的支持力度，重点支持专精特新技术和产品，培育专精特新中小企业。<br>拓宽支持中小企业技术创新的融资渠道，搭建融资服务平台，促进银行与专精特新企业的项目对接。鼓励银行业金融机构创新金融产品和服务，支持专精特新中小企业采取信用贷款、知识产权质押、仓单质押等多种方式融资。鼓励符合条件的专精特新中小企业上市融资、发行债券 |
| 《关于促进中小企业健康发展的指导意见》 | 2019 年 4 月 7 日 | 中共中央办公厅、国务院办公厅 | 完善中小企业融资政策。进一步落实普惠金融定向降准政策。加大再贴现对小微企业支持力度，重点支持小微企业 500 万元及以下小额票据贴现。将支小再贷款政策适用范围扩大到符合条件的中小银行（含新型互联网银行）。将单户授信 1 000 万元及以下的小微企业贷款纳入中期借贷便利的合格担保品范围。<br>积极拓宽融资渠道。进一步完善债券发行机制，实施民营企业债券融资支持工具，采取出售信用风险缓释凭证、提供信用增进服务等多种方式，支持经营正常、面临暂时 |

续表 5-1

| 文件名称 | 发布日期 | 发布单位 | 融资政策 |
| --- | --- | --- | --- |
| 《关于促进中小企业健康发展的指导意见》 | 2019 年 4 月 7 日 | 中共中央办公厅、国务院办公厅 | 流动性紧张的民营企业合理债券融资需求。探索实施民营企业股权融资支持工具，鼓励设立市场化运作的专项基金开展民营企业兼并收购或财务投资。大力发展高收益债券、私募债、双创专项债务融资工具、创业投资基金类债券、创新创业企业专项债券等产品。研究促进中小企业依托应收账款、供应链金融、特许经营权等进行融资。完善知识产权质押融资风险分担补偿机制，发挥知识产权增信增贷作用。引导金融机构对小微企业发放中长期贷款，开发续贷产品。<br>支持利用资本市场直接融资。加快中小企业首发上市进度，为主业突出、规范运作的中小企业上市提供便利。深化发行、交易、信息披露等改革，支持中小企业在新三板挂牌融资。推进创新创业公司债券试点，完善创新创业可转债转股机制。研究允许挂牌企业发行可转换公司债。落实创业投资基金股份减持比例与投资期限的反向挂钩制度，鼓励支持早期创新创业。鼓励地方知识产权运营基金等专业化基金服务中小企业创新发展。对存在股票质押风险的企业，要按照市场化、法治化原则研究制定相关过渡性机制，根据企业具体情况采取防范化解风险措施。<br>减轻企业融资负担。鼓励金融机构扩大出口信用保险保单融资和出口退税账户质押融资，满足进出口企业金融服务需求。加快发挥国家融资担保基金作用，引导担保机构逐步取消反担保，降低担保费率。清理规范中小企业融资时强制要求办理的担保、保险、评估、公证等事项，减少融资过程中的附加费用，降低融资成本；相关费用无法减免的，由地方财政根据实际制定鼓励降低取费标准的奖补措施。<br>建立分类监管考核机制。研究放宽小微企业贷款享受风险资本优惠权重的单户额度限制，进一步释放商业银行投放小微企业贷款的经济资本。修订金融企业绩效评价办法，适当放宽考核指标要求，激励金融机构加大对小微企业的信贷投入。指导银行业金融机构夯实对小微业务的内部激励传导机制，优化信贷资源配置、完善绩效考核方案、适当降低利润考核指标权重，安排专项激励费用；鼓励对小微业务推行内部资金转移价格优惠措施；细化小微企业贷款不良容忍度管理，完善授信尽职免责规定，加大对基层机构发放民营企业、小微企业贷款的激励力度，提高民营企业、小微企业信贷占比；提高信贷风险管控能力、落实规范服务收费政策。<br>充分发挥各类基金的引导带动作用。推动国家中小企业发展基金走市场化、公司化和职业经理人的制度建设道路，使其支持种子期、初创期成长型中小企业发展，在促进中小企业转型升级、实现高质量发展中发挥更大作用。大力推进国家级新兴产业发展基金、军民融合产业投资基金的实施和运营，支持战略性新兴产业、军民融合产业领域优质企业融资 |

**续表 5-1**

| 文件名称 | 发布日期 | 发布单位 | 融资政策 |
|---|---|---|---|
| 《关于加快培育发展制造业优质企业的指导意见》 | 2021 年 6 月 1 日 | 工业和信息化部、科技部、财政部、商务部、国务院国有资产监督管理委员会、中国证券监督管理委员会 | 发挥各类政府引导基金作用，鼓励社会资本出资组建优质企业培育基金。加强企业融资能力建设和上市培育，支持符合条件的优质企业在资本市场上市融资和发行债券。发挥国家产融合作平台作用，整合企业信用信息，支持投贷联动、投投联动，引导金融机构为优质企业提供精准、有效的金融支持。用好现有资金渠道，支持专精特新中小企业高质量发展 |
| 《为“专精特新”中小企业办实事清单》 | 2021 年 11 月 6 日 | 国务院促进中小企业发展工作领导小组办公室 | 信贷支持。建立专精特新中小企业名单推送共享机制，鼓励银行业金融机构围绕专精特新中小企业需求，量身定制金融服务方案，打造专属信贷产品、加大信贷支持力度、优化相关服务（人民银行、银保监会、工业和信息化部按职责分工负责）。推动银行业金融机构应用金融科技手段，综合利用行内交易结算以及外部征信、税务、市场监管等信息，提升信用评价和风险管控能力，加大对专精特新中小企业信用贷款投放。支持专精特新中小企业开展应收账款、存货、仓单融资等业务，鼓励保险机构为专精特新中小企业提供信用保险服务（人民银行、银保监会负责）。鼓励开发银行在业务范围内为符合条件的专精特新中小企业技术改造和转型升级提供金融支持（开发银行负责）。<br>市场化融资渠道。证券交易所、新三板为有上市或挂牌意向的专精特新中小企业提供全流程、全周期咨询服务，优化中小上市公司再融资机制，研究扩大分类审核适用范围。在区域性股权市场推广设立专精特新专板。对拟上市专精特新中小企业开展分类指导、精准培育、投融资对接，提高企业在资本市场融资的能力。国家中小企业发展基金加快推进子基金遴选，引导社会资本加大对专精特新中小企业的股权投资规模。支持专精特新中小企业开展债券融资，通过市场化机制开发更多适合中小企业的债券品种，完善中小企业债券融资增信机制，扩大债券融资规模。支持更多符合条件的专精特新中小企业上市、挂牌融资，探索为专精特新中小企业申请在新三板挂牌开辟绿色通道 |
| 《提升中小企业竞争力若干措施》 | 2021 年 11 月 6 日 | 国务院促进中小企业发展工作领导小组办公室 | 加强信贷支持。深入实施中小微企业金融服务能力提升工程，支持金融机构深化运用大数据、人工智能、区块链等技术手段，改进授信审批和风险管理模型，持续加大小微企业首贷、续贷、信用贷、中长期贷款投放规模和力度。发挥知识产权质押信息平台作用，实施知识产权质押融资入园惠企行动，增强中小企业利用无形资产融资能力。深化银担合作，持续完善银行、担保机构对小微企业贷款风险分担机制。 |

续表 5-1

| 文件名称 | 发布日期 | 发布单位 | 融资政策 |
| --- | --- | --- | --- |
| 《提升中小企业竞争力若干措施》 | 2021 年 11 月 6 日 | 国务院促进中小企业发展工作领导小组办公室 | 创新金融服务模式。规范发展供应链存货、仓单和订单融资，发挥人民银行征信中心动产融资统一登记公示系统作用，提升企业通过动产担保融资的便利度。鼓励保险机构发展供应链保险业务。提高供应链金融数字化水平，引导金融机构开展标准化票据融资业务。<br>加强直接融资支持。深化新三板改革，发挥北京证券交易所服务中小企业作用，打造服务创新型中小企业主阵地。推动上海、深圳、北京证券交易所和新三板提供全流程、全周期咨询服务，助力中小企业上市挂牌融资。完善创业投资发展和监管政策，畅通私募股权和创业投资基金“募投管退”各环节，促进中小企业创新创业创造。发挥国家中小企业发展基金、国家新兴产业创业投资引导基金、国家科技成果转化引导基金等作用，带动社会资本扩大直接融资规模。鼓励中小企业通过并购重组对接资本市场。<br>加强融资配套体系建设。建立健全中小企业信用信息归集、共享、查询、公开机制。大力推进地方征信平台建设，支持征信机构发展针对中小企业融资的征信产品和服务。发挥全国中小企业融资综合信用服务平台作用，推广“信易贷”模式。开展中小企业金融知识普及教育活动和多层次融资对接活动 |

## 5.2 专精特新企业融资利率

### 5.2.1 数据描述性统计

根据国内某银行信贷信息，可以对专精特新企业和非专精特新企业融资利率进行对比，分析评选为专精特新企业后对企业融资成本的影响。由表 5-2 总体描述性统计可知，专精特新企业的融资利率较非专精特新企业明显低，但同时专精特新企业贷款期限也较短，信用贷比例也较低。国家级专精特新企业利率低于省级专精特新企业，国家级专精特新企业评级后融资利率进一步降低，贷款期限和信用贷比例相较评级前有所上升。

由表 5-3 ~ 表 5-5 可知，专精特新企业和非专精特新企业融资利率总体上都在降低。所有类型企业信用贷比例都在上升。

表 5-2　总体描述性统计

| 统计参数 | 专精特新企业 | 国家级专精特新企业 | 国家级专精特新企业（评级后） | 非专精特新企业 |
|---|---|---|---|---|
| 样本数（个） | 6 881 | 600 | 535 | 122 768 |
| 融资利率（%） | 4.76 | 4.64 | 4.61 | 4.94 |
| 贷款期限（月） | 14.04 | 9.19 | 13.04 | 15.84 |
| 信用贷比例（%） | 22.51 | 9.17 | 10.09 | 40.81 |

表 5-3　专精特新企业与非专精特新企业融资利率描述性统计

| 时间 | 专精特新企业 | | 非专精特新企业 | |
|---|---|---|---|---|
| | 融资利率（%） | 样本数（个） | 融资利率（%） | 样本数（个） |
| 2012—2018 年平均 | 5.34 | 35 | 6.15 | 2 361 |
| 2019 年 | 5.69 | 99 | 5.57 | 2 929 |
| 2020 年 | 4.81 | 782 | 5.30 | 14 349 |
| 2021 年 | 4.74 | 5 965 | 4.84 | 103 129 |

表 5-4　国家级专精特新企业融资利率描述性统计

| 时间 | 国家级专精特新企业 | | 国家级专精特新企业（评级后） | |
|---|---|---|---|---|
| | 融资利率（%） | 样本数（个） | 融资利率（%） | 样本数（个） |
| 2012—2018 年平均 | 5.97 | 4 | — | 0 |
| 2019 年 | 5.15 | 2 | — | 0 |
| 2020 年 | 4.75 | 62 | 4.44 | 3 |
| 2021 年 | 4.62 | 532 | 4.62 | 532 |

注：2020 年左边的 62 个样本包含了第一、二、三批专精特新企业，此时第三批企业还并未评选为专精特新企业；2020 年右边的 3 个样本仅为第一、二批的专精特新企业。

表 5-5　专精特新企业与非专精特新企业信用贷比例描述性统计

| 时间 | 专精特新企业 | | 非专精特新企业 | |
|---|---|---|---|---|
| | 信用贷比例（%） | 样本数（个） | 信用贷比例（%） | 样本数（个） |
| 2012—2018 年平均 | 0 | 35 | 8.3 | 2 361 |
| 2019 年 | 1.01 | 99 | 10.99 | 2 929 |
| 2020 年 | 6.01 | 782 | 26.34 | 14 349 |
| 2021 年 | 25.16 | 5 965 | 44.42 | 103 129 |

### 5.2.2　回归结果

由于简单描述不能控制各种企业特征，因此本部分进行增加控制变量后的回归分析。采用的回归模型如下。

$$y_i=\alpha_0+\alpha_1 \cdot List \cdot Post+\alpha_2 \cdot List+\alpha_3 \cdot Post+\alpha_4 \cdot X+u+T$$

其中：*Post* 为二值虚拟变量；*List* 在专精特新企业评选前取 0，评选后取 1；*X* 是企业资产和行业的控制变量；*u* 和 *T* 为地区和时间固定效应；$\alpha_1$ 反映了评选专精特新企业成功后是否会改善融资，系数 $\alpha_2$ 反映了专精特新企业与非专精特新企业的区别，$\alpha_3$ 反映了时间效应，$\alpha_4$ 反映了其他变量影响程度。

### 1. 2020 年专精特新政策对融资利率和信用贷比例的影响

表 5-6 中模型（1）和模型（2）是融资利率的回归结果，专精特新企业的融资利率显著低于非专精特新企业，同时随着时间延续融资利率在下降。但专精特新政策对融资利率具有显著的正向作用，这意味着专精特新企业融资利率的下降幅度低于非专精特新企业，这可能是由于专精特新企业本身融资利率已经较低，下降空间有限。模型（3）~模型（6）是信用贷比例的回归结果，专精特新企业的信用贷比例显著低于非专精特新企业，信用贷比例都在随时间延续而增加。同时，专精特新政策对信用贷比例具有显著的正向作用，意味着企业被评选为专精特新企业后更容易获得信用贷。

表 5-6　2020 年评选为专精特新企业后的融资利率、信用贷比例回归结果

| 变量 | 融资利率 | | 信用贷比例 | | | |
|---|---|---|---|---|---|---|
| | 模型（1） | 模型（2） | 模型（3） | 模型（4） | 模型（5） | 模型（6） |
| *Post*List* | 0.278*** | 0.162** | −0.059 | −0.052 | 0.854** | 0.878** |
| | （0.076） | （0.752） | （0.042） | （0.041） | （0.400） | （0.402） |
| *Post* | −0.963*** | −1.890** | 0.310*** | 0.518 | 1.055*** | 1.059*** |
| | （0.012） | （0.850） | （0.007） | （0.466） | （0.024） | （0.031） |
| *List* | −0.278*** | −0.162** | −0.093** | −0.102** | −1.315*** | −1.354*** |
| | （0.750） | （0.075） | （0.041） | （0.040） | （0.400） | （0.402） |
| 资产 | 控制 | 控制 | 控制 | 控制 | 控制 | 控制 |
| 行业 | 控制 | 控制 | 控制 | 控制 | 控制 | 控制 |
| 地区 | 控制 | 控制 | 控制 | 控制 | 控制 | 控制 |
| 年份 | — | 控制 | — | 控制 | — | 控制 |
| 观测值 / 家 | 127 328 | 127 328 | 127 328 | 127 328 | 127 328 | 127 328 |
| $R^2$ | 0.162 | 0.176 | 0.080 | 0.094 | 0.063 | 0.074 |

注：模型（1）和模型（2）是以融资利率为被解释变量的结果，其中模型（2）加入了年份的固定效应；模型（3）和模型（4）是以信用贷比例为被解释变量的结果，其中模型（4）加入了年份的固定效应；模型（5）和模型（6）是以信用贷比例为被解释变量用 Probit 估计方法得到的结果，其中模型（6）加入了年份的固定效应。*、**、*** 分别表示在 10%、5%、1% 的水平上显著。观测值包含非专精特新企业，下同。

### 2. 2021 年专精特新政策对融资利率和信用贷比例的影响

表 5–7 中，模型（1）和模型（2）是融资利率的回归结果，专精特新企业的融资利率显著低于非专精特新企业，同时随着时间延续利率在下降，但专精特新政策对融资利率具有显著的正向作用。模型（3）~模型（6）是信用贷比例的回归结果，专精特新政策对信用贷比例具有显著的正向作用，但专精特新企业的信用贷比例显著低于非专精特新企业。

表 5–7　2021 年评选为专精特新企业后的融资利率、信用贷比例回归结果

| 变量 | 融资利率 | | 信用贷比例 | | | |
|---|---|---|---|---|---|---|
| | 模型（1） | 模型（2） | 模型（3） | 模型（4） | 模型（5） | 模型（6） |
| *Post*List* | 0.325*** | 0.221*** | −0.023 | −0.003 0 | 0.326*** | 0.404*** |
| | （0.032） | （0.031） | （0.017） | （0.017） | （0.074） | （0.074） |
| *Post* | −0.491*** | −1.894** | 0.225*** | 0.518 | 0.655*** | 0.519*** |
| | （0.007） | （0.850） | （0.004） | （0.466） | （0.011） | （0.012） |
| *List* | −0.297*** | 0.192*** | −0.131*** | −0.151*** | −0.775*** | −0.855*** |
| | （0.029） | （0.029） | （0.016） | （0.016） | （0.071） | （0.072） |
| 资产 | 控制 | 控制 | 控制 | 控制 | 控制 | 控制 |
| 行业 | 控制 | 控制 | 控制 | 控制 | 控制 | 控制 |
| 地区 | 控制 | 控制 | 控制 | 控制 | 控制 | 控制 |
| 年份 | — | 控制 | — | 控制 | — | 控制 |
| 观测值 / 家 | 127 328 | 127 328 | 127 328 | 127 328 | 127 328 | 127 328 |
| $R^2$ | 0.155 | 0.176 | 0.091 | 0.094 | 0.071 | 0.074 |

注：模型（1）和模型（2）是以融资利率为被解释变量的结果，其中模型（2）加入了年份的固定效应；模型（3）和模型（4）是以信用贷比例为被解释变量的结果，其中模型（4）加入了年份的固定效应；模型（5）和模型（6）是以信用贷比例为被解释变量用 Probit 估计方法得到的结果，其中模型（6）加入了年份的固定效应。*、**、*** 分别表示在 10%、5%、1% 的水平上显著。

### 3. 国家级专精特新政策对融资利率和信用贷比例的影响

表 5–8 是对国家级专精特新“小巨人”企业政策影响利率和信用贷的估计结果，其中模型（1）~模型（3）是融资利率的回归结果，专精特新企业的融资利率显著低于非专精特新企业，但专精特新政策对融资利率具有显著的正向作用，这和表 5–6、表 5–7 基本一致。模型（4）、模型（5）是信用贷比例的回归结果，专精特新企业的信用贷比例显著低于非专精特新企业，但专精特新政策对信用贷的作用不显著。

表 5-8 国家级专精特新企业的融资利率、信用贷比例回归结果

| 变量 | 融资利率 | | | 信用贷比例 | |
|---|---|---|---|---|---|
| | 模型（1） | 模型（2） | 模型（3） | 模型（4） | 模型（5） |
| *Post*List* | 0.302 | 0.224** | 0.223** | 0.513 | 0.504 |
| | （0.349） | （0.110） | （0.112） | （0.436） | （0.437） |
| *Post* | −1.892** | −1.893** | — | 0.526*** | −1.448*** |
| | （0.850） | （0.850） | — | （0.012） | （0.430） |
| *List* | −0.303 | −0.201* | −0.201* | −1.456*** | −0.096*** |
| | （0.347） | （0.103） | （0.106） | （0.429） | （0.001） |
| 资产 | 控制 | 控制 | 控制 | 控制 | 控制 |
| 行业 | 控制 | 控制 | 控制 | 控制 | 控制 |
| 地区 | 控制 | 控制 | 控制 | 控制 | 控制 |
| 年份 | 控制 | 控制 | 控制 | 控制 | 控制 |
| 观测值 / 家 | 127 328 | 127 328 | 127 328 | 127 328 | 127 328 |
| $R^2$ | 0.176 | 0.176 | 0.176 | 0.071 | 0.071 |

注：模型（1）~ 模型（3）是以融资利率为被解释变量的结果，模型（1）是以 2020 年为处理时间，模型（2）是以 2021 年为处理时间，模型（3）是精确评级时间；模型（4）、模型（5）是以信用贷比例为被解释变量用 Probit 估计方法得到的结果，模型（4）是以 2021 年为处理时间，模型（5）是精确评级时间。*、**、*** 分别表示在 10%、5%、1% 的水平上显著。

## 5.3 专精特新政策对企业融资约束的影响

### 5.3.1 数据描述性统计

本部分选取 2015—2021 年中小板、创业板、科创板、新三板全部制造业企业和第一批国家级专精特新企业进行分析，数据来源于 Wind 和国泰安数据库。利用此数据分析评选为专精特新企业后对企业融资约束这一反映融资难度指标的影响。

融资约束使用 *FC* 指数，计算方法如下：剔除数据缺失的样本数据，剔除金融行业公司代码；分年度对连续变量在 1% 和 99% 分位上进行 winsorize 处理。建立衡量企业融资约束程度的模型 A。

$$P(QUFC=1\text{或}0|Z_{i,t})=\frac{e^{Z_{i,t}}}{1+e^{Z_{i,t}}}$$

其中，*QUFC* 为融资约束虚拟变量，*P* 为概率，$Z_{i,t}$ 计算公式如下。

$$Z_{i,t}=\alpha_0+\alpha_1\cdot size_{i,t}+\alpha_2\cdot lev_{i,t}+\alpha_3\cdot\left(\frac{CashDiv}{ta}\right)_{i,t}+\alpha_4\cdot MB_{i,t}+\alpha_5\cdot\left(\frac{NWC}{ta}\right)_{i,t}+\alpha_6\cdot\left(\frac{EBIT}{ta}\right)_{i,t}$$

其中，$size_{i,t}$ 表示企业资产规模，总资产的自然对数；$lev_{i,t}$ 表示企业财务杠杆率，资产负债率 = 总负债 / 总资产；*CashDiv* 表示公司当年发放的现金股利；$MB_{i,t}$ 表示企业市账比，等于市场价值 / 账面价值；*NWC* 表示净营运资本，等于营运资本减去货币资金减去短期投资；*EBIT* 表示息税前利润；*ta* 表示总资产。

第一步，按照年度对公司规模、公司年龄、现金股利支付率三个变量进行标准化处理。

$$y_i=\frac{x_i-\bar{x}}{s}$$

$$\bar{x}=\frac{1}{n}\sum_{i=1}^{n}x_i$$

$$s=\sqrt{\frac{1}{n-1}\sum_{i=1}^{n}(x_i-\bar{x})^2}$$

根据标准化后的变量均值对上市公司进行排序（升序），分别以上下三分位点作为融资约束的分界点：确定融资约束虚拟变量 *QUFC*，大于 66% 分位的上市公司定义为低融资约束组，*QUFC* 等于 0；小于 33% 分位的上市公司定义为高融资约束组，*QUFC* 等于 1。

第二步，对模型（1）进行 Logit 回归，拟合企业每一年度的融资约束发生概率 *P*，并将其定义为融资约束指数 *FC*（取值为 0 ~ 1），*FC* 越大，企业的融资约束问题越严重。

*QUFC* 指标计算数据来自国泰安数据库，选取剔除 ST、*ST、PT 股、上市不满一年已经退市或被暂停上市的公司的计算结果。此外选取短债长投和财务成本反映融资约束。短债长投选取企业流动负债比例（短期负债 / 总负债）与流动资产比例（短期资产 / 总资产）之差表示，由于数据的可获得性，使用流动负债代替短期负债，流动资产代替短期资产；财务成本为企业财务费用 / 总负债，以 2019 年为政策实施时间。

由表 5-9 ~ 表 5-12 的描述统计和图 5-1 ~ 图 5-3 可知，第一批国家级专精特新企业融资约束高于非专精特新企业，短债长投程度和财务成本低于非专精特新企业；评级后，专精特新企业的融资约束、短债长投程度、财务成本都有所降低。非专精特新企业的融资约束和短债长投程度随时间呈现下降趋势，财务成本随时间上下波动。

**表 5-9 总体描述性统计**

| 企业类型 | 融资约束 | | 短债长投 | | 财务成本 | |
|---|---|---|---|---|---|---|
| | 均值 | 样本数（个） | 均值 | 样本数（个） | 均值 | 样本数（个） |
| 第一批国家级专精特新企业 | 0.790 | 111 | 0.208 | 522 | 0.010 | 520 |
| 第一批国家级专精特新（评级后） | 0.763 | 74 | 0.191 | 207 | 0.006 | 207 |
| 非专精特新企业 | 0.603 | 5 817 | 0.256 | 28 668 | 0.016 | 28 690 |

注：融资约束、短债长投、财务成本是以非平衡面板数据计算的结果。

**表 5-10 融资约束描述性统计**

| 时间 | 第一批国家级专精特新企业 | | 非专精特新企业 | |
|---|---|---|---|---|
| | 融资约束 | 样本数（个） | 融资约束 | 样本数（个） |
| 2015—2018 年平均 | 0.845 | 37 | 0.621 | 2 848 |
| 2019 年 | 0.763 | 16 | 0.587 | 903 |
| 2020 年 | 0.782 | 25 | 0.592 | 944 |
| 2021 年 | 0.748 | 33 | 0.580 | 1 122 |

注：融资约束是以非平衡面板数据计算的结果，是剔除 ST、*ST、PT 股、上市不满一年、已经退市、被暂停上市的公司后计算的结果。

**表 5-11 短债长投描述性统计**

| 时间 | 第一批国家级专精特新企业 | | 非专精特新企业 | |
|---|---|---|---|---|
| | 短债长投 | 样本数（个） | 短债长投 | 样本数（个） |
| 2015—2018 年平均 | 0.220 | 315 | 0.265 | 16 160 |
| 2019 年 | 0.205 | 71 | 0.261 | 4 249 |
| 2020 年 | 0.196 | 68 | 0.246 | 4 236 |
| 2021 年 | 0.171 | 68 | 0.225 | 4 023 |

注：短债长投是以非平衡面板数据计算的结果。

**表 5-12 财务成本描述性统计**

| 时间 | 第一批国家级专精特新企业 | | 非专精特新企业 | |
|---|---|---|---|---|
| | 财务成本 | 样本数（个） | 财务成本 | 样本数（个） |
| 2015—2018 年平均 | 0.012 | 313 | 0.014 | 16 170 |
| 2019 年 | 0.007 | 71 | 0.014 | 4 255 |
| 2020 年 | 0.005 | 68 | 0.022 | 4 244 |
| 2021 年 | 0.004 | 68 | 0.015 | 4 021 |

注：财务成本是以非平衡面板数据计算的结果。

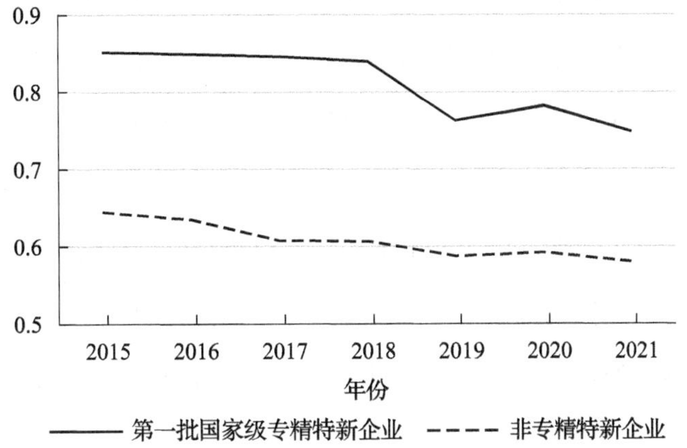


**图 5-1　第一批国家级专精特新企业与非专精特新企业融资约束变化**

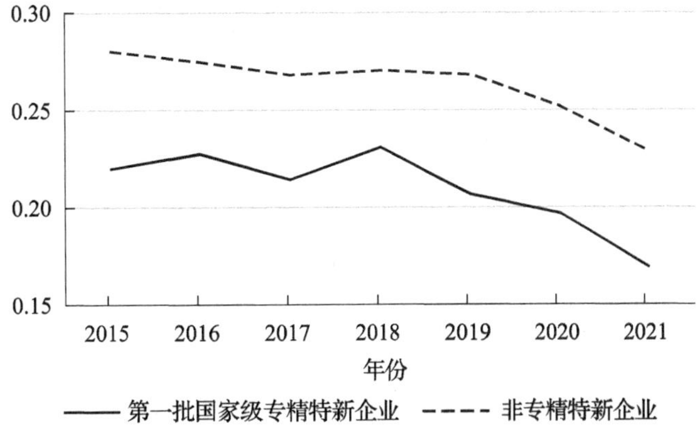


**图 5-2　第一批国家级专精特新企业与非专精特新企业短债长投程度变化**

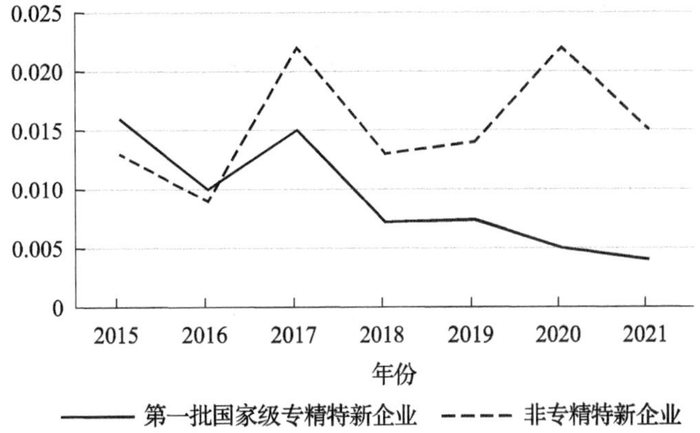


**图 5-3　第一批国家级专精特新企业与非专精特新企业融财务成本变化**

### 5.3.2　回归结果

专精特新政策可能通过对专精特新企业给予更加充分的资金、信贷支持，实行奖补、降税，拓宽融资渠道等缓解企业的融资约束问题。政策的实施向市场传递积极的信号，对专精特新企业具有行业地位提升效应、投资者关注效应等，吸引投资者跟进；改善企业与外部的信息不对称，外部投资者为了弥补信息差可能带来的损失而提高溢价水平是导致企业外源融资成本显著高于内部融资成本的重要原因，故企业与外部投资者之间的信息不对称是导致企业融资约束的根源之一；促进专精特新企业参与供应链，为大企业提供上游产品，企业可能会在信贷约束增强时选择参与供应链，以期从供应链上下游获得信贷融资，从而缓解融资约束；增强专精特新企业的商业信用，商业信用就是指卖方允许买方在获得货物后不必立即付款，可以延迟一段时间后再付款，从财务的角度看，商业信用相当于卖方给予买方一个短期融资，可能缓解企业融资约束。

融资约束得到缓解，企业的短债长投程度也会降低。因为短债长投反映了企业融资期限约束下的被动选择，既不利于提高企业绩效又不利于降低债务风险，而且会加剧债务风险的隐蔽性和突发性。

企业的财务成本与企业的声誉、信息对称程度，未来发展机会等密切相关。表现一般的企业市场声誉就会较差，因此倾向于向银行贷款，而运行时间长的成功企业可借助“声誉资本”进行公开债务融资；银行等非公开债务投资人在发行人监督方面比直接债务融资投资者效率更高，因此，信息不对称程度越高的公司越倾向于非公开债务融资，反之则偏好公开发债；考虑到公开发行债务时面临着投资者之间互相“搭便车”的情况，银行对发行人的债务持有更加集中，更容易与发行人形成长期关系，即发展机会越多的公司越偏向于非公开债务融资，但如果公司被监管成本过高，则更偏好公开发行债券融资。专精特新政策的实施使专精特新企业具有更好的声誉、更低的信息不对称程度、更多的发展机会等，可能会对其融资方式产生影响，从而带来更低的财务成本。

我们仍然采用如下回归模型评价对融资约束影响。

$$y_i=\alpha_0+\alpha_1 \cdot List \cdot Time+\alpha_2 \cdot List+\alpha_3 \cdot Time+\alpha_4 \cdot X+u+T$$

其中：*Time* 为二值虚拟变量；*List* 在专精特新企业评选前取 0，评选后取 1；*X* 为控制变量；*u* 和 *T* 分别为个体和时间固定效应。

控制变量包括企业年龄、所处地区、第一大股东持股比例、企业属性、独立董事规模、审计意见和企业规模。所处地区指企业处于东部地区、中部地区、西部地区、东北地区四个地区中的哪个地区；企业属性指企业若属于国有企业、集体企业等，则取值为 1，企业若属于私有企业等，则取值为 0；审计意见指若该年出具标准无保留意见，则取值为 1，其他情况取值为 0；企业规模为企业总资产的自然对数。

### 1. 入选第一批国家级专精特新企业后对融资约束影响

表 5-13 中模型（1）和模型（2）是融资约束的回归结果，在不加入控制变量的情况下，政策效应在 5% 的水平上显著，专精特新政策对企业融资约束有负向作用，即会降低融资约束；模型（3）和模型（4）是短债长投的回归结果，政策效应不显著；模型（5）和模型（6）是财务成本的回归结果，政策效应在 1% 的水平上显著，专精特新政策对企业财务成本具有负向作用，即会降低企业财务成本。总体看，专精特新政策对降低专精特新企业融资约束有一定作用。

**表 5-13　融资约束、短债长投、财务成本回归结果**

| 变量 | 融资约束 | | 短债长投 | | 财务成本 | |
|---|---|---|---|---|---|---|
| | 模型（1） | 模型（2） | 模型（3） | 模型（4） | 模型（5） | 模型（6） |
| *Time*List* | −0.040** | 0.008 | −0.010 | 0.002 | −0.009*** | −0.009*** |
| | （0.018） | （0.014） | （0.018） | （0.018） | （0.003） | （0.003） |
| *Time* | −0.086*** | 0.025 | −0.035*** | −0.144*** | 0.005*** | 0.003 |
| | （0.007） | （0.020） | （0.005） | （0.011） | （0.001） | （0.003） |
| *List* | 0.777*** | 0.081* | −0.142* | −0.332*** | −0.003 | −0.005 |
| | （0.032） | （0.042） | （0.079） | （0.083） | （0.010） | （0.013） |
| 控制变量 | — | 控制 | — | 控制 | — | 控制 |
| 个体 | 控制 | 控制 | 控制 | 控制 | 控制 | 控制 |
| 年份 | 控制 | 控制 | 控制 | 控制 | 控制 | 控制 |
| 观测值 | 3 400 | 3 400 | 10 955 | 10 955 | 10 955 | 10 955 |
| $R^2$ | 0.839 | 0.877 | 0.682 | 0.685 | 0.435 | 0.436 |

注：融资约束、短债长投、财务成本是以平衡面板数据计算的结果，由于数据的可获得性，融资约束使用 2017—2021 年的面板数据，短债长投、财务成本使用 2015—2021 年的面板数据。模型（1）和模型（2）是以融资约束为被解释变量的结果，其中模型（2）加入了控制变量；模型（3）和模型（4）是以短债长投为被解释变量的结果，其中模型（4）加入了控制变量；模型（5）和模型（6）是以财务成本为被解释变量的结果，其中模型（6）加入了控制变量。*、**、*** 分别表示在 10%、5%、1% 的水平上显著。

### 2. 机制检验

由前述可知，专精特新政策对企业财务成本具有显著的负向作用。本部分进一步验证专精特新政策是否通过降低企业债务杠杆这一途径影响企业财务成本。债务杠杆指债务与总资产的比例，债务杠杆越小，权益融资占比越高，从而减少企业财务成本，政策实施会吸引更多投资者，从而降低企业债务杠杆。

表 5-14 中模型（1）模型（2）是债务杠杆的回归结果，政策效应对债务杠杆具有显著的负向作用，模型（3）和模型（4）加入债务杠杆这一变量，发现政策效应对财务成本依旧具有显著的负向作用，且债务杠杆对财务成本具有显著的正向作用，符合预期。故债务杠杆是专精特新政策降低企业财务成本的途径之一。

**表 5-14 财务成本机制检验**

| 变量 | 债务杠杆 | | 财务成本 | |
|---|---|---|---|---|
| | 模型（1） | 模型（2） | 模型（3） | 模型（4） |
| *Time*List* | -0.037*** | -0.025** | -0.008** | -0.008** |
| | （0.012） | （0.012） | （0.003） | （0.003） |
| *Time* | -0.055*** | 0.121*** | 0.004*** | 0.000 |
| | （0.005） | （0.018） | （0.001） | （0.003） |
| *List* | 0.066** | 0.132*** | -0.004 | -0.007 |
| | （0.029） | （0.038） | （0.010） | （0.012） |
| 债务杠杆 | — | — | 0.021*** | 0.021*** |
| | — | — | （0.003） | （0.003） |
| 控制变量 | — | 控制 | — | 控制 |
| 个体 | 控制 | 控制 | 控制 | 控制 |
| 年份 | 控制 | 控制 | 控制 | 控制 |
| 观测值 | 10 955 | 10 955 | 10 955 | 10 955 |
| $R^2$ | 0.761 | 0.777 | 0.439 | 0.439 |

注：债务杠杆、财务成本是以平衡面板数据计算的结果。模型（1）和模型（2）是以债务杠杆为被解释变量的结果，其中模型（2）加入了控制变量；模型（3）和模型（4）是以财务成本为被解释变量的结果，其中模型（4）加入了控制变量。*、**、*** 分别表示在 10%、5%、1% 的水平上显著。

# 第6章

# 部分国家支持中小企业创新的政策

中小企业技术创新需要政府的大力扶持，许多发达国家政府在立法保护、金融支持、税收优惠、技术援助、中介服务等方面，实施中小企业技术创新扶持政策，其成功经验值得我国政府和中小企业借鉴。

各国支持中小企业创新的政策各不相同，但归结起来是由一般的普惠性政策、有特定门槛的针对性政策以及统筹管理机构组成的政策协同管理体系。普惠性政策作为中小企业政策的“骨骼”，从“面”上解决所有中小企业面临的最普遍问题。这类政策通常包括基础性的融资信贷政策、财政补贴政策、税收减免政策、政府购买政策和人才支持政策。针对性政策[1]是中小企业政策的“肌肉”，从“点”上满足中小企业异质性需求和实现国家战略的意图。此类政策作为普惠性政策的补充，一方面可以将普惠性政策体系中的弱点和盲点补强，另一方面也可以起到引领作用，引导企业向国家战略需求的方向发展，以实现国家意志。管理机构及各管理机构之间的分工协调，构成了整个政策管理体系，一方面保证了各类政策的落实，另一方面也可以防止不同政策之间产生冲突，从而保证各类政策体系化运行，发挥“1+1>2”的作用。本章将分别对美国、德国、日本、加拿大等代表性国家的中小企业创新支持政策进行分析。

[1] 一些普惠性政策属于针对性政策的一部分，因此普惠性政策和针对性政策并非互斥，只是根据不同的政策目标、从不同的角度去看待鼓励创新的政策，从而可以更系统地理解各国政策体系，进而更好地为中国的政策改革提供借鉴经验。

# 6.1 美　国

## 6.1.1 一般性政策

### 1. 信贷融资

（1）政府担保小微贷款。从图 6–1 可以看出，中小企业可以从联邦政府、州政府、当地政府、高等教育机构、其他非营利组织以及私人机构等不同的渠道获得研发经费。联邦政府通过小企业管理局下不同目的的贷款需求为企业提供匹配的贷款，如 7（a）贷款、504 贷款、小微贷款。其中 7（a）贷款是最常见的贷款项目，专门为提供中小微企业贷款的银行提供贷款担保服务，即银行通过缴纳一定费用参与该项目，在中小微企业还款失败时，小企业管理局可为银行偿付部分欠款（15 万美元以下，可最高偿付欠款的 85%；15 万美元以上，可最高偿付欠款的 75%）。同时，小企业管理局将其中的优质贷款债券化在二级市场进行交易，在 2007—2009 年，2014—2019 年小企业管理局均实现收支平衡。该项目可以提供最高 500 万美元的贷款，小企业可用贷款来支付短期或者长期运营资金、购买包括厂房在内的固定资产和设备等。贷款利率可以是市场利率或者小企业管理局的规定利率，且为固定利率。504 贷款主要是长期固定资产贷款，而小微贷款是贷款额度不超过 5 万美元的贷款。

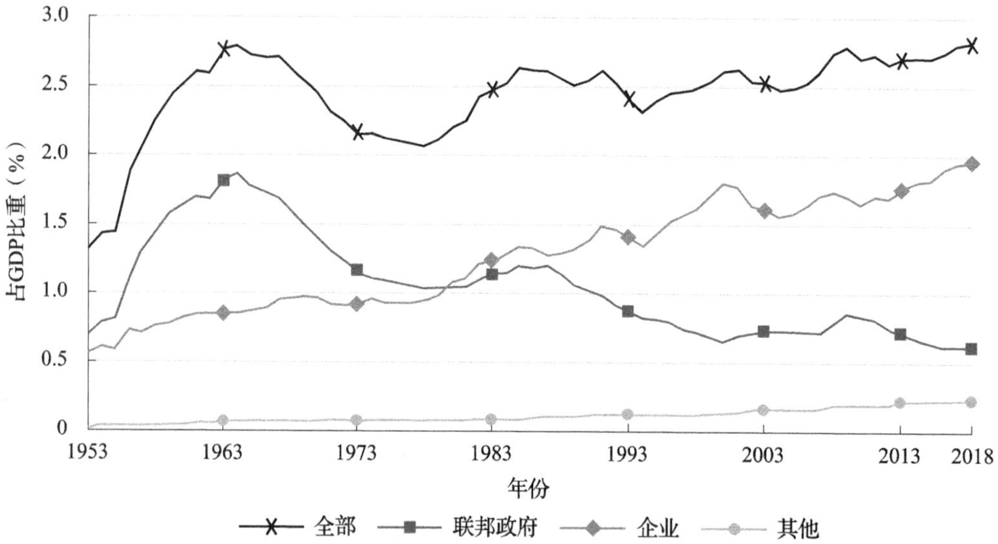


**图 6-1　不同资助渠道的研发费用在 GDP 中的占比（1953—2018 年）**

注：其他来源包括州和当地政府、高等教育和其他非营利组织。

（2）政府授权私营中小企业投资公司。小企业管理局授权给在各行业有专业能力的私营的中小企业投资公司，这些中小企业投资公司承担着类似于风险投资基金的功能。由这些投资公司对小企业进行债权和股权的投资，而小企业管理局进行配套资金投资。这样做的好处在于，当地合作伙伴对当地企业更加了解，并且可以充分利用当地合作伙伴已有的专业能力和基础设施，这不仅提高了服务和监管的质量和效率，而且减低了成本和政治偏好。通过小企业投资公司的债权融资金额为 25 万 ~ 1 000 万美元，利率为 9% ~ 16%，通常投资期限超过 3 年。

### 2. 税费减免

对于私人部门来说，缴纳公司所得税减少了企业能力和对冒险的激励，对创新（无论是数量还是质量）有着显著的负面关系（Mukherjee 等，2017[1]）。为了刺激企业的创新与经济增长，1981 年美国政府出台了《经济复兴税法》，开始了美国有史以来最大规模的减税计划：降低收入在 5 万美元以下的公司所得税，规定 25% 研发经费的所得税抵免，收入在 25 万美元以下的企业所得税不进行累积等。这些政策都极大地激发了私有机构（包括风投）对企业创新的投资。

（1）对投资中小企业的资本利得的税收减免。美国鼓励向小企业投资，降低投资所得税率。对投入符合一定条件的小企业的股本所获得资本收益实行为期至少 5 年的 5% 税收豁免。对收入不足 500 万美元的最小企业实行长期投资税减免。对投资 500 万美元以下的小企业永久性减免投资税。对跨国公司的研究开发型小企业，在税制上采取优惠措施。美国 2001 年《经济增长与减税协调法案》规定逐步提高小企业遗产税的免税额，降低税率，到 2010 年完全取消小企业遗产税，这有利于减轻中小企业继承人的税收负担。另外，对风险投资收益的 60% 免税。

（2）对企业研发费用的税收抵免。因为私人企业研发能产生比私人收益更大的社会收益，所以在 1981 年，美国政府通过《经济复兴税法》以激发私人企业的创新投入，对企业的研发费用进行税收抵免以及允许全部和立即的扣除（或者费用化）。如图 6–2 所示，对企业的研发支持中直接资助的占比在逐步减少，而通过税务方式的支持在逐步增加。

研发费用税收抵免分为四种类型：常规减免、替代简化减免、能源研究减免和大学 / 基础研究减免。为了有利于不太可能有应税收入的小企业获得税收减免，2015 年根据《保护美国人免受加税法案》，容许有少于 5 年收入以及当年收入少于 500 万美元的企业使用研发费用税

[1] Mukherjee A，Singh M，Žaldokas A. Do corporate taxes hinder innovation？[J]. Journal of Financial Economics，2017，124（1）：195–221.

收抵免来抵扣最高 25 万美元的工资税义务，以及容许企业将税收抵免的优惠保留 20 年。2020 年，研发费用税收抵免达到了 118 亿美元，其中 106 亿美元给予了企业。研发费用税收抵免的主要类型和减免率见表 6-1。

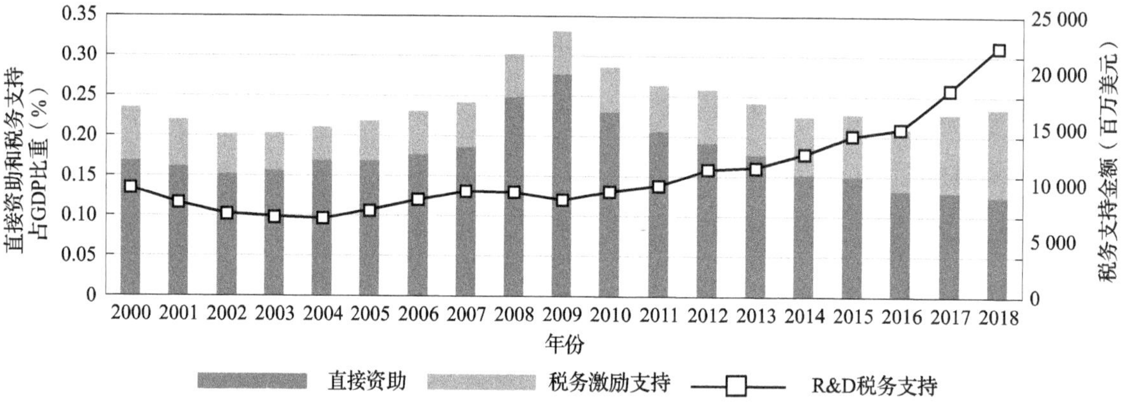


**图 6-2 企业研发的直接资助和研发费用税收抵免情况**

**表 6-1 研发费用税收抵免的主要类型和减免率**

| 类型 | 减免率 | 政策对象 |
| --- | --- | --- |
| 常规减免 | 一个基数上 20% 的研发费用 | 私人企业研发 |
| 替代简化减免 | 过去 3 年平均研发费用的 20%（如果过去 3 年没有研发费用，则为 6%） | 私人企业研发 |
| 能源研究减免 | 研发费用的 20% | 能源研发 |
| 大学 / 基础研究减免 | 一个基数上 20% 的研发费用 | 大学和私人部门的合作研发 |

需要说明的是尽管研发费用税收抵免是最常见的促进创新政策的形式之一，但往往在无意中偏向大公司，因为他们有更多的资金和智力优势，所以研发活动高度集中在少数大公司。比如在 2013 年，研发费用税收抵免的接受者中有 74% 是中小企业，但却仅获得了 9% 的税收抵免。

### 3. 政府采购

联邦政府的合同中有 23% 的预算是专门针对小企业的采购合同和小企业预留合同，目的是避免小企业在合同竞争中处于不利的地位。对于合同金额小于 15 万美元且有两个以上小企业竞标的政府项目，通常采用免除竞争合同的方法。对于只有一个小企业有资格竞标的，则签署独家合同。公司需要在奖励管理系统中注册，才有资格签署此类合同。

还有专门针对特定类型企业的合同，比如至少 5% 的联邦合同用于处于不利地位的小企业的 8（a）商业发展计划，至少 3% 用于在未充分利用商业区认证的小企业，至少 5% 用于妇女雇主的小企业，至少 3% 用于退伍军人援助计划的小企业。

政府通过提供必要的商业支持服务以帮助中小企业了解政府的资助项目、参与政府购买项目、解决在完成政府项目中所面临的问题。比如，小企业管理局提供在线课程帮助小企业推出资助计划、申请程序、寻找地方政府的相关服务（通常是经济发展部）和项目的外部合作方，同时提供配合 SBIR（小企业创新研究计划）项目阶段的技术和业务援助计划的资助，分别是 6 500 美元和 5 万美元。

4. 政务服务

美国政府 1998 年制定了《国税局调整与改革法》，对国家税务局进行了较大的改革。针对小企业，国税局的改革主要表现在两个方面，一是每年税款小于 20 万美元的纳税人不再通过联邦税收电子支付系统预缴税金，二是从 1998 年开始，提高了每年四次预缴税款的最小数量，从 500 美元提高到 1 000 美元。为此，大约有 300 万中小企业雇主将不支付雇用税定金。此外，长期以来中小企业主对每次纳税需要填写的大量表单和资料甚为不满，1999 年国会参议院中小企业委员会通知美国国税局，要求将有关纳税表单发布在美国国税局网站，明确填写要求与时间，供中小企业主网上申报。

5. 知识产权保护

在 1980 年颁布《贝多法案》和《史蒂文森——怀德勒技术创新法》之前，但凡是由政府机构资助而创造的科研成果，其所有权都属于政府，未与联邦机构协商，任何人无权使用。为了改善这一现象，提高大学技术成果的转化率和民用价值，《贝多法案》和《史蒂文森——怀德勒技术创新法》规定，允许大学或国家实验室保留由联邦政府经费资助所得到的研发成果的知识产权，鼓励将研发成果下放给小企业；大学有权获得由联邦政府出资的研发成果的转让收入，并与发明人共享。这两部法案的颁布具有里程碑式的意义，使得大学管理者和教师对创业的态度有了根本性的转变，促使大学衍生公司大量兴起。随后 1982 年的《小企业创新发展法》、1986 年的《联邦技术转移法》、1989 年的《国家竞争力技术转移法》、1992 年的《小企业研究和开发促进法》等法律法规又对技术转移和知识产权保护的相关条例做了进一步的补充和完善。

### 6.1.2　特殊针对性政策（项目）

1. 先进技术计划

（1）项目背景。美国先进技术计划（Advanced Technology Program，ATP）是政府、产业部

门和学术界合作的联邦研发计划，由美国国家标准与技术研究院（NIST）管理，于 1990 年开始实施，2007 年结束。该计划的宗旨是通过政府与工业界分担研发成本，资助私营部门难以独立承担的高风险性研发项目，加速技术的开发和商业化，增加美国的高收入就业，带动美国经济的增长和产业界的竞争力提升。计划资助项目分布在先进材料及化学、信息技术、电子通讯、生物技术四个领域。截至 2007 年，该计划共支持了 824 个项目，资助总额达 24 亿美元，直接和间接参与单位 1 581 家[1]，是实现美国技术发展战略转型的一项重要计划。在 ATP 之前，美国的军事科技和基础研究主要由联邦政府的科研经费资助，产业界仅负责开发民用技术。这一做法一直持续到克林顿政府时期提出 ATP 这一新的技术战略和政策，强调让产业界参与对国民经济增长有重大影响的技术开发计划，并分担研发费用。

然而，ATP 也备受争议，反对者认为政府主导使计划缺乏市场导向，合资企业抑制竞争；支持者认为合资企业可以调和不同部门的优势和责任。在计划实施的十余年间，争议声不断，对计划评估的需求前所未有。围绕 ATP 开展了类型多样、方法各异的评估活动，尤其在计划的经济和社会长期影响评估方面，开展了不少探索性工作，提出了相关评估的基本思路和框架。

（2）项目实施。在 ATP 项目的遴选标准中，科技优势占 50%，国家经济效益潜力占 50%。项目资助方式在 1990—1994 年是开放竞争模式，1994 年在开放竞争基础上实施重点计划群模式，重点计划群需满足的条件包括潜在国家利益、先进的技术思想、产业界的强大支持、对 ATP 资金的迫切需要。自 1999 年起，ATP 接受所有领域申请，同一领域组合一起形成重点计划群（共性技术政策）。ATP 战略定位图见图 6-3。

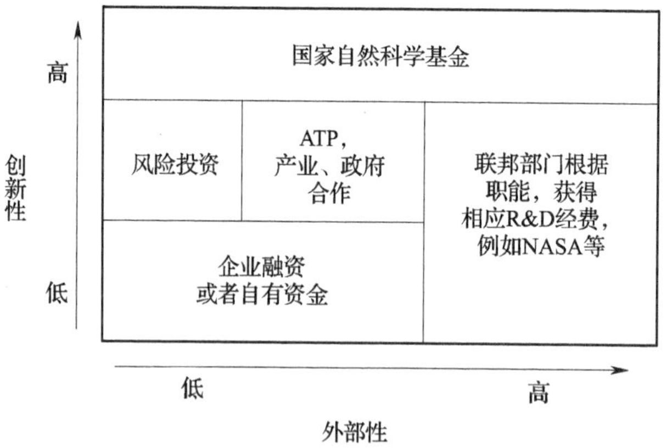


**图 6-3 ATP 战略定位图**

[1] 赵兰香，刘琢琬．政府支持企业技术创新所面临的风险研究：以 ATP 计划的废除为例［J］．科技进步与对策，2010（8）：40–45.

在ATP经费使用方面，单个企业的项目周期一般为3年，每个项目拨款最高达200万美元；研究联合体的项目周期可延长至5年，最高额度为项目总费用的50%。项目按年度划拨资金，每年项目管理小组对项目计划进展和下一年预算进行审查，确定是否符合标准，符合才能获得新一年资助。

ATP项目资助产生的知识产权，为受资助企业所有，参与承担ATP项目的大学、非营利机构和政府机构不享有知识产权，有协议的除外。联邦政府在任何情况下都有权免费使用ATP支持的技术成果。

ATP的评估实践将科技计划评估的理论研究和实践活动推向高潮，在美国乃至世界范围的科技评估发展历程中具有重要意义，值得其他科技计划借鉴，尤其对政府和产业界共同实施的科技计划更具参考价值。1991年资助的28个项目实证调查得出ATP支持使企业缩短了研究和技术开发周期。96%的参与者认为ATP帮助企业缩短了30% ~ 66%的技术开发周期，50%的参与者认为缩短了50%的研发时间。2007年ATP被技术创新计划（TIP）取代。

## 2. 中小企业技术创新计划

（1）项目背景。2007年8月，为了促进研发与创新，保持并提升美国的国家竞争力，美国政府颁布了《美国竞争法案》。该法案指出，设立技术创新计划（Technology Innovation Program，TIP），通过支持国家重大需求领域的具有高风险、高回报的研究，帮助美国的企业、高校、国家实验室和非营利性的研究所等机构，促进创新。同时宣布先进技术计划（ATP）终止，ATP之前已经资助的项目和2007年新获批的项目由TIP继续支持。

TIP是中央统筹拨款计划，只支持具有科学技术优势，且有潜力成为最先进技术或提高科学技术基础能力的研究，这类研究偏向于支持公共的、其他研究计划尚未覆盖的领域。TIP拥有敏锐和灵活的机制来投资于目标明确的变革性研发活动，从而通过可持续的技术领先保证美国的未来。

（2）项目实施。TIP项目遴选由遴选管理办公室负责，多方参与咨询研究，特别重视面向国家重大需求主题或技术领域的遴选工作。TIP项目遴选按照由美国国家标准与技术研究院（NIST）确立的资助标准来进行。符合所有资助标准的申请项目才可以获得TIP资助。这些资助标准包括以下几点。第一，TIP资助的必要性。项目申请中需说明为什么申请资助，前期做的合理且充分的准备工作，并提供没有TIP的支持就不能在合理的时间内完成研究的证据。第二，研究（或技术）的新颖性。需说明其他企业或机构还没有开发、推广类似的研究成果（或转移类似技术)。第三，有价值。申请的项目需有科技价值，且保证技术成果(知识产权)归属于美国企业并能及时商业化。第四，效益性。申请资助的项目必须是研究潜力巨大，能促进国家前沿研究或夯实科技知识基础，具有较强的解决国家关键领域需求的潜力，能通过改造国家的技术水平来处理当前亟待解决的重大社会问题，并产生显著的国家利益。

从遴选程序上看，TIP 项目的遴选呈多阶段性，以同行评议为主。总体上，TIP 项目的遴选包括四个主要阶段。一是征集申请书与资质审查。项目书征集结束后，由跨学科的初审小组进行初审，审查其申报资格，不符合要求的或者没有根据资格条件要求完成项目申请书的，将不受理。二是专家组评审。经初审后的项目书及初审意见将递交到评审专家组。评审专家组的每个成员都从专家库中遴选产生，他们都是来自 TIP、NIST 以及其他联邦机构的技术专家、行业专家或者具有产业经验和知识的学者。在同行评议时坚持两个方面的评价标准，即科技优势和潜在价值(取得必要影响的潜力)。两者权重相同，均占 50%。体现科技优势的评价指标包括：研究的新颖性，高风险高回报特性，高水平研究人员，必要科研资源(如研究条件、设备、材料和数据搜集等)，解决当前尚未解决的重大社会问题相关的技术能力，研究计划(包括任务、时间安排、关键点以及备选策略等的科学合理性)。体现潜在价值的评审指标包括：对国家特定领域的技术能力产生重大影响的可能性研究成果，变革性成果将何时、何种程度上对国家有用，实现或推进所提出的变革性研究成果(技术)的能力。三是全面评估与审议。通过上一阶段评审的项目及评审结论直接送达全面评估专家组进行审议。在审议过程中，专家组将通过答辩、实地考察等形式获取全面的信息。四是立项审批。TIP 遴选管理办公室根据拟资助项目推荐意见，基于可拨款项，按技术、应用及优先项目进行合理分配。在每个阶段，TIP、NIST 和其他机构参与项目遴选的工作人员在处理任何议题前都必须签一份保密协议，以保证各个申请项目所涉技术的私密性。

TIP 项目资助机制是成本分担式的，项目经费由多方承担。其中，联邦政府拨款的最高比例不超过项目总经费的 50%，其余经费由企业、地方政府或其他组织机构承担。在联邦政府的资助经费中，单家企业受资助经费可达 300 万美元 /3 年；而企业联合体受资助经费可达 900 万美元 /5 年。同时项目还制定一系列管理制度和标准，如 TIP 章程、项目遴选标准和评估标准，TIP 项目经费管理办法等，对 TIP 项目进行全过程管理。主要措施包括：建立合作协议制度，启动资助时现场参与制度；建立财务报告与审计制度，按季度或年度进行财务报告与审计制度；建立影响分析与评估报告制度，对研究的技术及成果、财务、审计、专利、所有权及影响等进行评估、报告，以非专有形式跟踪项目的影响，由影响分析办公室向 NIST 管理预算办公室和国会定期报告并通过 TIP 网站予以披露。

3. 小企业创新研究计划

（1）项目背景。技术创新在创造就业、提高生产力和美国竞争力方面发挥着重要作用。小企业是研发领域最具成本效益的企业之一，有能力以新产品的形式将研发成果推向市场。尽管小企业是全国重大创新的主要来源，但绝大多数联邦资助的研发是由大企业、大学和联邦实验室完成的。在此背景下，美国国家自然科学基金于 1977 年设计和发起了小企业创新研究（Small Business Innovation Research，SBIR）计划，1982 年美国国会通过《小企业创新发展法案》，正式启动 SBIR 项目。

SBIR 计划旨在激励中小企业进行技术创新，以满足联邦的研发需求，鼓励小企业投入有潜在商业价值的联邦政府机构的研究和开发项目中，具体来说 SBIR 有四个目标：刺激创新、满足联邦研发需求、促进弱势群体参与创新、促进私人部分对联邦政府创新成果的商业转化。尽管公共资助只有私人企业研发投入的 1/3，公共研发投资对经济产出的长期影响约为私人研发投资的 3/4。但由于政府对中小企业的创新投入传递了认可其技术和监管的双重积极信号，增加了私人投资对中小企业的信心，带动了私人机构对企业的投资[1-2]。

（2）项目实施。有 11 个联邦部委参与到了小企业创新研究计划中，项目规定每年研发经费为 1 亿美元以上的联邦政府部门要拿出每年研发经费的 2.5% 作为 SBIR 项目经费（SBIR 项目每年的资金总额都在 10 亿美元以上）支持小企业创新研究。小企业管理局全权负责监管 SBIR 项目，直接指导各机构对于该计划的实施与进度审查，并每年向国会报告，以避免各部门在实施过程中各自为政，无法达到资源的整合和项目的管理。

SBIR 的项目遴选，第一项程序是项目招标。各部门每年至少向公众公开招标一次，招标书中囊括本部门最急需解决的科研课题。每个课题下有详细条款和具体要求。美国小企业管理局每季度公开发布 SBIR 项目预招声明，公布各部门招标项目及申请条件。申请 SBIR 项目的小企业必须符合如下条件：必须是美国公民拥有的、独立的企业，必须是以营利为目的的企业，首席研究员必须是该申请企业的员工，申请企业员工人数不得超过 500 人（否则不属于“小企业”范畴）。

[1] Meuleman M, Maeseneire WD. Do R&D subsidies affect SMEs' : access to external financing [J]. Research Policy, 2012, 41 (3), 580-591.

[2] Söderblom A, Samuelsson M, Wiklund J, Sandberg R. Inside the black box of outcome additionality: Effects of early-stage government subsidies on resource accumulation and new venture performance [J]. Research Policy, 2015, 44 (8), 1501-1512.

SBIR 项目遴选的第二项程序是项目评估。评估指标为：企业质量、创新程度、技术含量、市场潜力。各部门 SBIR 办公室在收到项目投标书后，交与本项目研究领域 5 位最权威的专家（通常是著名大学教授，或是各科学院的高级研究员）评估。这些专家享有很高的荣誉，但没有报酬。专家们必须签字并声明与受评估项目没有经济利益关联。

评估完成后，就进入注资程序。SBIR 分为三个阶段向中标企业注资（前一个阶段完成后，经过专家小组评估优选，才能够进入下一阶段）。

第一阶段：资助额为 2.5 万 ~ 10 万美元，资助期限仅为 6 个月。这一阶段的资金主要用于开发技术内涵，完成可行性研究。第一阶段入选企业的比例为 10% ~ 15%。

第二阶段：资助期限可达两年，资助金额一般为 20 万美元，最高可达 75 万美元，具体情况因部门不同而异。第二阶段企业入选率为 40% ~ 50%，只有已获第一阶段资助的企业才有资格参选。

第三阶段：此阶段 SBIR 入选只具有名誉性或象征性意义。资助金额原为 25 万美元以上，但现在小企业管理局规定 SBIR 对于第三阶段入选企业不再给予任何资助，企业自找风险投资及其他私人资金来源。第二阶段获资助企业中 80% 可以继续获得第三阶段资助。

SBIR 规定第一阶段与第二阶段之间必须有 6 个月的间隔期，在此期间企业没有任何政府资助。这 6 个月缓冲是必要的，也是关键的。企业正常运行通常需要拓展其他资金来源。缓冲期有利于正确评估第一阶段资助的成效，便于优选第二阶段的项目。

SBIR 用小部分资金资助较多的第一阶段项目，可以尽早决定哪些项目具有长期发展潜力。只有 50% 的优秀项目可以继续得到第二阶段的资金支持。而入选第三阶段的条件之一是企业必须同时得到 300 万 ~ 600 万美元的风险投资或其他私人投资。这一条件是科技成果能否转化的重要考验。只有能够获取私人资本投资的企业才可能成为成功的企业。由于 SBIR 可以为高风险、高收益的项目提供充足的启动资金，却不要求回报，因此吸引了成千上万的投标方案。2000—2018 年 SBIR 项目资助情况见图 6-4，1983—2018 财年 SBIR 奖项的金额和数量见图 6-5。

### 4. 小企业技术转让计划

（1）项目背景。为促进美国非营利性研究机构科研成果的转化，加强企业与研究机构间的合作，美国国会于 1992 年通过《小企业技术转让法》[1]，授权政府实施小企业技术转让计划

[1] National Research Council. Capitalizing on Science, Technology, and Innovation: An Assessment of the Small Business Innovation Research Program [R]. Washington DC: National Academies Press, 2008.

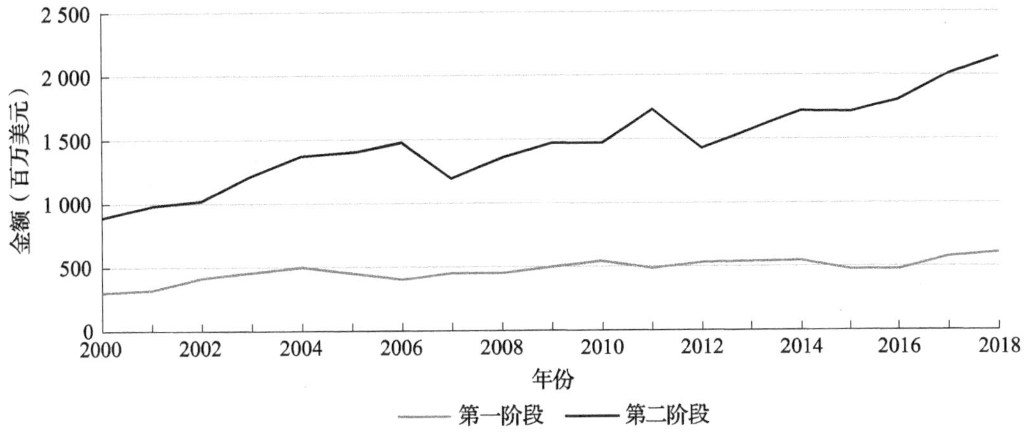


**图 6-4　2000—2018 年 SBIR 项目资助情况**

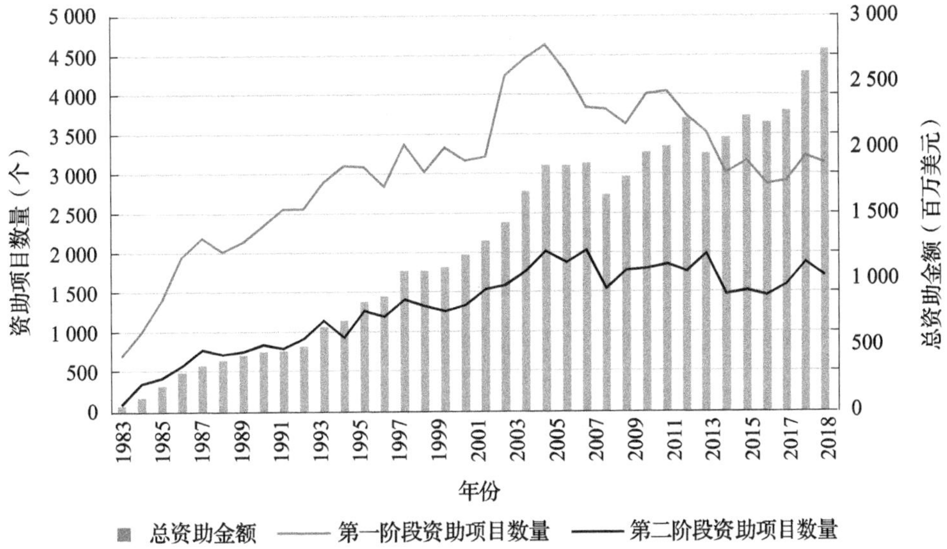


**图 6-5　1983—2018 财年年度 SBIR 项目的金额和数量**

（STTR）。STTR 从 1994 财年开始执行，联邦政府中研发经费投入超过 10 亿美元的机构需拿出不少于 0.15% 的年度预算用于支持 STTR。经过多次国会再授权，STTR 的有效期已经延长到 2017 财年。从 2004 财年开始，参与 STTR 计划的机构其经费预留比例提高到 0.3%。2012 财年，STTR 获得财政支持 2.14 亿美元，资助了 637 个项目。在 2016 财年及以后的几年里，参与 STTR 项目的联邦机构被要求为该项目留出至少 0.45% 的资金。截至 2021 年，有五个机构参与了 STTR 项目，包括美国国防部、美国能源部、卫生与公众服务部、美国宇航局和美国国家科学基金会。

（2）项目实施。STTR 项目遴选时，首先要求项目必须由小企业和非营利性研究机构共同申请，二者之间需有正式的知识产权分配协议。STTR 对小企业的资质要求与 SBIR 相同，项目主要负责人可以来自企业或研究机构，可以设立多个负责人。

STTR 项目实施分为三个阶段。第一阶段属于启动阶段，对新创意和新技术进行科学性、技术性和商业性可行性研究，为期 1 年，计划资金可达 10 万美元。第二阶段属于研发阶段，只有顺利达到第一阶段标准的项目才能进入这一阶段。该阶段对第一阶段的成果进行拓展，为期 2 年，项目经费最高可达 75 万美元。在此期间，主要开展研发工作，也开始考虑商业化前景。第三阶段是商业化阶段，主要将第二阶段的研究成果推向市场，但 STTR 计划在该阶段不提供任何经费支持。小企业必须向私营企业或联邦政府的其他部门申请资助。

STTR 项目经费的使用必须符合管理要求。项目执行单位与相关部门签订合同时被要求签订承诺书，保证按照管理要求合理使用经费。各部门常年设立经费诈骗、挪用或滥用举报系统，一旦收到举报，相关部门的监察办公室有权介入调查。

在 STTR 执行方面，为了更好地体现 STTR 鼓励技术创新商业转化的导向，2011 年美国再授权法案要求 STTR 各参与部门自行制定项目商业化率基准。该基准以Ⅰ－Ⅱ期项目转化率和Ⅱ－Ⅲ期项目转化率为参数。当项目执行单位在过去规定时间内（5 个或 10 个财年）获得的Ⅰ期（或Ⅱ期）项目数达到一定数量，且Ⅰ－Ⅱ期项目转化率（或Ⅱ－Ⅲ期项目转化率）低于商业化率基准时，他们将不再具有申请后续资助的资格。各部门在受理项目申报时需核定申请者的商业化率，以确定其是否具有申请资格。

2000—2018 年 STTR 资助项目金额见图 6-6，1984—2018 财年 STTR 资助项目的金额和数量见图 6-7。

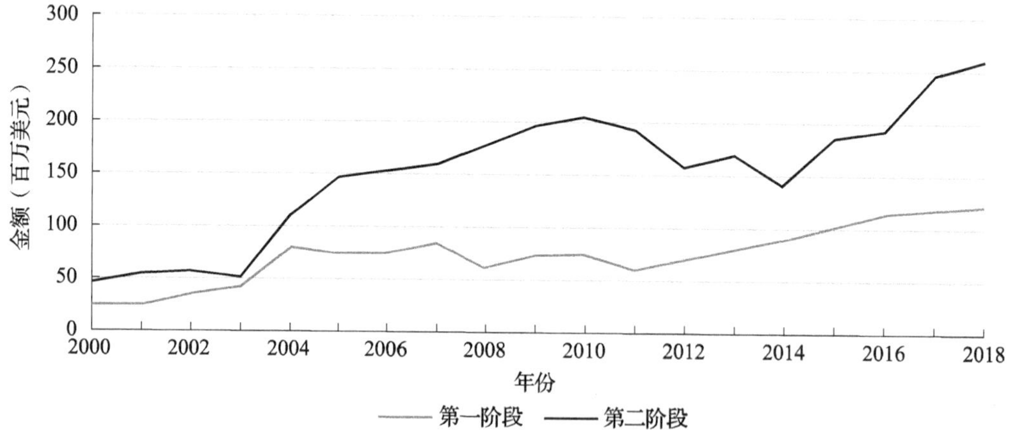


**图 6-6　2000—2018 年 STTR 资助项目金额**

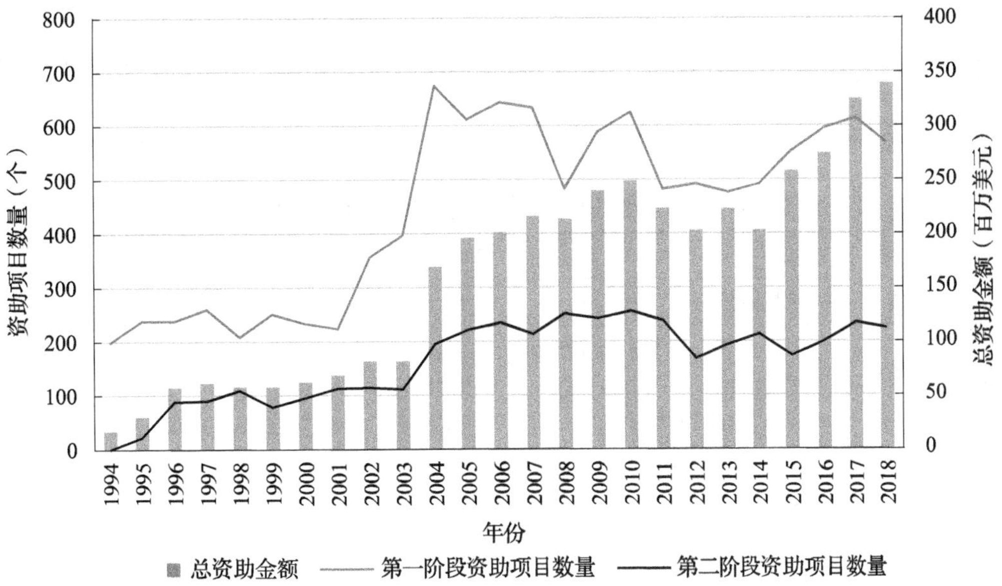


**图6-7　1984—2018财年STTR资助项目的金额和数量**

## 6.1.3　政策管理体系

### 1. 立法机构

美国国会通过立法为支持小企业创新提供法理依据，并保证了相关政策的执行。自1953年出台《小企业法》，美国国会又相继通过了《小企业投资法》《小企业经济政策法》，1981年为实现1980年全国中小企业大会提出的政府在财政、金融、经营管理、创新、信息和市场等方面给中小企业更大扶持的6个目标，修订了《经济复兴税法》。1982年通过《小企业创新发展法》，规定联邦部门要将研发费用一定比例用于小企业的技术发展。1997年通过了《纳税人免税法》，1998年制定了《国税局调整与改革法》等法律，为支持小企业技术创新提供了坚实的支持。

### 2. 小企业管理局

美国小企业管理局是根据《小企业法》在1953年成立的第一家代表小企业的独立的联邦机构，这里的小企业指的是雇员人数不超过500人的企业。根据《小企业法》，小企业管理局以尽可能帮助、咨询、协助和保护小企业的利益为宗旨。在四个方面为小企业提供服务与支持：代表小企业审核国会立法，从贷款、债务和股权资本等各个途径提供资金，提供免费和低成本培训助力创业，提供联邦预算的一定比例给小企业合同。1992年美国国会对《小企业创新发展法案》进行了修改，明确指出，小企业管理局可以为那些不能按合同期限或正常放款渠道获得贷款的小企业担保，金额最高可达75万美元的3/4，对10万美元以下的贷款可以担保 80%，利率不超过 2.75%，担保贷款最长可至 25 年，平均期限为 7 年。由此可见，小企业管理局是美国政府支持中小企业创立、发展和创新的一个顶层机构，形成小企业支持的根本基础。小企业管理局对中小企业的贷款鼓励见表 6–2。

**表 6–2 小企业管理局对中小企业的贷款鼓励**

| 工具 | 内 容 |
|---|---|
| 贷款限额 | 最高限额为 500 万美元 |
| 贷款期限 | 小企业管理局贷款计划鼓励向小企业提供长期融资，但实际贷款期限基于偿还能力、贷款收益用途和融资资产的使用周期。<br>最长贷款期限规定如下：房地产及设备贷款不超过 25 年，运转资本不超过 7 年 |
| 贷款利率 | 在小企业管理局规定的最高利率下，以基础利率为基准，贷款方与借款方通过协商谈妥利率。利率可以是固定或浮动的 |
| 担保比例 | 15 万美元以下贷款额，小企业管理局担保 85%；<br>15 万美元以上贷款额，小企业管理局担保 75%，担保额最高不得超过 375 万美元 |

2018—2022 年小企业管理局在促进企业创新上的做法包括：①让小企业更容易获得金融支持，主要是通过担保、激励、合作和监管等手段促进其合作伙伴在合理风险水平下对中小企业进行金融支持；②通过多种计划资助小企业创新和技术转让；③通过自身员工技能培训以及运营技术的升级更好地为中小企业提供咨询、培训与服务。小企业管理局在全国设立了由 1.3 万名经验丰富的退休人员组成的经理服务公司和 950 个小企业发展中心，通过自愿、签订合同等方式为小企业家服务，提供创业准备、计划拟定、公司成立、行政管理、商业理财等方面咨询。

### 3. 美国国家标准与技术研究院

美国国家标准与技术研究院（National Institute of Standards and Technology，NIST）是直属美国商务部的非强制性联邦机构，前身是国家标准局，从事物理、生物和工程方面的基础和应用研究，以及测量技术和测试方法方面的研究，提供标准、标准参考数据及有关服务。

NIST 是美国 NIST 实验室、Baldrige 国家质量计划、制造技术推广伙伴关系计划和先进技术计划的管理机构。NIST 是一个综合性机构，主要任务之一是进行技术转让，帮助中小型企业开发新产品。NIST 实验室开展有关研究，为美国的工业界提供计量和标准，从而提高国家技术基础，改进行业产品和服务。Baldrige 国家质量计划用以提高美国制造业、服务公司、教育机构及医疗保健服务机构的绩效，开展相应的延伸活动，并管理一年一度的马尔科姆国家质量奖的评选活动。制造技术推广伙伴关系计划是一个将当地中心联结起来的全国性的网络，这些中心为当地的小型制造业提供技术和业务指导。先进技术计划通过促成公共部分与私营部门共同资助研发活动，加速具有国家利益的创新技术开发。

### 4. 社会组织

美国还较为注重发挥社会组织的帮扶作用。受联邦政府支持，美国各类专业协会、商会、联合会等社会组织经常聘请一些行业专家为各地的中小企业提供发展咨询服务，帮助企业进行经营诊断与技术指导，80% 的费用开支由联邦政府提供。

对于无法获得小企业管理局项目的小企业，各州政府、地方政府支持的风险发展组织、创新中心、小企业发展中心和以技术为中心的孵化器等计划为中小企业提供专业的业务协助与咨询、加速技术的商业化、进行在线培训以及指导他们获得其他财务援助。以小企业发展中心为例，由小企业管理局提供 50% 的资金，州政府、私人基金、当地的商会、各类型大学等提供剩下的资金。这些中心与其他组织形成了助力中小企业创新服务的网络。2021 年 10 月 27 日，加利福尼亚州州政府拨款 1 700 万美元给小企业倡导办公室技术辅助中心，支持他们为低收入、偏远的，以及受新冠肺炎疫情影响的弱势企业提供一对一的免费咨询和培训服务。

设置科技型企业孵化器也是促进小企业创新的重要手段，使技术型、创新型企业得到快速成长，其中比较重要的是风险投资公司，通过吸收社会闲散资金，经过专业管理，形成一定规模的风险投资基金。

1985 年美国成立了全美商业孵化器协会，目的是“制造”成功的企业，从孵化器毕业的企业创造了就业、技术实现商品化、促进了地方经济发展。对成长型公司经营管理的指导是定义企业孵化器的关键。通常企业孵化器也为成长企业提供房屋租赁、共享基础设施设备、技术支撑服务和必要的财力支持。美国企业孵化器经历了从无到有、从小到大、从点到面的发展过程。

根据美国企业孵化器协会提供的资料，美国企业孵化器作为专门扶植小企业生长、促进技术转移的一种机制，有许多共同的特点，但由于各个孵化器的发展目标、运行政策、经费来源和所处环境等方面的不同，每个孵化器又具有独特的风格和模式。

非营利型孵化器：这类孵化器一般由政府或非营利组织创办，主要目的是创造就业机会，促进各地经济多元化发展，扩大税收来源。同时也是为了整合和利用闲置的办公室，增加繁荣景象，形成具有强大凝聚力的群体。

营利型孵化器：这类孵化器一般由风险投资家、房地产商和大企业创办，主要目的是通过向企业的技术转让和新技术应用进行投资来获取高额利润，同时也为本地区企业家创造一个理想的创业环境。

由学术机构创办的孵化器：这类孵化器一般由大学、研究所和技术开发中心创办。主要宗旨有三个：一是吸引科技项目和高级研究人才；二是扩大学校与工业界的联系；三是向工业界转让研究成果，作为本地区技术和项目资源，并保证经济良好的发展势头。

公私合营的孵化器：这类孵化器由政府、非营利机构、企业和私人合股兴办，这种形式不仅使孵化器能取得政府在经费和其他政策资源方面的支持，而且能得到私营机构和企业的专业支持和经费资助。

## 6.2 德 国

德国作为欧洲第一大经济体，中小企业品质高、创新能力强，造就了很多“隐形冠军”，主导着产业链和价值链的发展，对就业具有显著的拉动效果。德国政府通过信息技术平台、简化政策规制和金融支持等手段扶助中小企业有效嵌入产业链，向数字化工业 4.0 模式转型。

欧盟委员会中小企业绩效评估结果显示，德国中小企业经济表现比其他欧盟成员国更加优秀。2019 年德国中小企业数量超过 258 万家，占企业总数的 99.4%，其中微型企业有 210 万家。这些中小企业解决了德国近 1 770 万人口的就业问题，且中型、小型和微型企业就业人数占比分别达到 17%、21%、18%。2019 年中小企业营业额占比为 29%，在建筑业和餐饮业中营业额占比均接近 80%，在制造业、能源运输等行业占比较低。可见，德国中小企业数量多、规模小、就业拉动效果显著，经济带动效应存在行业异质性，且微型企业具有聚沙成塔的经济影响。与欧盟其他国家相比，德国的中小企业具有更强的创新能力。2014 年德国有超过 42% 的中小企业提出产品和生产流程创新。德国的许多高科技中小型企业是家族企业，它们立足于自身瞄准的市场机会，是大企业供应链上的重要一环。德国中小企业扎根区域，能够第一时间了解客户需求，并对市场变化做出反应。

研究德国中小企业创新政策，对于发展和培育中国的创新型中小企业具有重要借鉴意义。

### 6.2.1 一般性政策

#### 1. 信贷融资

德国采用利用财政资金为担保机构提供资助、为中小企业贷款提供风险担保和利息等方式支持中小企业融资。

为减轻企业在进行创新融资时的抵押担保负担，同时也为减少商业银行的投资风险，德国政府委托德国复兴信贷银行为企业的创新计划提供长期低息贷款（ERP 贷款）。ERP 贷款由两部分组成，一部分是普通商业贷款，需要担保，但前两年可暂缓支付利息；另一部分是免担保贷款，前 7 年可暂缓支付利息。企业可因此获得更加充裕的资金，提高资金流动性，增加自有资本率。同时，德国政府也鼓励其他银行和投资商在为科技企业融资时，充分考虑其非物质资本，并努力发展完善非物质资本评估体系。

### 2. 政府补贴

根据德国《经济稳定与增长促进法》相关规定，政府补贴按政策目标可分为产业支持补贴、调整援助补贴、生产率或增长援助补贴及其他补贴。根据 2020 年德国联邦补贴草案，产业支持补贴为 78.94 亿欧元，占联邦补贴的比重为 25.18%，重点支持制造业提高国际竞争力，为制造业企业提供相关能源和电力税收优惠；调整援助补贴 58.92 亿欧元，占比为 18.79%，重点支持联邦和州改善区域工业和农业联合项目，并对煤炭工业进行补贴，对贸易、工业和农业相关项目实施税收减免政策；生产率或增长援助补贴为 51.29 亿欧元，占比为 16.36%，重点支持私营部门创新并减免相关项目能源税。近年来，由于税收优惠不受年度预算约束，且存在潜在税收流失风险，较难进行改革和规模控制，因此德国政府优先以财政资助形式引入新补贴，运用税收优惠方式的补贴比重有所下调。

### 3. 政府采购

德国联邦政府加强以创新为导向的采购活动，要求各联邦州和市镇加强采购创新型产品和服务。各联邦州的经济部长已就此通过一项决议，目的是将可持续发展和创新作为标准引入采购指南。创新采购能力中心将得到进一步扩建，一批商业化前委托采购的试点计划得以启动，同时在德国支持多个开发者围绕政府需求开展研发竞赛，寻找新的解决方案。在实施新版欧盟《政府公共采购指令》的过程中，要考虑将创新因素纳入国家采购法，尤其是在采购高效节能产品方面。

### 4. 政务服务

德国政府鼓励中小企业接受外部创新咨询服务。通过专业咨询服务，企业能够更好地适应日益复杂的经济环境和不断加快的技术更新速度，从而避免在竞争中被淘汰。促进创新管理项目是帮助新联邦州工商业和手工业的小企业接受创新咨询的促进措施。德国小企业的标准是员工不足 50 人，且年营业额不超过 1 000 万欧元。德国政府指定了 20 余家咨询机构为该项目的授权机构。若符合条件的小企业与这些机构签订咨询合同，机构即可向政府申请补贴，补贴额为合同额的 45% ~ 55%。咨询内容包括评估企业发展潜力、提出下一步发展建议、为企业具体问题设计解决方案、为企业介绍技术提供方、对企业进行外部项目管理、对企业创新项目进行总结。通过这些咨询服务，小企业既可以明确发展方向，又降低了创新可能带来的风险。据统计，德国每年约有 430 个咨询合同成果申请补贴，每年政府为此提供约 250 万欧元补贴。此外，很多全国范围内促进企业接受咨询的项目中也有对中小企业的优惠措施，如促进企业节约原料和提高能效项目、各种企业培训班和企业经验交流项目等。

5. 人才培养

德国取得成功的独特之处在于，其他国家的中小企业创新是“单打独斗”模式，企业自己雇用研发人员、创建研发部门，或者与高校、科研院所建立合作关系，而德国则是以“知识创造和溢出体系—企业—政府”三位一体机制进行。

德国的知识创造和溢出体系包括基础研究学会和应用型研究机构。其中最有名的是由 67 家学院构成的弗劳恩霍夫协会，他们重点为中小企业提供有商业价值的解决方案，该协会拥有超过 2.3 万名员工（科学家和工程师占绝大部分），帮助企业将基础性研究转化为具有商业价值的制造业技术。政府在其中起到了非常重要的作用。政府每年为弗劳恩霍夫协会提供 2/3 的经费支持，其中 1/3 的资金直接来源于德国中央政府，1/3 的资金来源于政府签约的应用研究项目，剩下的 1/3 的资金来源于私营企业的应用研究项目。

德国与其他国家相比的培育创新类企业的特点是在创新方面提供人力物力各方面支持。由于任何中小企业都无法支付一个庞大研究协会所拥有的技术人员、研发设备和研发服务的开支，德国通过“知识创造和溢出体系—企业—政府”三位一体的机制，极大地降低了单个中小企业创新、研发、技术改造的成本。通过该机制，德国事实上在举全国之力向中小企业注入创造和创新活力，推动中小企业不断成长。

### 6.2.2 特殊针对性政策（项目）

1. 中小企业创新集中计划

（1）项目背景。中小企业创新集中计划（ZIM）是一项覆盖全国范围、不限制技术领域和行业的促进项目，支持对象除中小企业外，还包括与之合作的研究机构。该项目整合了多个以往的促进项目，由联邦经济与技术部负责，于 2008 年 7 月开始实施，2015 年 1 月，联邦经济与能源部（原联邦经济与技术部）发布了最新的 ZIM 实施方针，扩大了受资助中小企业的范围（雇员人数限制从低于 250 人提高到 499 人）并提高了资助资金的数额，将对企业资助的最高数额从 35 万欧元提高到 38 万欧元，对研究机构资助的最高数额从 17.5 万欧元提高到 19 万欧元。

（2）项目实施。具体而言，ZIM 中的中小企业为雇员人数不超过 499 人、年营业额低于 5 000 万欧元或资产负债表总额低于 4 300 万欧元的企业。ZIM 资助的项目分为三类：单个项目、合作项目与合作网络。

单个项目是指支持单个企业开发新产品、流程或服务，不受技术领域和行业限制的项目，与企业创新相关的服务和咨询也在资助范围内。单个项目的目的是发展和强化企业内部的创新能力，单个项目是合作项目和合作网络的基础。

合作项目是指支持企业间或企业与研究机构之间的合作研发项目。其中企业应符合欧盟的中小企业标准，相应的研发机构则包括公立和其他私人的非营利性研发机构，与企业创新相关的服务及咨询也在资助范围内。联邦政府在整合中小企业促进政策时，虽然本着简化和统一的原则，但对合作项目参与者的要求并没有降低，各合作伙伴之间应是平等、协调的合作关系，所有参与者都应取得创新成果以保证政策实施的质量。

合作网络是指支持合作网络管理和合作网络中产生的单个研发及合作项目。合作网络应由至少 6 家中小企业组成，研究机构、大学、其他类型的企业及机构也可以参与。与单个项目或合作项目不同，联邦政府对合作网络的要求最复杂，也最高，促进措施有很多前提。首先是对项目的要求。合作网络必须开发新产品、新流程或新技术服务，其功能、参数或特征必须明显优于现有产品、流程和技术服务；产品应以国际水准和技术为导向，能够提高企业的技术水平和创新能力；该项目需要承担较大的、但可估算的技术风险；得到资助的企业的竞争力须持续提高，创造新的市场机会和就业岗位；并且该项目若无政策支持便无法（尽快）实现。其次是对人员的要求。参与项目的人员须具备所需技能、被正常雇用并能得到认可。最后是对企业和机构的要求。拥有足够的专业科学技术人员，在调配人员参与科研活动后仍能维持正常运转，以往的促进项目已按规定结束，财务状况正常。企业还必须完成成立过程并筹措到规定比例的自有资本。

### 2. 中小企业创新计划

（1）项目背景。中小企业创新计划于 2007 年提出，由联邦教育与研究部负责实施，资助对象是对德国未来发展至关重要的前沿技术领域进行研究的中小企业，实现中小企业创新计划与联邦政府高科技战略的对接。

在德国，中小企业在很多行业（比如生物技术、纳米技术）都是技术进步的先驱者，中小企业创新计划面向那些特别有研发能力的中小企业，使其能够在促进资金（包括较大数额）的帮助下降低风险，完成高水平的专业计划。

（2）项目实施。中小企业创新计划设立了为申请企业提供咨询服务的专门机构。审批程序十分简单，申请仅需要 6 个步骤，审批时间不超过 6 个月。考虑到许多提出申请的研究型小企业尚处于初创阶段，中小企业创新计划特别简化了对企业偿付能力的审查，适当降低了对自有资本比例的要求，给予前沿研究领域的小企业实现创新想法的机会。具体资助领域情况如下。

生物技术。生物技术是关乎未来发展的重要领域，医疗、健康等其他重点领域也以生物技术为基础。目前德国大约有 700 家致力于研究生物技术的企业，其中 570 家专注于这一领域，这些企业几乎都是雇员人数少于 250 人的中小企业，其经营状况完全或很大程度上取决于现代生物技术发展进程。生物技术领域的创新流程漫长、昂贵且风险很高，因此生物技术企业在很大程度上依赖风险投资和公共资助。根据行业内企业公布的数据，2013 年该领域企业共获得 5 000 亿欧元的公共资助和 1 370 亿欧元的风险投资。

纳米技术。和生物技术一样，纳米技术能够为德国带来巨大的技术和经济发展潜力。目前德国大约有 740 家致力于开发、应用和销售纳米技术产品的创新企业，创造了约 5 万个就业岗位，这一数据还在不断增大。行业专家表示，2015 年该行业在世界范围内的市场总量约 1 万亿欧元，发展潜力巨大。

医疗技术。医疗技术是德国极具创新和增长潜力的领域。除少数大企业外，约 1200 家中小企业共同组成了该行业的支柱。中小企业创新计划框架下的医疗技术支持重点关注研究成果的商业转化以及高风险科研项目。德国的医疗技术领域约有 11.7 万名从业人员，年销售额可达 230 亿欧元，其中 1/3 来自 3 年内开发的产品。

### 3. INNO-WATT 项目

针对德国新联邦州（含柏林）经济实力弱、科技企业较少的问题，德国专门制定了促进新联邦州中小企业创新的措施和优惠政策，即 INNO-WATT 项目。该项目由 EuroNorm 公司负责实施，主要任务是为新联邦州工商业领域的中小企业提供科研补贴。补贴额最高为企业科研投入的 45%，上限为 37.5 万欧元。德国每年约有 350 项研发项目获得 INNO-WATT 项目补贴，很多刚刚起步的企业由此发展成了推动当地经济发展的主要力量。

### 4.“工业 4.0”战略

（1）项目背景。德国政府于 2013 年 4 月在汉诺威工业博览会上正式提出“工业 4.0”战略。“工业 4.0”表现为在工业生产中更多地使用数字化技术，可以看作是将数字化技术导入工业生产，即建立信息—物理融合系统，使工业生产实现设备智能、网络智能、决策智能。“工业 4.0”的本质可以理解为数据要素与劳动、资本、土地、管理、技术等生产要素充分融合，最大限度提高现有生产要素使用效率并为顾客提供定制化和高品质产品和服务，实现工业生产动能转换和价值再创造，协同推动经济高质量发展。

德意志银行和德国科学与工程院研究认为，“工业 4.0”可以使德国企业劳动生产率提高

30%。德国联邦政府把数字化作为其优先发展的产业政策，尤其是对中小企业的信息化导入“工业 4.0”，提出了重大的支持政策。

（2）项目实施。德国为了发展“工业 4.0”，设立了跨部门的协调平台，在科研、人才、信息、产业转化以及标准化等方面加强协作，并设立了以下几个工作组：①标准化工作组，②技术和研发小组，③网络系统安全小组，④法制框架小组，⑤工作设计小组，⑥数字商务模型小组。[1]

德国“工业 4.0”不仅是技术的改进，更牵涉了标准、安全、法律、工作设计以及商业模型等多方面问题。

德国“工业 4.0”的核心是通过引入现代信息和通信技术，实现工业流程数字化和网络化。为加强中小企业对数字技术的应用，欧盟与各成员国紧密合作，涉及的支持政策包括商业创新基础设施建设、数字化技术支持以及制定《知识产权行动计划》，以保护中小企业研发投资、简化知识产权注册流程。数字欧洲计划和相关基金在欧洲各地支持建立 240 个数字创新中心（DIH），联结中小企业与科研高校、培训机构，使各地企业快速获得便利性技术支持，将中小企业纳入数字驱动生态系统。此外 DIH 还与世界最大的中小企业支持平台——企业欧洲网络进行合作，促进数字化中小企业的知识技术正向溢出。

在资金支持方面，德国在欧盟资金支持的基础上，加大对初创和成长型企业的金融支持。例如实行向小规模企业倾斜的贷款融资、为双边贸易提供融资支持和出口信贷担保、发展区域经济结构改善计划，进而建立中小企业与地方商业发展的联结纽带，提高中小企业竞争力。

在政策规制方面，欧盟委员会和德国都力图在欧洲单一市场规则下，克服中小企业跨境经营障碍，创造良好的创业氛围和营商环境。一方面，简化规章流程，对已经存在的法规进行数字化、简单化的优化调整，对新法规执行“一进一出”原则，避免规章冗杂；另一方面，进行反垄断，防止大企业滥用市场势力打击中小企业，维护中小企业切身利益。同时德国还将中小企业的政策话语权视为关注重点，帮助面向欧洲市场的出口型中小企业提高针对一揽子计划的政策谈判能力。

### 6.2.3　政策管理体系

#### 1. 立法

1957 年，德国实施了《反限制竞争法》，该法主要用于保护中小企业利益，提高企业竞争

[1] 资料来源：德国工业 4.0 平台，https://www.plattform-i40.de/IP/Navigation/DE/Home/home.html。

力；为了帮助广大中小企业完善企业结构，1970 年，政府颁布实施了《改革中小企业结构的基本纲领》；1977 年，实施的《联邦政府关于中小企业研究与技术政策总方案》是专门为中小企业制定的研究与技术支持政策；1978 年，为了促进中小企业技术创新，实施了《中小企业研究和研制工作基本设想》，设立专项资金，向进行技术创新的中小企业直接发放补助；为了促进对技术指向型中小企业的设备投资和创新活动资金援助，1983 年，德国政府颁布并实施了《对技术指向型企业进行创业支援的制度》，为设备投资和创新活动资金援助提供了制度保障；1989 年，颁布实施的《对技术指向型新企业的出资制度》，要求联邦政府设立的"资本参加公司"向新企业提供资金，同时要求联邦研究技术部对新企业的风险进行再担保。

2. 联邦经济事务和气候行动部

德国联邦经济事务和气候行动部是 1949 年成立的德国联邦政府部门之一。在 1998 年以前被称为联邦经济部。1998 年与 2002 年被称为联邦经济与科技部。2002 年，该部与德国其他部门合并，组建联邦经济与劳工部。2005 年，德国政府重新组建联邦经济和科技部。2013 年，联邦经济和科技部撤销，调整组建联邦经济和能源部，2021 年再改组为联邦经济事务和气候行动部。部内设置 8 个机构和 6 个特殊机构，其中中小企业政策司和联邦企业综合管理局等负责有关中小企业政策的协调管理。

3. 企业与金融机构

政府委托企业和银行负责特定的贷款、咨询与合作项目。如 EuroNorm 公司负责实施的 INNO-WATT 项目、德国复兴信贷银行的 ERP 贷款项目，以及政府授权参与促进创新管理项目的咨询机构。

## 6.3 日　本

### 6.3.1 一般性政策

1. 信贷融资

（1）设立专门面向中小企业的民间金融机构。日本除了专门设立面向中小企业的金融机构如中小企业金融公库、中小企业投资育成公司等政府金融机构外，还在民间设有专为中小企业服务的金融机构，如互助银行、信用合作社等，全国共有 2 000 多家民间中小金融机构及其分支机构，构成了官民结合的中小企业融资网络体系。日本政府建立并不断充实和完善中小企业信用担保制度，有效地解决了中小企业找不到担保的问题，使大约 1/3 的中小企业在这一体系中受益。

（2）设立风险基金和中小企业基金。鼓励创业和设立风险企业，设立风险基金和中小企业基金，实行无担保、无利息的新型创业融资制度，在金融和财务方面给予优惠。如对中小企业海外市场调研、国际差旅费及专利申请费用等进行补贴，以提高其国际化水平。日本还通过立法明确政府必须从中小企业订货。

（3）建立"中小企业信用保险公库"。出资由政府全部承担，中小企业进行技术创新的相关债务由政府买单，具体偿还由信用保证协会执行；向中小型科技企业提供贷款优惠。由政府从国家预算中划拨一定比例的基金给民间社团，民间社团利用这部分基金对中小型科技企业实施无抵押贷款，增强其竞争优势。

（4）建立"微型企业经营改善资金融资制度"。对融资能力较弱的中小企业提供低利息、无担保、无保证的融资服务。专门设立了信用保证协会和中小企业信用保险公库，为中小企业贷款提供担保和再担保业务，制定了《信用金库法》等法律，将信用金库的会员限定为中小企业或者个人，为会员提供金融服务。20 世纪 70 年代后期，日本的都市银行也开始面向中小企业开展业务，到 20 世纪 90 年代初期，对中小企业的贷款额已占其贷款总额的 50% 以上。2006 年，日本经济产业省的中小企业厅宣布，根据《民事复兴法》和《产业重组法》的规定，对于申请经营破产并得到执行的中小企业，日本经济产业省推出新的融资制度，以便破产的中小企业能迅速融资，重新发展。2007 年春季日本政府建立了中小企业金融公库，当年夏季，日本政府推出新的措施，以便破产后的中小企业可以通过日本全国信用保证协会的官方担保继续取得融资。目前，日本的中小企业金融公库、国民金融公库、商工组合中央金库为中小企业提供长期低息贷款及多项免费或优惠的金融服务，并通过政府财政资金引导民间金融机构为科技型中小企业提供风险投资。

**2. 税收减免**

日本政府为了推动中小企业发展，先后出台了《中小企业技术开发促进临时措施法》《促进基础技术开发税制》《增加试验研究经费的纳税减征制度》，为日本中小企业税收优惠提供了法律和制度保障，并在管理实践中认真贯彻。根据目的不同，日本主要采用了四种不同的税收政策鼓励中小企业的发展：第一种是为了支持企业加强财务管理，降低企业出现流动资金短缺风险的税收优惠政策；第二种是支持企业加大对科技人才、研发资金、设备升级等投入力度的税收优惠政策；第三种是鼓励中小企业扩大员工规模，促进就业的税收优惠政策；第四种是鼓励中小企业不断提升自身经营水平的税收优惠政策。日本针对中小企业的税收优惠政策具有明显的指向性，比如对该类企业所得税和个人消费税的减免，能够有力地促进中小企业特别是处于创业初期的中小企业的发展。

税收优惠具体为，资产在 1 亿日元以上的企业，法人税率为 37.5%。资产在 1 亿日元以下的中小企业分两个层次征税，对总所得在 800 万日元以下的部分按 28% 的税率征收，超过 800 万日元的部分则按 37.5% 的税率征收；对中小商业企业实行 27% 的优惠税率；政府支持高新技术创新企业，如 1985 年出台的税制规定，投入实验费用的 6% 可以从法人税或所得税中扣除；对技术含量较高的中小企业所购入或租借的机器设备减免所得税等。这些措施大幅度地减少了中小企业的赋税负担。在财政支出方面，日本中央财政每年对中小企业的预算大约占整个中央财政的 0.25%。

法人税减免，旨在强化中小企业财务、避免企业因亏损等造成流动资金不足，主要体现在法人税的减税措施方面，除法人税税率优惠外，另有“亏损冲抵”和“亏损退税”两项措施。前者适用于所有企业，后者仅面对资本金在 1 亿日元以下的中小企业。“亏损冲抵”是指企业在本年度出现的净亏损额可以与下一年度的计税收入冲抵，冲抵期限为 9 年；“亏损退税”指企业把本年度净亏损额计入上一年度计税收入，然后从税务机关获得一定“退税”，保证中小企业有生存的机会。

投资税减免，旨在鼓励中小企业加大设备、研发、人才投资，主要包括中小企业投资促进税制、环保投资减税、小额资产即时折旧、人才投资促进税制等。对中小企业新购机器设备在第一年里给予 30% 的特别折旧。对科技型中小企业给予所得税减免且试验研究费可税前列支，为鼓励科技型中小企业加大科研投入，规定科技型中小企业可按当年研发支出总额的 10% 抵免企业所得税，但不超过所得税的 15%。日本还对中小企业实行 10 个月的纳税宽限期。日本财务省的数据显示，仅在 2009 年，从中小企业投资促进税制和小额资产即时折旧这两项制度中获益的中小企业分别达到 31 万家和 28 万家，实际减税额分别为 1 322 亿日元和 268 亿日元。

雇用促进税制，旨在保护就业、鼓励企业增加员工。中小企业是日本最重要的就业单元。为了鼓励企业增加员工，日本政府于 2011 年推出了雇用促进税制。根据这一税制，2011 年 4 月 1 日到 2014 年 3 月 31 日，企业每新增 1 个就业岗位可享受 20 万日元的特别减税。

企业交际费减免，主要将企业 90% 的交际费计入费用。日本财务省的数据显示，2010 年仅交际费减免这一项税收优惠就减税 2 577 亿日元，共计有 64.2 万个企业主受益。鼓励企业主敢于在营销上投入资金，在市场上争取商业机会。

### 3. 政府补贴

（1）直接资助项目研发，科技创新贷款贴息。对科技型中小企业的长期贷款，政府除了指定金融机构进行贷款支持外，还实施低于市场利率 3 个百分点的优惠利率，优惠利率部分由政府财政承担。

（2）重要技术研究开发费补助金制度、构思阶段技术开发补助金制度。政府认购中小企业为技术创新发行的股票和债券以支持创新活动。对引进国外新技术、普及新技术的企业，实行国家新技术工业化贷款制度，所需资金可优先贷款。成立开发银行，为企业技术开发提供长期的低息贷款。

（3）设立贴息补助制度。为了鼓励中小企业的产品研发，政府专门制定了技术开发补助金制度，额度为技术开发费用的 50%（下限为 500 万日元，上限为 2 000 万日元）。对于中小企业自主研发的新产品、新技术，中央和地方政府在研究所需原材料、机械设备、技术指导等方面给予经费资助。

（4）专利申请补贴。一是减少知识产权申请费用。为促进中小企业开展研发活动，日本政府对中小企业的专利审查请求费和专利费（从第 1 年起至第 10 年）减半征收。二是中小企业将得到两项支持：①将考试请求费、专利费和海外专利的行政费用减少 1/3；②为中小企业提供国际专利申请补贴。为了鼓励中小企业提交国际专利的战略申请，将提供补贴部分资助中小企业国际专利申请的费用，如向海外专利局申请费用、聘请日本代理商和海外当地代理商的费用以及翻译成本。

### 4. 政务服务

日本政府设立了公立试验研究机构，主要负责提供技术指导和技术培训，由国家确立技术课题，在国立试验机构进行专题研究，或者在国立试验机构指导下企业承担研发任务。研究经费由国家补助，开发研究的成果则由中小企业利用。

中小企业信息中心和公立试验研究机构技术信息室主要提供信息咨询服务。

其他政务服务机构还有中小企业办公室自动体系中心，确保中小企业劳动力对策的技术开发计划，“国际技术创造研究”试验研究机构。

日本政府还建立了技术顾问制度，在全国各地设立了 200 多个公立试验机构，聘用专家、工程技术人员担任顾问。制定了技术开发补助金制度，对中小企业的技术开发给予 50% 的赞助。

为突出科技型中小企业的主体地位，日本政府每年举行一次大型产学官联合峰会，为科学技术成果的转移提供了平台。

5. 知识产权保护

（1）建立产权数据库。一是发布专利战略门户网站。专利局网站上的专利战略门户网站提供线上的数据分析，包括专利申请数量、过去 10 年专利许可费率的个人数据和申请人的密码修改等信息。二是建立新兴国家知识产权信息数据库。此数据库收集了在发展中国家和类似地区开展业务的法律和知识产权经理的信息。目的是为各发展中国家提供广泛的知识产权信息，包括申请程序、审查和诉讼程序、许可程序以及统计和体制趋势等方面的信息。三是建立工业产权数字图书馆为中小企业提供专利信息。

（2）为中小企业知识产权保护提供咨询服务。2015 年 2 月 2 日，在国家工业产权信息与培训中心新成立了商业秘密 / 知识产权战略咨询中心 / 商业秘密热线，制定了商业秘密一站式支持框架，为中小企业提供知识产权咨询服务。咨询主要涉及具体的知识产权战略，如专利权和商业秘密的保护、商业秘密的管理、商业秘密泄露等问题。

（3）协助中小企业进行海外专利诉讼。一是实施中小企业海外专利侵权诉讼援助项目。为帮助中小企业在海外及时行使专利所有权，日本贸易振兴会对企业在仿制产品的调查、对仿制品制造商发出警告声明和政府扣押的程序中产生的费用提供补贴。还将对中小企业在诉讼过程中聘请律师或其他咨询机构、海外当地企业以侵犯知识产权为由提起诉讼的诉讼成本，以及企业商标无效或撤销等方面发生的费用提供补贴。二是建立快速审查和申诉制度。若专利申请人或上诉人是中小企业或微型企业，企业可借助提交加速审查的情况说明或加速申诉审查的情况说明来加快追踪审查和上诉审查。只要申请符合要求，专利设计和商标申请的审查或上诉将会加速。三是对中小企业海外知识产权诉讼进行贸易保险补贴。为了让中小企业能够在海外采取措施进行知识产权诉讼，建立了由全国性中小企业会员运营的海外知识产权诉讼保险体系，为海外知识产权诉讼提供资金支持。日本政府对全国性中小企业组织给予补贴，补贴海外知识产权诉讼保险费的 1/2。

### 6.3.2 特殊针对性政策（项目）[1]

1. 经济结构改革计划

（1）项目背景。1997 年 5 月，日本政府通过了《日本经济结构改革与创造的行动计划》，

[1] 南南．日本经济结构改革行动计划的内容［J］．国际研究参考，1998（2）：16-17.

旨在提高国内产业的竞争力，刺激经济复苏与发展。

（2）项目实施。该行动计划的主要内容如下。

一是培育新兴产业。随着亚洲新兴工业国家和地区的崛起，以及世界经济自由化、全球化的发展，日本国内产业竞争优势转劣、对外投资额与对内投资额的差距日益扩大，加之老龄人口增加、劳动力人口减少，产生了国内产业及雇用的空心化现象。为此，通商产业省制定了培育新兴产业环境整建计划，拟发展具有高附加值的新兴产业，以确保就业机会与就业环境，并促进现有产业升级，维持经济增长的活力。新兴产业包括医疗和社会福利、生活文化、信息通信、新制造技术、流通和物流、环境保护、商业援助、海洋、生物科技、城市环境整建、航空和太空民用、新能源和节能、人才培养、产业国际化及住宅等 15 个领域。促进新兴产业发展的措施是在资金方面进行金融体系改革，促进资金来源多元化，健全资本市场，充分供应新兴产业所需的资金。在人才方面促进人才流动和人才培养，采取放宽有关限制、促进产业界与教育界合作等措施。在技术方面采取健全新技术研究开发、整建产、官、学三者合作研究开发的环境，保护知识产权及促进专利权流通等措施。在信息通信方面采取健全信息网络系统、促进电子商业交易、促进信息通信的研究开发及标准化互用等措施。

二是创造富有国际竞争力的企业环境。日本国内企业的经营成本与其他国家相比，属于高成本结构，这使得产业逐渐丧失国际竞争优势。为改善企业经营环境，提高生产与流通效率，降低生产成本，提高国际竞争力，通商产业省采取了以下措施。①改善高成本结构。全面放宽对物流、能源、信息通信、土地和流通等产业的管制，整建现有商品流通市场，使之达到国际水准。改善商业行为，提高生产与流通的效率，改善生产成本结构，修正工业标准化制度及验证制度，适应世界贸易组织协定的要求。②改革企业相关制度。提出禁止垄断法修正案和商法修正案，简化公司合并手续；完成企业税制改革，改善现有养老金制度，着手制定企业养老金基本法。③改革劳动及雇用制度。促进人才流动和雇用制度的弹性化、增加女性与老人的就业机会，适应第三产业迅速发展、老龄化社会及就业意识多样化的需要。

### 2. 小企业研究计划

（1）项目背景。自 1999 年起，日本政府参照美国的小企业创新研究计划，针对员工总数不满 500 人的中小企业，开始实施日本的小企业创新研究计划（SBIR）。该计划不再单纯地将中小企业看作保护对象，而是注重发挥其技术创新的作用。

（2）项目实施。SBIR 的具体内容是，动用国家科学研究经费，以补助金的形式援助中小企业进行可行性研究、开发研究和事业化研究。该项目把重点放在中小企业技术创新成果的商业化上，相关的中小企业可以享受中小企业信用保险法的特例（开拓新事业保险制度）、投资中小企业发展成股份公司的特例（投资对象企业的扩大），以及中小企业金融公库的新事业和技术振兴的贷款制度（利用 SBIR 特定补助金，向需要资金的、开展技术创新活动的企业提供贷款）。

日本 SBIR 的主管部门是中小企业综合事业团，该计划根据技术创新的四个阶段而设计，包括设想萌生、可行性研究、研究开发、市场化。具体实施方式为：第一阶段，国家各部门发布技术开发课题。第二阶段，对课题涉及的新技术进行研究调查。委托中小企业对政府提出的技术开发课题进行可行性研究，然后根据企业自身的实际情况进行申请。计划规定，凡符合要求的中小企业，都可以申请研究调查项目，每个项目的补助金在 500 万日元以内。第三阶段，研究开发。凡获得研究调查项目补助费的中小企业，在项目合同结束时，要在技术和商品化两方面达到可实施的水平，然后才可以申请研究开发项目。每个项目的补助金额为 2 500 万日元以内（年度额）。该项目在合同期满时要达到可商品化的水平。第四阶段，市场化。在研究项目结束后，对获得委托研究经费的企业进行评估和实地调查。通过 SBIR 产生的知识产权和技术，根据具体的情况归企业、合作研究共同体或中小企业综合事业团所有。

### 6.3.3 政策管理体系

#### 1. 立法

在中小企业发展和技术创新方面颁布 30 余项有关中小企业的法律。比较重要的有《中小企业技术开发促进临时措施法》《中小企业基本法》《中小企业进入新领域顺利化法》《中小企业技术开发促进临时措施法》《中小企业借贷对策大纲》《日本中小企业现代化促进法》《中小企业现代化扶植法》《中小企业指导法》《中小企业振兴法》等。这些法律法规切实推进了中小企业设备和组织的现代化，为企业的技术创新活动提供了大力支持，促进了日本中小企业集约化经营和经济的转型发展。

#### 2. 经济产业省

经济产业省隶属日本中央省厅，前身是通商产业省，主要负责提高民间经济活力，保障对外经济关系、经济与产业发展，确保矿物资源及能源的供应稳定。经济产业省下属机构中的中小企业厅从整体上主管中小企业政策，按行业、地区和企业对其现代化和合理化进行经营指导和技术指导。同时保护扶植承包企业、小规模企业，制订有关中小企业的金融政策，改进中小企业的结构和素质。

### 3. 中小企业振兴事业团体

一是推行机构事业研发制度，对中小企业进行技术创新所急需的先进机械设备进行第一年设计，第二年试制和第三年公开普及。二是实行特别研究开发事业制度，集中全社会先进技术，解决中小企业技术难题。三是推行新技术验证事业，不断普及新技术成果。四是建立技术顾问制度，设立诸如国际技术创造研究试验机构，帮助中小企业利用国外先进技术，鼓励民间团体承担中小企业不能独立完成开发的核心基础技术，直接派遣具有丰富经验的技术专家深入中小企业进行专项指导，解决在新产品研发中遇到的技术难题。

# 6.4 加　拿　大

## 6.4.1 一般性政策

### 1. 信贷融资

由于中小企业抵押不足、信用记录有限或没有信用记录，缺乏编制复杂财务报表所需的专业知识，与潜在贷方之间存在信息不对称，获得信贷的能力有限，使得贷方通常不愿意为中小企业提供贷款。为此，信用担保计划（CGS）应运而生，它是针对这种市场失灵的常用政策，特别是针对那些信用良好，但没有足够的抵押品以合理利率获得贷款的中小企业。在最近由新冠肺炎疫情带来的全球危机中，信用担保计划成为政策制定者改善中小企业获得融资机会的首选工具。比如，加拿大政府推出的加拿大紧急商业账户计划就直接为中小企业和非营利组织提供最长 5 年期、最高可达 4 万加元的 100% 担保的贷款，该贷款根据还款时间不同，贷款利息为 0 或者 5%。信用担保计划在增加信贷供应和减少借贷成本的同时，并不影响中小企业的财务可持续性。

加拿大小企业金融计划是 1961 年由中小企业贷款法案确定的第一个信用担保计划。该计划基于投资组合管理，通过与私营金融机构合作，采用贷款损失分担的方式，贷款和担保审批完全由私营金融机构处理。由于加拿大创新、科学和经济发展部与贷方共同承担风险，因此增加了小企业从金融机构获得贷款的融资渠道，并带来就业机会。私营金融机构的参与可以有效解决银行与中小企业之间的信息不对称问题，并在评估中小企业信誉方面处于有利地位。由于在违约情况下风险共担，私营金融机构有强烈的动机来密切控制风险，限制机会主义行为，并增加企业还贷的可能性。

该计划专门针对在加拿大经营、年总收入不超过 1 000 万加元的小型企业或初创企业，可以为中小企业提供不超过 100 万加元的贷款，其中不高于 35 万加元的贷款可用于租赁或改良设备。2019 年的评估报告显示，该计划在 2014—2016 年，使参与该计划的企业的收入、利润和就业率分别比上一年提高了 6%、7% 和 3%。比未参与该计划的企业，收入和利润分别高出 5.2 万加元和 2.2 万加元。

2. 税收减免

加拿大通过科研和实验发展投资计划对中小企业研发费用进行税收抵免来促进中小企业创新。一般科研和实验发展投资项目税收抵免率为研发支出的 15%。对于中小企业符合条件的研发支出，企业可以获得高达 35% 的税收抵免。加拿大联邦政府每年为该计划投入 30 亿加元的税收减免额度，这是支持加拿大商业研发的最大的单一联邦计划。

3. 政务服务

当中小企业需要获得创新支持时，他们不仅可以通过和区域相关管理部门直接对话获得支持政策的相关信息，还可以登录加拿大联邦政府的官网以及省、区域性政府部门的官方网站，很容易地了解到需要提供的申请材料，可以获得的支持，可以得到帮助等信息等。

4. 人才培养

加拿大政府通过未来技能计划创建了未来技能中心，该中心一直致力于与各研究机构、商业组织以及社区等合作，塑造加拿大技能发展的生态系统，以帮助加拿大人获得在动态劳动力市场中生存的知识、技能和能力。该中心通过创新性的项目、研究和社区实践等方式，探索新兴技能、研究先进的培训实践、测试新的培训方法。新冠肺炎疫情对企业的经营模式、员工的工作模式以及所需技能产生了永久性的影响和改变，2021 年 11 月，未来技能中心投资 370 万加元与安大略商会合作推出了一个在线培训与学习管理平台，通过短期课程、电子学习模块等方式帮助小企业获得包括数字技能、法律法规、心理健康等方面的培训资源并进行相关的培训。

### 6.4.2 特殊针对性政策（项目）

1. 战略创新资助计划

2017 年 7 月 5 日，加拿大创新、科学和经济发展部宣布启动新的战略创新资助计划，作为政府创新与技能计划的一部分，在 5 年内投资 12.6 亿加元，为加拿大所有工业和技术部门的各类企业提供资助，以吸引和支持高质量商业投资，从而促进就业、技能开发和创造商业机会。该计划是原有的航天战略、防务计划、技术示范计划、汽车创新基金和汽车供应商创新计划的整合与简化，其目的是为对经济社会有长期影响的创新性项目和国家创新生态系统提供资助。该计划将简化申请流程，加快申请处理速度，提供更有针对性和面向结果的帮助。

该计划主要支持四种类型的创新活动，一是促进创新型新产品、流程和服务的研究、开发与商业化。二是推动高潜力企业的成长。三是向加拿大吸引新投资，为加拿大人创造商业机会和就业。四是通过学术界、非营利性组织和私人部门间的合作促进产业研究、开发和技术示范。在资助申请方面，前三种类型的项目申请分为两个阶段，第一阶段是兴趣声明，要求申请人提交有关项目的高度凝练的概述，说明项目情况以及利用该资助实现目标的方式，提供申请者现在或过去的相关信息，以便初步评估其完成项目的能力。第二阶段要求申请人提交详细的项目申请，以支持进一步的评审。评审标准包括创新价值、经济利益、公共利益和完成项目的能力四个方面。第四类合作性项目需通过竞争性遴选获得资助，每年举办一轮。

### 2. 工业研究辅助计划

加拿大国家研究委员会推出的工业研究辅助计划（CIRAP）是加拿大国家研究委员会设立的专门支持中小企业创新的计划，其使命是为中小企业提供资金、建议，加强与加拿大商业和研发专家的联系，帮助加拿大中小企业提高创新能力，促进中小企业创新，实现创新市场化。CIRAP 在全国各地有 130 个办公点，有包括行业技术专家在内的 250 多名员工，同时他们与各类商业协会、大学、学院、科技部门和研究机构都是合作伙伴，以满足不同中小企业对技术和商业的不同需求。对于具有快速增长能力的创新企业可以获得 1 000 万加元的资金支持。只要企业人数在 500 人以下，并且以开发商业化创新、技术驱动的新产品，改进产品、服务或流程为目的的企业都可以申请该计划。申请成功的企业可以按月报销其分摊的研发成本。

### 3. 科学研究及试验开发税收优惠计划

该计划通过税收优惠鼓励企业进行技术研发和创新，主要内容是对加拿大企业的科研和技术开发投资进行税收减免。企业按规模确定研发投入的税收减免比率，规模越小获得的优惠越大。

### 4. 加拿大技术伙伴计划

该计划主要对加拿大私有部门的科研和创新活动进行资助。资助对象为在一定领域内准备进行研发和创新活动的，并且有能力实现其目标的加拿大境内的企业或组织。加拿大的国有公司和大学虽然也可以作为资助对象，但它们只能与其他机构联合申请，并且不能作为主申请者。该计划要求企业对投资提供回报。

5. 创新解决方案计划

加拿大超过 20 个联邦政府部门每年将部门采购和研发资金的 1%、总额超过 1 亿加元的资金，用于创新解决方案计划，为希望创立、成长和进入市场的中小企业提供研发及创新市场化测试的资金。计划分为两个阶段，第一阶段（6 个月内）中小企业可以获得最高 15 万加元的资助以进行概念化的研发活动，在第二阶段（2 年内）可以获得最高 100 万加元的资助以帮助中小企业将研发概念进行市场化运作。最终，政府部门有可能购买这些创新的产品或服务。

### 6.4.3 政策管理体系

1. 加拿大国家研究理事会

加拿大国家研究理事会是加拿大最大的联邦研究和发展机构，主要职责是提供研究发展的信息、咨询和基础研究设施，支持技术创新，提供行业标准、设备和设施评估等服务。

国家研究理事会在全国有几十个办事处，为各种企业提供无偿的技术咨询。国家研究理事会还制定了技术转让规划，包括国家研究理事会所属各实验室的技术转让，政府各部门、大学实验室以及国外科技成果的技术转让等。国家研究理事会的服务对象主要是中小企业，每年提供咨询约 37 000 次。国家每年拨给国家研究理事会的经费为 4 亿加元，据国家研究理事会官员科德尔博士介绍，企业利用国家研究理事会提供的技术咨询和技术转让而获得的社会经济效益大约是投资金额的 20 倍。

2. 加拿大科学理事会

加拿大科学理事会是为联邦政府提供科技咨询的机构，负责提供科技政策方面的建议，每年经过总理向议会提供一份科技发展政策的报告。科学理事会选择和确定加拿大科技研究与发展的题目，提出需要开发和扩大哪些项目的具体意见，制定工业科学技术发展的政策，研究在职人员的教育和培训工作。科学理事会还专门成立了一个小班子，研究和处理高等学校与企业间的联系。

3. 区域性联邦直属经济发展机构

加拿大有六个区域性联邦直属经济发展机构，如服务东部大西洋四省的大西洋机会局、服务法语区魁北克省的魁北克经济发展局、服务中部草原四省的草原经济发展部等都设有针对中小企业的专项创新资助。这些区域性机构是国家区域经济创新发展计划在该地区的执行机构，该计划结合地区特色，助力高速成长并提供创新产品、服务或技术的企业。

区域性联邦直属经济发展机构作为服务于区域的联邦机构，根据地区特色和产业发展特点，对中小企业创新进行资金支持。比如大西洋四省的大西洋机会局，针对大西洋四省人口较少、地方相对偏远、经济相对不发达等特点，推出的大西洋创新基金，资助金额根据项目而定，可以超过 100 万加元。

第7章

# 专精特新企业相关案例

## 7.1 技术服务专精特新，助力企业高质量发展

### 7.1.1 中国移动：乘云而上，数字赋能专精特新

为践行央企责任担当、发挥数字中国主力军作用，中国移动加快构建基于“5G+算力网络+智慧中台”的“连接+算力+能力”新型信息服务体系，依托“网+云+平台+应用+终端服务”等一体化资源禀赋，通过提供定制化解决方案、打造星辰合作大生态、构建立体式创新孵化体系、开放特色能力平台等举措，数字赋能中小企业创新转型，推动产业链上中下游、大中小企业融通发展。作为中国移动关键基础设施和战略性主航道业务，移动云加速形成算网融合差异化优势，将算力服务能力下沉至千行百业，为中小企业走专精特新发展之路提供有力数智支撑。

**1.“5G+工业云”赋能离散制造行业，“一揽子”应用，数字化升级更快更便宜**

广州明珞装备股份有限公司（以下简称“广州明珞”）属于现代装备制造业，专注为汽车制造、新能源及一般工业领域的企业提供智能制造生产线、虚拟制造以及工业大数据服务。中国移动携手广州明珞，共同打造集“端、管、云、用”于一体的数字化整体解决方案，通过“5G+工业云”提供数据连接和数字底座，优势互补，赋能离散行业用户数字化转型升级。

国家级专精特新“小巨人”，是中小企业创新发展的“领头雁”，也是“质效双优”的排头兵。广州明珞作为一家全球领先的产线级数字制造与工业互联网解决方案供应商名列其中。装备制造业作为离散制造业，往往面临生产流程碎片化、生产数据不畅通、生产质量问题难溯源等问题，其中以离散非标制造业更甚。

中国移动基于5G网络优势打造一张企业专属网，依托云网融合能力搭建“中心+区域+边

缘”的三层架构工业云，在保障数据安全可控传输的同时，叠加属地化资产和运维保障，助力中小制造业快速低成本进行数字化升级。近年来，广州明珞向数字智造解决方案服务商转型升级，并联合中国移动在工业云上部署图纸云、透明工厂、非标管家、数字孪生、MISP（管理信息系统计划）工业物联网平台、焊接质量预测等“一揽子”SaaS 应用，依托“SaaS+ 平台 + 服务”模式，为智能制造行业及其上下游企业提供数字化服务和行业解决方案，助力工业企业智能化升级。

### 2. 首家“5G+ 智慧工厂”，加速迈向行业龙头，“5G 双域网 + 边缘云”，生产损耗直降 70%

河南鸿昌电子有限公司（以下简称“鸿昌电子”）成立于 2007 年，是国内半导体热电产业联盟的核心企业、行业首家半导体制冷片数字化产线设计制造商，以及国内半导体制冷片行业专利最多、发展最快、品质最优的技术领军企业，相继获得专精特新重点“小巨人”企业、高新技术企业等称号。中国移动通过“5G 双域网 + 边缘云”融合的方式，搭建鸿昌电子智能制造平台，实现生产业务和供应链系统深度集成，为鸿昌电子迈向全国行业龙头和智能制造转型升级提供现代化解决方案。

鸿昌电子追求实现工厂维护全面升级，生产资源按需分配、个性化生产等智能制造目标，具体包括一键打通设计、采购、仓储、物流等环节，实现工业环境下设备互联和远程交互应用等细节，鸿昌电子智能制造平台应运而生。

基于中国移动 5G 工业网关为设备连接提供的高性能、高速率、高可靠、低时延的 5G 网络，工厂现场数据可以实时传输到后端运维管理平台，构建起以连通工厂内外的人和机器为中心的全方位信息系统。该方案创新性地将边缘云计算、大数据等技术应用到半导体制冷片设计、研发、生产中，成功打造行业首家“5G+ 智慧工厂”。经过数字化网络化智能化改造，信息数据实现高度集成化，助力企业年产制冷芯片 1 500 万片，生产损耗减少 70%，产品合格率提升 10%，物料提前期缩短 60%，物流损失工时减少 60%，企业生产效率极大提高。

### 3. 属地化服务优势，助力业务提质增效，分钟级业务部署，综合成本节省百余万元

济南无上网络科技有限公司（以下简称“济南无上网络”）成立于 2008 年，专业从事 IDC（互联网数据中心）运营，主要承载以视频为主的服务器托管业务，用户遍布全国多个省份。中国移动依托移动云成熟的云技术能力和广泛分布的云资源池，就近选择移动云济南节点，帮助其快速实现原业务及新增业务上云，借助“移动互联 +”带来的降本增效，进一步增强中小企业上云信心。

在新冠肺炎疫情冲击下，济南无上网络业务遭遇“双重”挑战。一方面，济南无上网络当前物理服务器使用量超 300 台，机房场地租赁费、电费、人工及维护成本居高不下。另一方

面，受新冠肺炎疫情影响，物理服务器在物流采购等环节耗时较长，无法按时完成其下游用户的业务上线要求，服务能力面临考验。

依托移动云属地化服务优势，基于资源实时订购、分钟级交付使用的便捷部署方式，最终济南无上网络实体机房全部迁移上云，且业务部署时长从原先的3天大幅缩短为分钟级，机房场地租赁费、电费及维护成本合计节省约70万元，人工成本节省超百万元。在打破新冠肺炎疫情带来的物流瓶颈后，公司业务效率、客户服务能力得到提升，客户信任度也随之倍增。

**4. 一站式服务平台，一片更广阔的市场，扫除底层技术障碍，为业务开拓“腾出空间”**

南京卫岗乳业有限公司（以下简称“卫岗乳业”）成立于1928年，历经90余年传承创新，现已成为国家农业产业化重点龙头企业、中国食品百强企业。随着公司和业务规模不断壮大，其业务拓展空间受IT技术的掣肘愈发明显。移动云助其构建电商一体化微服务平台，为其开拓市场扫除底层技术障碍。

与卫岗乳业原先老旧本地机房硬件设备一体并存的是性能及效率偏低、设备升级与扩容成本过高、服务器更换频繁、IT基础设施维护压力大等问题。特别是在电商平台大促秒杀活动期间，现有平台资源难以承载超负荷的访问流量，系统一旦崩溃，损失太大。

移动云基于高性能云主机、弹性伸缩资源、高可用数据服务、灵活的存储扩容、完整的备份恢复机制、CDN（内容分发网络）加速等产品服务，为卫岗乳业搭建电商一体化微服务平台，包括每日订奶系统、送奶工小程序、格子柜系统、微信小程序及后台运营管理系统等微服务。据了解，平台的运行帮助其每年节约成本数十万元，在盈利空间增加的同时，卫岗乳业研发团队也能够更专注于业务创新本身，加速新服务的上线，加快提升行业竞争力，开拓更广阔的市场。

中国移动将继续坚持创新驱动，为专精特新中小企业发展壮大蓄势添能。移动云也将不断探索优化服务路径，丰富产品和解决方案，促进中小企业实现价值链升级，为制造强国、数字中国建设注入源源动力。

### 7.1.2 中国电信：助力企业信息化建设，升级推进数字化改革

当前，中小微企业数字化转型正在加速推进。中国电信积极打造企业信息化管理底座，赋能企业数字化转型。2022年以来，中国电信共推动超400万中小微企业用户数字化转型，从人、财、物、事多维度帮助中小企业降低管理成本近65%，提升企业生产效率近59%。

良工阀门集团有限公司（以下简称“良工阀门集团”）位于龙湾空港新区，是一家集设计、研发、制造和销售于一体的股份制集团公司，公司现有员工1 000余人。早在2018年以前，

良工阀门集团员工上下班还要指纹机打卡、手工抄单，这一“传统”直接导致公司下班打卡拥挤、行政结算薪资混乱、内部流程缓慢且杂乱等一系列负面情况，严重地影响公司正常秩序，让董事会头疼不已。

直到良工阀门集团引入电信浙企钉系统后，这些情况才有了明显改善。浙企钉是温州电信帮助中小企业管理数字化转型的重要产品服务组合，温州电信利用移动办公系统部署良工阀门公司智能办公，根据“互连互通、统一认证、数据共享”的原则，建立统一平台，实现签到打卡、假期管理、补卡管理、外出管理、加班管理、OA审批等数据互通，并自动统计，提升统计效率。如今员工通过手机端就可以实现定位打卡及日常请假、用车、酒店费用报销等。同时公司对整体的组织结构进行了系统梳理，逐渐走向正规化。由传统的人员算薪升级数字化平台自动核算，助力企业降本增效。

对内部报价流程进行梳理，对传统电话报价、微信沟通询价进行数字化流程升级，解决报价易泄露问题，通过保密群、标准化流程进行项目询价，采购、财务审核，报价单下发跟单员，对所有询价项目进行数据留痕，统计项目跟进情况，形成数据看板。

同时，温州电信结合温州企业需求，推出浙企钉专属服务，包含惠企直通车、浙江企业码、96666商企门户、气象生活指数、浙融通等本地化应用。通过数字化的技术突破边界，可以让公司同时做到产品质量更好、服务更优、成本更低。

良工阀门集团的信息化转型，是中国电信积极助推中小企业数字化转型和高质量发展担当尽责的缩影。近年来，中国电信充分发挥网络强国“主导者”、数字中国“主力军”、网信安全“国家队”作用，积极落实国家提速降费等一系列助企纾困举措，持续强化对中小微企业服务的能力，帮助中小微企业渡过难关。同时，中国电信借助5G、“互联网+”、云计算、大数据、物联网、人工智能等新一代信息通信技术，积极打造智能组网、云电脑、天翼云眼、智企领航AI、明厨亮灶、燃气卫士、智慧工地等一系列标准信息化产品，赋能万千中小微企业数字化转型升级，助力建设美好数字中国。

### 7.1.3 中国联通：助力中小企业数字化转型

中国联通积极响应国家战略部署，践行央企担当，坚决扛起政治责任、经济责任、社会责任、科技创新责任，积极扶持广大中小微企业成长、赋能传统产业转型升级、发挥平台企业龙头作用助力中小企业纾困，为国民经济的平稳、健康发展保驾护航。

2022年以来，中国联通开展“云光慧企”中小企业市场专项行动，聚焦商务楼宇、厂园区、专业市场、商业综合体、酒店、网吧等聚类市场，提供“云＋网＋X＋端”一站式场景化融合服务。以标准化产品、数字化平台、一体化解决方案，实现基础通信与创新应用的全业务相融互通；推动5G、云大物智链安等创新技术与实体产业的融合应用，促进中小企业“上云、用数、赋智”。

### 1. 门店套件助力实体门店实现人、货、场数字化重构

为促进实体门店数字化转型，中国联通发挥云网一体化的优势，以“5G工作手机＋千兆宽带＋FTTR（光纤到房间）”三千兆基础连接服务为核心，融合智能终端连接、网络集中运营和联通云平台数字基座能力推出门店融合套餐，为“大连锁”及“小门店”客户提供可快速部署的标准化产品及解决方案。

门店监管产品可实时采集销售小票数据，通过AI识别技术对数据进行电子化和结构化处理，分解成商铺运营所需要的经营数据分析报表，使管理方能够更加直观地了解商铺运营情况，辅助进行决策；人员通行智能管理产品通过先进的感知技术与网络、人工智能技术相结合，实现对门店出入口通行人员身份识别、体温监测、个人防疫措施是否规范及健康码查验的自动化管理；一键报警器产品通过一键报警、实时对讲、群呼通知等核心业务功能，帮助门店与后台之间搭建即时通讯系统，提供紧急情况下的报警呼叫与联防联控服务。

### 2. 智慧楼宇平台助力物业实现楼宇智能化、绿色管理

中国联通依托楼宇管理平台，推出楼宇物业套件、CPE（用户端设备）、视频云等产品，针对智能办公、楼宇管理、疫情防控等细分场景提供多样的产品组合。兰州市某物业服务公司，使用联通楼宇物业套件后，物业维修服务派单及时率由原来的53.8%提升至92.1%，高效的服务得到了业主的一致好评，给物业管理工作带来了极大便利。

中国联通楼宇管理平台，支持对接智能摄像机、智能烟感、智能对讲终端、燃气报警器、水浸报警器和门禁等多类型智能物联设备，可覆盖设备基础信息、点检巡检、维护保养、报障维修、报废停用等全生命周期管理，实现设备信息线上化、设备运维规范化、设备管理安全化、数据分析智能化，帮助管理者提升设备数字化运维的决策力。同时平台还能处理物业基础服务、增值经营、管理咨询、服务外包和财务收支等业务，协助物业管理企业进行风险控制与合规化运营。

### 3.“网吧云”云网一体化产品助力网吧行业降本增效

近年来，网吧数量呈现减少趋势，如何能够在游戏由小到大、由少到多，视频由网络化到

海量高清化，信息交互由文字到视频的背景下降低网吧运营成本，提高客户的上网体验，成为网吧业主的关切重点。

通过联通网吧云产品上云后，可以使网吧的网速提升 5 ~ 10 倍，游戏内容比原来增加 5 ~ 8 倍。而且能耗、设备购买升级、运维人员服务等可见成本，每年可节约数万元。

联通网吧云产品通过联通强大的联通“骨干云 + 分布式云”技术，及行业领先的网吧平台管理软件，利用联通万兆光纤网络组建本地的网咖云专网，将网吧行业传统的机房服务器工作模式升级为云服务模式，为客户提供低时延、高可靠、一键安装、内容丰富的全新体验，解决传统网吧行业在现有网络接入与游戏内容供应模式下网速慢、内容少、成本高、能耗大等问题，助力客户价值提升。

### 4. 营销获客套件助力企业畅达触点、精准营销

中小企业在营销获客中往往会遇到效率低、触达差、成本高，且易被标记骚扰电话等难题，针对以上痛点，联通公司筛选出拳头产品，发挥业务轻量化、流程简约化优势，解决客户营销获客难题。

某林业公司此前的外呼接通率低，即使接通，客户因为对企业品牌不了解不信任容易中途挂断。使用联通营销获客套件产品后，企业形象得以展示，接通率显著提升，订单增加 150%。

来电名片产品可使被叫手机屏幕在振铃过程中弹显主叫手机用户预先设定的“名片信息”，用于表明主叫意图及身份；政企彩铃产品在主叫用户拨打员工电话时，在接通等待过程中听到企业特定铃音和视频实现企业形象传播和广告宣传等目的，达到企业宣传的效果；挂机短信产品在通话结束后系统将预先设置好的内容以短信的形式发送到主叫（三网）的手机上，以满足政策宣传、微营销、心情表达、品牌推广等需求；沃客来精准营销平台凭借联通数据资源以及精准分析能力，通过展示广告、关键词广告、信息流广告、再营销广告等多种形式，为客户实现品牌推送、精准获客等立体化营销服务。

### 5. 企业安全套件为企业打造上网、入云安全屏障

随着企业数字化转型以及新冠肺炎疫情下推动数字化移动办公场景的需求增长，许多中小企业已经实现业务上网和业务上云，互联网暴露面越多，随之而来的安全风险也就越大。对于传统的网络安全产品，中小企业普遍存在安全投入成本高、安全产品使用难度大、无应急响应措施等问题，因此中国联通有针对性地推出了安全专线、抗 D 先锋、专线无忧、慧御云防护等安全产品。以上产品可以提供“托管式”互联网边界安全防护和运营服务，让中小企业在互

联网中遨游而无所畏惧。

北京某中小企业业务网曾经遭受过一次 DDOS（分布式拒绝服务）攻击，流量超过了出口带宽，因为自身运维能力有限，本地设备没有起到实质作用，也无法监测和溯源攻击的详细情况，造成了严重的损失。在使用联通抗 D 先锋产品后，2021 年 9 月，客户业务又连续遭受两次攻击，联通云盾及时响应，从发现攻击到完成处置仅用了 2 分钟，客户业务未受攻击影响，攻击发生后，通过报告的方式进行了事件溯源。

以上这些场景案例，是中国联通近年来推进中小企业数字化转型的缩影。中国联通作为数字信息基础设施运营服务国家队，网络强国、数字中国、智慧社会建设主力军，数字技术融合创新排头兵，将持续以一流的云服务、一流的光网络，智慧赋能中小微企业加速“数智化蝶变”，为做大、做优、做强中小企业数字经济贡献联通力量。

### 7.1.4 腾讯云：高质发展加速度，生态链接创新路

近年来，为引导中小企业高质量发展、提升核心竞争力，我国大力支持中小企业走专精特新的发展道路。从 2021 年至今，国家层面已出台支持中小企业发展的政策 30 多项，各地出台政策文件 50 多个，涉及减税降费、资金支持、融资促进、稳岗扩岗、权益保护、扩大市场需求和专精特新发展等多个方面。腾讯云基于自身的技术优势和生态资源，发布了专精特新成长直通车计划，围绕专精特新中小企业发展痛点，全方位助推其走上高质量发展的快车道。

#### 1. 把脉中小企业四大业务痛点

根据腾讯云的调研，中小企业的业务痛点主要集中在战略发展与组织协同、技术能力、资金和资源整合四个方面。

在战略发展与组织协同方面，中小企业的团队管理和协作能力亟待加强，缺乏战略协同和目标管理，缺少专业化、标准化的人才培养。随着企业不断发展，这些能力亟待提升。

在技术能力方面，中小企业的产品能力和技术能力都有很大的提升空间，研发基础投入急剧上升，需要对成本进行精益控制。

在资金方面，中小企业的融资渠道和包装能力不足，同时还要承受经济下行带来的现金流压力。

在资源整合方面，中小企业缺乏新市场和新行业的信息来源，被集成的业务很难拓展新业务资源，产品也难以开拓出新场景。

### 2. 专精特新成长直通车助力中小企业

腾讯云有针对性地推出专精特新直通车解决方案，这将为中小企业带来以下价值。

（1）两大课程：战略发展与组织协同。战略发展与组织协同两大课程将为企业管理筑底，为企业更长远的发展增添新动能，构建敏捷一致的组织协同。

专精特新增值服务包括中小企业管理能力提升解决方案，覆盖企业文化、组织之道、产品之道的腾讯管理课程，覆盖科技创新、数字经济、数字政府、数字社会、数字治理的增长力课程，以及组织能力调研。

企业数字化等级评估则包括中小企业数字化转型路径报告、数字化转型指数报告、中小企业数字化成熟度评价规范、一站式学习成长平台、产业互联网学堂和企业数字化培训。

（2）三方合力：投融资与上市辅导。投融资与上市辅导将帮助中小企业从产品、市场实现双发展、双驱动，注入专业化、标准化、商业化能力。

腾讯云为专精特新企业提供的资源支持和增值服务包括专精特新政策解读、腾讯生态企业私享会、直通北京证券交易所私享会，以及北京证券交易所上市一对一咨询。

（3）四类技术：50 多项产品技术能力。成长直通车计划同时开放了四大类技术能力和 50 多款数字化产品，将通过技术创新、合作创新帮助中小企业应对新场景、新挑战。

专精特新企业产品优惠包覆盖了云基础产品、安全底座、技术应用和企业应用。

本次开放的通用解决方案覆盖基础产品、架构云、大数据、计算、数据处理、人工智能、数据上云、微信小程序、音视频应用等九大类。而 30 余个场景解决方案，则覆盖企业协同、企业营销、企业初创、企业连接、企业能效、企业安全、企业应用等七大类。

（4）全国布局：资源整合。成长直通车计划还整合了产业、生态全方位的资源，多措并举，助力中小企业高效发展。腾讯云的合作伙伴已经超过了 9 000 家，从基础设施层到平台应用层再到行业解决方案层都可助力专精特新企业找到快速发展的直通路径。

通过“云 + 创业扶持”、腾讯产业生态对接、腾讯产业共创营、战略共享会，实现合作创新。

通过产业加速绿色通道，提高营销能力，获得资金支持，实现生态共建、高效发展。

### 3. 专精特新成长直通车参与路径

第一步：加入活动。

首先在腾讯云成长直通车活动页面注册，通过专精特新验证后，就会自动生成腾讯云用户 ID，并且获取专精特新独家产品折扣。

第二步：资源激活。

获得中小企业数字化成熟度评价规范、数字化转型路径和指数报告、中小企业管理能力提升方案等腾讯管理课程活动。同时，还将通过腾讯云特邀的政府、资本、产业专家，获得一线信息，掌握一手资料。

第三步：专属对接。

与专属的架构师、咨询师、生态业务伙伴进行对接，获取专属的业务发展方案，以及独家的云资源减免政策。

第四步：扩大影响。

腾讯云还将帮助合作的专精特新企业展示合作成果，助力企业包装产品案例，邀请企业参与一系列高影响力的活动，并参与“云上营销加乘计划。”

目前我国已经成为世界级制造大国，并拥有全部产业分类，但是，我们仍然要直面技术发展“全而不优、创而不新、链而不畅”的问题。我国还需要大量专精特新中小企业来连接断点、疏通堵点，形成产业链的协同与韧性，最大程度地解决“卡脖子”的问题。只有产学研用全面参与，凝聚腾讯等大企业力量，加速精细化助推专精特新中小企业发展，才能补短板、填空白，走上高质量发展的快车道。

## 7.2 专精特新企业深耕所处行业，发挥自身优势获成功

专精特新是指中小企业具备专业化、精细化、特色化、新颖化的特征，专精特新企业是未来产业链的重要支撑，是强链补链的主力军。研究发现，深耕所处行业，通过大量研发投入打造精细化、高端化的产品正是专精特新“小巨人”企业获得成功的共性特征。

### 7.2.1 新华三技术有限公司：拥抱数字化，构建专精特新的未来竞争力

为更深入、广泛地推动专精特新中小企业的业务创新与模式重塑，新华三技术有限公司（以下简称“新华三集团”）以“数字大脑”全栈能力为基础，通过构建高效可靠、共享协同的数字底座，以云与智能激活数据价值、提升运行效率、优化服务质量、改善管理模式，帮助企业构建零碳化、智慧化的未来园区，助力全国更多中小企业增效、降本，提升数字化管理水平，在新格局中实现高质量发展。

### 1. 太湖龙之梦乐园：驭智求变，打造高品质乐园

对于酒店、公寓等服务业而言，高品质的服务和环境是赢得用户的硬性指标。迈进数字化时代，WiFi 作为现代社会的基础需求，无线网络的性能和体验成为用户衡量服务品质的重要一环。

在太湖之畔，龙之梦乐园不仅拥有“春在渚头上，人游画境中”的美好景色，更拥有星级酒店群、养老公寓等各种新业态式的高品质服务。同时，庞大的面积和住房数量以及差异化的需求，给龙之梦乐园的酒店网络规划、部署和运维管理带来了出乎意料的挑战。

面对酒店、公寓等区域内高密度、大容量无线网络部署的考验，新华三集团以“0 负担”网络解决方案为酒店打造了一张具备高速接入、高效互联、极简管理、稳如磐石等创新特性的高品质网络，通过感知、网络、管控和应用四个层面，以极高性价比为乐园打造了一张无后顾之忧的园区网络，成功应对了乐园大范围网络部署的考验，在提升网络服务效率和体验的同时，降低了网络的部署管理成本，并助力优化园区运行的碳排放和能耗，实现整个乐园的业务运营优化提升。

### 2. 经纬恒润：全面进化，构建业务创新平台

随着数字化转型迈进“深水区”，从研发创新到售后服务，数字化的理念和技术已经深入企业经营管理的每一个环节和流程中，成为企业提质增效的核心引擎。对于中小企业而言，如何能够将复杂多样的数字化技术融入真实的业务场景中，是数字化转型面对的最大挑战之一。

作为推动自动驾驶、车联网等技术创新的互联网企业，随着业务板块的快速迭代，北京经纬恒润科技有限公司（以下简称“经纬恒润”）也面临着数字化转型的挑战，需要为研发人员提供多套系统，同时为不同系统配备不同的接入权限。此外，还需要解决网络流量飞速增长带来的挑战。为此，经纬恒润选择新华三集团打造的云网安整体解决方案以及桌面云，实现了不同研发人员高效、差异化的权限管理，构建起千兆接入、万兆互联、极简管理、稳如磐石的网络平台，并实现了有线、无线网络的一体化部署。

新华三集团打造的高性能、高可靠网络满足了经纬恒润对高带宽的需求，为未来企业网络性能持续增长预留了扩展空间，避免了重复建设，通过智能化的管理提升效率，打造更加绿色、智能的新一代网络平台，全面满足经纬恒润不同维度转型的要求。

在数字化变革时代，没有任何一家企业能够在转型中置身事外。2022 年，新华三集团将继续聚焦中小企业数字化转型的差异化需求，担当起数字化解决方案领导者的重任，以更贴心业务的数字化技术提升业务和商业模式创新的速度与成效，为更多中小企业的数字化转型提供

支持，助力中小企业实现高质量发展。

### 7.2.2 锦州神工半导体股份有限公司：对标国际先进产品，立志解决半导体材料领域“卡脖子”难题

作为半导体集成电路行业的上游企业，锦州神工半导体股份有限公司（以下简称“神工股份”）以半导体级大直径单晶硅材料为突破口，多年来深耕市场，已成为该细分市场世界范围内的先进企业。入选 2021 年工业和信息化部第三批专精特新“小巨人”企业公示名单，标志着神工股份在前沿技术先进性、业务扩展规模性以及发展质量示范性等方面得到肯定。

**1. 行业景气持续上行**

神工股份于 2013 年 7 月在辽宁锦州创立，专注于集成电路刻蚀用单晶硅材料的研发、生产和销售。目前，神工股份主要有三大板块业务，分别是大直径单晶硅材料、硅零部件和大尺寸硅片。

据神工股份 2021 年半年报数据显示，2021 年上半年，神工股份实现营业收入 2.04 亿元，同比增长 354.8%；实现归母净利润 1 亿元，同比增长 415.4%，归母净利润率近 50%。公司业绩持续增长主要得益于两方面：一方面是半导体行业景气度的持续上行，这是核心原因；另一方面是公司前几年的工艺储备。例如在设备升级方面，公司更倾向于大型化，特别是 15 英寸[1]以上的产品，设备的升级和工艺的储备方向都比较正确。

据了解，神工股份大直径单晶硅材料尺寸主要为 14 ~ 19 英寸，主要销售给半导体刻蚀设备硅零部件制造商，经过一系列精密的机械加工制作成为芯片制造刻蚀环节所需的核心硅零部件。自神工股份成立以来，大直径单晶硅材料一直是其最重要的主营业务，产品主要出口到日本、韩国和美国等半导体强国。

**2. 公司晶体技术优势明显**

神工股份生产的半导体级单晶硅材料纯度最高达到 99.999 999 999%，量产尺寸最大可达 19 英寸，产品质量的核心指标达到国际先进水平，可满足 7 纳米及以下先进制程的芯片制造刻蚀环节对硅材料的工艺要求。公司核心产品已成功打入国际先进半导体材料供应链体系，并已逐步替代国外同类产品，占全球刻蚀电极细分领域的市场份额已达 13% ~ 15%，广泛应用于国际知名半导体厂商的生产流程。

神工股份的上市募投项目为 8 英寸半导体级硅单晶抛光片生产建设项目和研发中心建设项

[1] 1 英寸等于 2.54 厘米，后同。

目。神工股份的“新颖化”在募投项目中体现得尤为明显，大直径硅片的生产直接定位于“半导体级8英寸轻掺低缺陷抛光硅片”，对标国际先进产品，具有较高的技术含量，较高的附加价值和显著的经济、社会效益，有望为解决国家关键细分领域“卡脖子”的难题作出贡献。

神工股份最大的竞争优势是晶体技术缺陷控制。为了保持竞争优势，神工股份投入的研发费用也在逐年增加。2020年全年研发费用达到1 790万元，较2019年增长80.93%，研发投入总额占营业收入的比例也从5.25%上涨到9.32%；仅2021年上半年，神工股份的研发费用已经达到1 946万元，超过2020年全年总额，研发投入占营业收入的比例保持增长。

值得一提的是，2020年神工股份成功生产出直径达22英寸的单晶体。22英寸单晶体是应国外大客户研发下一代刻蚀机硅零部件的要求而做的技术储备。放眼全世界，目前22英寸单晶体都只是在努力尝试研发阶段，尚未形成批量生产和销售。

神工股份采用“特色化”的工艺技术进行生产，其无磁场大直径单晶硅制造技术、固液共存界面控制技术、热场尺寸优化工艺等技术工艺填补了国内空白，且均已达到国际先进水平。

#### 3. 目标：成为半导体硅材料领域领先者

神工股份自成立以来一直力求实现高质量发展。神工股份以生产门槛高、市场容量比较大的轻掺低缺陷抛光硅片为目标，截至目前，神工股份已掌握了包含8英寸半导体级硅片在内的晶体生长及硅片表面精密加工等多项核心技术。具体包括晶体生长稳态化控制技术、低缺陷单晶生长技术、高良率切片技术、高效化学腐蚀及清洗技术、超平整度研磨抛光技术、硅片检测评价技术、硅片表面微观线性损伤控制技术、低酸量硅片表面清洗技术、线切割过程中硅片翘曲度的稳定性控制技术等。

神工股份的发展战略是紧密围绕“半导体材料国产化”的国家战略，成为中国乃至世界半导体材料领域的领先者。自成立以来，就在积极参与全球化竞争。海外销售收入在主营业务中的占比达到90%以上。

### 7.2.3 山东赫达股份有限公司：深耕纤维素醚产业链，瞄准植物胶囊与人造肉新蓝海

山东赫达股份有限公司（以下简称“山东赫达”）是我国水溶性高分子化合物的龙头企业，是亚洲最大、全球第四的非离子型纤维素醚生产企业。2021年，在工业和信息化部公示的第三批国家级专精特新“小巨人”企业名单中，山东赫达榜上有名。经过多年深耕，山东赫达凭借着产业链一体化、研发创新等优势，产品向精细化、高端化迈进，生产出的食品级、医药级

纤维素醚闯进发达国家市场，在植物胶囊、人造肉等新赛道上逐渐争得一席之地。

### 1. 由原料到成品，打通纤维素醚产业链

纤维素醚有着“工业味精”之称，被广泛应用于建材、医药、食品、纺织、日化、聚合反应及航天航空等诸多领域。山东赫达成立于 1992 年，于 2000 年左右进入纤维素醚行业，目前公司已经成长为中国最大、全球第四的非离子型纤维素醚生产企业。

山东赫达自 2016 年上市以来，纤维素醚和植物胶囊产能瓶颈大大缓解，市场开拓力度大为增强，业绩实现快速增长，2016—2020 年，公司营收的年复合增长率为 23%，归母净利润的年复合增长率为 51%。即使在新冠肺炎疫情之下，公司的生产和销售也未受较大影响，且逆势取得了较好的成绩。2020 年公司营收同比增长 18%，净利润同比增长 60%；2021 年上半年营收 7.53 亿元，同比增长 22.08%，净利润 1.86 亿元，同比增长 53.24%。其中，出口营收占比超 55%。并且，纤维素醚及其下游产品（植物胶囊）是公司营收的主要来源，纤维素醚和植物胶囊在 2020 年的营收结构中占比分别为 69% 和 15%，在 2020 年的毛利润中占比分别为 62% 和 28%。

目前，山东赫达除公司本部之外，还设有多家控股或参股子公司，分别是山东赫尔希胶囊有限公司（胶囊业务）、淄博赫达高分子有限公司（高青化工园区新建纤维素醚项目）、烟台福川化工有限公司（原乙酸三甲酯、双丙酮丙烯酰胺和己二酸二酰肼等化工品）、上海赫涵生物科技有限公司（拓展纤维素醚应用）和米特加（上海）食品科技有限公司（人造肉），此外公司在美国和西班牙分别设立了参股公司，进行海外市场的拓展和管理。

2014 年公司将产业链从纤维素醚往下延伸至植物胶囊领域，2020 年公司进入纤维素醚的下游（人造肉）领域。

### 2. 瞄准植物胶囊，闯入欧美市场

当前，山东赫达是行业中唯一从上游纤维素醚做到植物胶囊产业链一体化的企业，有着巨大的成本优势。2018 年 9 月公司投入试生产的 20 000 吨 / 年纤维素醚改建项目采用工艺先进的尖端设备，该项目的硬件设备、仪表、软件控制系统均选用国际知名品牌，其中 70% 以上硬件来自德国和美国。先进稳定的设备及控制系统为项目安全、质量、环保以及自动化的实施提供了保障。

多年来，山东赫达一直致力于纤维素醚及相关产品的科研开发，重点对纤维素醚关键生产技术进行了深入研究，现已攻克了制约生产的关键技术难题，构建了具有自主知识产权的纤维素醚生产工艺，建立了国内最大的纤维素醚研发、生产基地。在产品研发过程中，公司组建专

门的技术研究团队，从设备、工艺、生产等多角度解决了许多行业问题，并且对不少产品的整个工艺路线的技术装备问题进行流程化设计，实现了规模化生产，比如公司研制出的缓控释专用羟丙基甲基纤维素打破了国外垄断，填补了国内空白。

### 3. 重视人才坚持创新，筑牢动态护城河

山东赫达在纤维素醚领域深耕 21 年，依托以人为本的企业文化和上市公司平台优势，培养和引进了包括技术研发、运营、供应链、自动化、环保、安全、人力资源、财务管理、IT 以及市场运营等领域的一批优秀人才团队，其中很多人才都来自世界五百强企业的关键岗位。

公司拥有下游各领域最具代表性的、黏性极强的优质客户群体。无论是纤维素醚还是植物胶囊产品，凭借极高的产品性价比、一站式服务理念、严苛的品质管控赢得了客户信赖，在纤维素醚领域合作时间超 10 年的客户高达 70% 以上，植物胶囊尽管只有 7 年的发展历史，但客户忠诚度非常高。

山东赫达的“动态护城河”在于公司秉承的“客户需要什么、赫达就研发什么”的经营理念。公司立足纤维素醚主战场，先后推出了填补国内空白的缓控释产品、植物胶囊以及人造肉专用纤维素醚等高端产品，并且可以根据不同客户需求提供定制化产品和服务。

在创新驱动方面，目前公司配有设施先进的实验室和研发工作室，拥有 5 项国家发明专利、37 项实用新型专利。公司非常注重中高端产品的研发、生产，现有达到“国内领先水平”科技成果鉴定 10 项，达到“国内先进水平”科技成果鉴定 1 项。同时，公司拥有四个省级研发平台，包括山东省纤维素醚工程技术研究中心、山东省企业技术中心、山东省纤维素醚工程实验室和山东省纤维素醚一企一技术中心。2020 年研发投入超过 4 000 万元。公司先后参与制定国家标准 3 项、行业标准 4 项，起草团体标准 2 项，申明公开企业标准 5 项。先后与北京理工大学、山东理工大学、华东理工大学等高校密切合作，共同建设技术研发基地。

### 4. 布局人造肉赛道，产品结构不断优化

食品级纤维素醚是植物蛋白人造肉的核心配料。2020 年年底山东赫达发布公告称，拟与合作方在上海共同投资设立米特加（上海）食品科技有限公司（以下简称“米特加公司”），加快推进食品级纤维素醚在植物蛋白人造肉领域的应用。通过参股子公司的设立与运营，米特加公司将自主研发、生产并销售人造肉相关产品，助力公司纤维素醚产业链的延伸与布局，促进公司未来在食品领域的可持续发展。

高端植物肉用纤维素醚技术门槛极高，山东赫达掌握关键核心技术，是国内目前唯一能生产的企业。

从原料纤维素醚到植物胶囊再到人造肉，山东赫达从一家小化工厂发展成为产品结构丰富的国际化企业。多年来赫达一直沿着产业政策的方向标深耕细作、立足长远。

### 7.2.4　深圳科安达电子科技股份有限公司：深耕轨道交通领域，科安达打造“小巨人”矩阵

2019 年 6 月，深圳科安达电子科技股份有限公司（以下简称“科安达”）成为工业和信息化部首批（248 家）专精特新“小巨人”企业之一。公司提出的“1+2+N”发展战略与专精特新“小巨人”企业定位不谋而合。“1”是指聚焦轨道交通行业，主业不会离开这两根钢轨；“2”代表防雷、计轴两个主营细分领域；“N”就是要不断地围绕轨道交通行业，开发新产品，在更多细分领域做到专精特新。科安达未来不做“大巨人”，而是要打造“小巨人”矩阵。

**1. 聚焦轨道交通，踏上第二增长曲线**

科安达自 1998 年成立以来，先后赶上了我国铁路大提速、城市轨道交通建设的黄金时代。科安达成立初期便在银行领域积累了防雷经验。2006 年，科安达针对性研发出的专利产品防雷分线柜，被铁道部纳入铁路信号防雷标准配置并要求全面推广使用，为既有铁路的防雷改造奠定了基础，使铁路雷害率降低了 93%。科安达现已完成全国 5 000 多个火车站场防雷工程。其中武广客专、上海虹桥、成都北编站、武汉北编站、广州南站、青藏铁路等防雷工程已成为行业标杆。

在防雷业务高速增长的同时，科安达又把目光投向控制类产品——计轴系统，进入该领域同样是为了满足客户需求。2007 年，科安达从德国引进计轴系统，针对国内地铁的运营模式、运营思路进行开发。科安达研发的计轴系统第一次投入使用是在深圳地铁 2 号线上，这也是深圳首条使用计轴系统的地铁。计轴系统逐渐成为科安达成长的“第二曲线”。科安达计轴系统先后在全国近 40 个城市、超过 180 条城市轨道交通中得到应用，并在部分铁路线路逐步推广，市场占有率超过 60%。

在两项业务叠加发展之下，公司业绩稳健增长。2017 年至 2019 年，科安达净利润复合年增长率达 30.66%。在受新冠肺炎疫情冲击的 2020 年，公司业绩仍延续上升态势，净利润同比增长 10.89%。

在收入结构上，2021 年上半年，公司轨道交通领域收入为 1.89 亿元，占公司总营收的 98.99%。其中轨道交通信号控制系统贡献了公司超八成的营收。在盈利能力方面，据 2021 年半年报显示，科安达实现净利润约 7 297 万元，同比增长逾 12.43%，公司销售毛利率达 62.88%，净利率达 38.22%。

### 2. 需求激发创新，研发人员占比超三成

2019 年 5 月，科安达成为工业和信息化部首批（248 家）专精特新“小巨人”企业之一。同年 12 月 27 日，科安达在深圳证券交易所上市。2020 年 12 月，科安达获评制造业单项冠军企业。这意味着，科安达“轨道交通领域隐形冠军”的标签再度得到国家层面的认可。

科安达的创新实际上是不断在既有的产品上自我否定、自我突破，进行持续创新更迭的过程。公司在推出第一代产品时便已完成对第二代产品的研发并进行产品测试，与此同时，第三代产品也投入研发。在不断更迭的过程中，根据市场需求将创新成果不断加入新一代的产品中，做到能够及时满足客户的需求。

轨道交通运输关系到国计民生，对产品的安全性、可靠性、可用性和可维护性要求极高，其中产品需要通过如 CRCC、SIL4 等严格的认证要求，因此具有研发周期长、研发投入大的特点。科安达产品一般以 10 ~ 15 年为一个更新周期，平时会根据站点的实际情况进行维护或换新。

近年来，科安达持续提升研发投入。2018 年、2019 年、2020 年以及 2021 年上半年，公司的研发费用分别为 1 469.30 万元、1 939.97 万元、3 144.88 万元和 1 822.19 万元，占各期营业收入的比例分别为 5.47%、6.05%、8.72% 和 9.55%。

在研发人员配备上，截至 2021 年 6 月末，科安达拥有研发人员 117 人，研发人员占员工总人数的比例为 32.77%，其中高级工程师 14 人，占研发人数的 11.97%。

### 3. 围绕“1+2+N”战略，不做“大巨人”

在 2020 年年报中，科安达提出将采用内生式发展和外延式发展的双轮驱动战略，夯实核心竞争力。其中，公司内生式发展将围绕“1+2+N”的产品发展战略。“1”是指聚焦轨道交通行业；“2”代表防雷、计轴两个主营细分领域；“N”是要不断地围绕轨道交通行业，开发新产品，在更多细分领域做到专精特新，成为更多细分领域的隐形冠军。

目前，科安达在现有两大主营产品的基础上，拓展了智能诊断系统、智能运维系统、信息安全系统、道岔融雪系统等产品，并逐步推向市场。其中，科安达新产品道岔融雪和智能监测产品已投入市场，并形成销售，未来有望成为新的盈利增长点。在“N”方面已经准备了多个产品，有的产品从 6 年前就开始研发布局了。在外延式发展方面，科安达依旧立足轨道交通主业。

通常，在“专、精”的发展模式下，企业面临的行业竞争性风险较低。但与此同时，有限的市场容量、政府反垄断措施等可能给企业营收的持续增长带来挑战。对此，公司认为，企业应该坚持长期专业化的战略布局。

在新冠肺炎疫情防控期间，科安达继续推进海外战略。2020 年，科安达向其子公司香港

科安达增资 7 000 万港元，并由香港科安达向二级全资子公司增资 800 万欧元。科安达的愿景并非升级成为“大巨人”，而是要做“小巨人”矩阵。不断开拓更多的细分领域，并通过不断地创新发展，精益求精，打造出更多专精特新“小巨人”，引领更多细分领域发展，成为轨道交通行业的龙头企业。

4. 以科技为先导助力安全到达

2021 年 7 月 20 日，一场特大暴雨席卷郑州，致城区地铁全线停运。汛情发生时，科安达第一时间成立郑州地铁突击队，迅速完成了郑州地铁 2 号线、3 号线、5 号线和 14 号线的抢险工作。科安达能够高效投入抗灾抢修中，源于公司在全国各大省会城市均设有办事处提供售后服务，能够及时响应突发需求。

专注的驱动力在于研发创新，创新的首要资源则来自人才。科安达规模不大，但“技术人员含金量”相当高。截至 2021 年 6 月底，公司员工总计 357 人，其中博士和硕士 17 人，大学本科 160 人，本科及以上员工占比 49.6%；研发及技术人员 161 人，其中高级工程师 14 人；30 多人拥有 10 年以上轨道交通行业研发或生产、工程实施的从业经验。

行业越做越深，竞争壁垒也越筑越高。以公司主营的计轴产品为例，该产品对准确率和抗干扰能力要求极高，特别是要保障列车运行的高效性和安全性，在任何环境下都能够不受干扰地实现正常运营。基于行业本身对技术安全性和可靠性的严苛要求，以及研发所需要的长周期和源源不断的投入，很多企业都没办法在短时间内实现。

此外，行业主管部门对进入国家铁路市场的企业、产品采取了严格的行政许可或认证制度，且许可或认证周期相对较长，对新进入者形成了高壁垒。值得一提的是，凭借长期的研发积累，科安达已取得先发优势，公司为首家获得铁路产品 CRCC 认证证书和城轨装备 URCC 认证证书的计轴设备生产商，并获得最高安全等级的 SIL4 认证。

科安达于 2019 年 12 月在 A 股上市，已是两个细分领域的隐形冠军，截至目前，公司市值逾 30 亿元，是名副其实的“小巨人”企业。

若将科安达的名称拆解开来，即“科技”“安全”“到达”。这恰如公司向外界展示的形象：以科技为先导，助力安全到达。

### 7.2.5 兴宇汽车零部件股份有限公司：立足汽车零部件领域，打造制造业融合发展示范企业

兴宇汽车零部件股份有限公司成立于 1998 年 4 月，是国家高新技术企业，浙江省专精特

新企业，拥有省级企业研究院、省级高新技术企业研发中心、省级企业技术中心。公司已获授权专利 63 件，其中发明专利 11 件。近年来，承担国家火炬计划、省科技重大专项等省部级以上的技术开发项目 30 余项。2021 年荣获浙江省经济和信息化厅省级新一代信息技术和制造业融合发展试点示范，智能工厂（数字化车间），台州市数字化转型示范企业等荣誉，创建兴宇汽车零部件制造工业互联网平台，通过两化融合管理体系认证和知识产权管理体系认证。

### 1. 创新产品

主要包括无卤低烟阻燃 EPDM（三元乙丙橡胶）异型材产品、高回弹低 VOC（挥发性有机化合物）环保型粉末丁腈橡胶 -PVC 共混型热塑性弹性体、微发泡 TPV（热塑性硫化橡胶）材料、三元乙丙橡胶密封条、深 V 形钢骨架植绒胶密封外切水条、汽车滑移门导轨及其加强件总成等。

### 2. 发展潜力

（1）智能制造示范工厂项目实施。针对车用密封制品、滚压制品的种类多、体量大、工艺复杂、非标准化等特点，以工业机器人、AGV（自动导引车）、改造挤成型设备、密炼机等智能核心装备应用为核心，以人工智能、工业互联网集成应用、智能立体库、智能物流等先进技术应用为支撑，集成应用 CAM（计算机辅助制造）、PLM（产品生命周期管理）、MES（生产信息化管理系统）、ERP（企业资源计划）、WMS（仓库管理系统）、CAD（管理软件计算机辅助设计）等工业应用软件，打造智能制造工业云平台。

（2）工控系统及工业软件应用。基于工业互联网平台的汽车零部件协同制造项目以信息化、智能化、协同化、柔性化高度集成为目标，以智能化改造挤出成型设备、密炼机、AGV、RGV（有轨制导车辆）、工业机器人等智能装备为基础，综合集成应用浩辰 CAD、NX（数字化产品开发系统）、ERP、MES、PLM、WMS、CRM（客户关系管理）、BI（商业智能）等，将研发设计、生产制造、市场营销、增值服务等环节进行一体化集成，重塑智能制造价值链再创新，达到智能工厂柔性制造、高效协同、数字化运营的目的。

### 3. 专精特新发展经验总结

公司于 1998 年 4 月创建，从事汽车零部件及配件领域。经过 24 年发展，已成为全国汽车零部件行业重点企业。2021 年国内市场占有率 12.1%，行业排名前十。2022 年主营业务收入目标为 10 亿元。

公司每年提取不少于 4% 的营业收入作为研发经费，在百人研发团队支持下，密封及滚压制品从第一代经 24 年到第七代。依托国家新能源汽车产业的发展，公司与比亚迪公司签订了战略合作协议；为零跑、威马、爱驰、大运、东风岚图等新能源车型提供全车密封系统配套服务。

中滑轨改写了此类产品依赖进口的历史，塑钢复合车窗填补了国内此领域的空白，微孔发泡绿色阻燃TPV密封件填补了国内此产品的短板。

## 7.3 政策扶持专精特新，助力企业降本增效

为加快培育和发展一批专业化、精细化、特色化、新颖化的专精特新“小巨人”企业，推进中小企业高质量发展和助力构建双循环新发展格局，从国家到各级政府出台了一系列针对专精特新“小巨人”企业的优惠政策。本节通过企业案例的形式展现政策落地情况，评述政策效果并反映企业的真实政策诉求。研究发现，企业获得感最强的专精特新政策主要体现在融资方面，地方政府通过引导信贷、政府贴息、建立知识产权质押融资支持等手段，有效解决了中小企业融资难融资贵的问题，专精特新“小巨人”企业融资满意度较高。

### 7.3.1 广东中轻枫泰生化科技有限公司：政策减轻融资压力，人才引进面临困局

广东中轻枫泰生化科技有限公司（以下简称“中轻枫泰”）成立于2007年，是一家以木薯、木薯淀粉、玉米淀粉为原料，专业生产销售工业用木薯淀粉、变性淀粉，以及木薯种植业务的高新技术企业，位于茂名市电白区霞洞镇，占地面积350亩，年产原淀粉60 000吨，变性淀粉61 000吨，年产值3.5亿元。目前中轻枫泰的客户包括中国纸业集团下属各大纸业公司：珠海华丰纸业、珠海红塔仁恒纸业、湛江冠龙纸业、湛江冠豪纸业、湘江纸业、沅江纸业、岳阳林纸业，以及中外合资的苏州紫兴纸业、玖龙（控股）纸业等特大型企业。中轻枫泰目前正在研发食品、药品、纺织等高新技术领域的变性淀粉，销货渠道更为广阔，产品价值大幅度提高。由于工业淀粉市场未来发展潜力不大，公司开始涉足食品添加剂领域。

2021年，公司获评第三批国家级专精特新“小巨人”企业。根据《广东省工业和信息化厅关于做好2021年省级财政资金（促进民营经济及中小微工业企业上规模发展）项目入库工作的通知》，支持工业和信息化部认定的专精特新“小巨人”企业、省认定的专精特新中小企业以及2020年新升规工业企业，对其获得商业银行的人民币贷款并在2020年1月1日至2020年6月30日期间实际发生的利息支出给予补助，补助额度标准为单个企业的补助比例最

高不超过利息的 50%、补助金额最高不超过 100 万元。获评专精特新“小巨人”企业后，中轻枫泰按照上述政策获得政府贴息。据公司反映，在实际操作中，政府会根据财政资金情况，统计辖区内符合贴息资格的企业，然后通过赋权计算将贴息额分配给不同企业，因此企业能获得的贴息金额并不确定。除获得政府贴息外，由于公司形象和信誉提升，公司进行融资的难度大大下降，各大商业银行积极向公司提供贷款。目前，公司主要从邮政储蓄银行获得贷款，双方从 2018 年开始合作，采取每年滚动贷款的方式，实际贷款利率为 4.05%。总的来讲，获评专精特新“小巨人”企业给中轻枫泰带来的最大利好表现在融资方面，有效降低了企业融资成本和融资难度。

目前，中轻枫泰发展面临的主要困难是缺乏人才。公司位于茂名市电白区霞洞镇，缺乏吸引和留住人才的外部环境。中轻枫泰现有员工 100 余人，其中包括 7 ~ 8 名研发人员，学历以大专和中专为主。公司车间工人的月工资为 5 000 ~ 6 000 元，主要是附近村镇的农民，因为他们自己有新型农村社会养老保险，故参保意愿不高；研发主管月工资为 20 000 元左右，由公司提供社保。相较于周边其他企业，中轻枫泰提供的待遇还是比较具有吸引力的，然而公司主要缺少的是专业技术人才和营销人才，中轻枫泰微弱的工资优势并不足以使这部分人放弃大城市的工作机会。在外部研发方面，自 2015 年参与“扬帆计划”引进创新创业团队项目以来，公司开始和华南理工大学合作，累积获得 800 余万元政府拨款，“产学研”结合在降低企业研发成本方面发挥了一定作用，但并不足以扭转企业缺乏人才的局面。因此，中轻枫泰主要的政策诉求表现在人才引进方面，希望政府为企业引进人才提供帮助。

### 7.3.2　广东伯林陶瓷实业有限公司：专精特新带来融资利好，原材料价格上涨增加成本压力

广东伯林陶瓷实业有限公司（以下简称“伯林陶瓷”）成立于 2008 年，是一家集陶瓷原料与产品开发，原料加工精制、成型、烧制等各生产环节在内的精细日用瓷生产企业，企业生产的陶瓷制品品质较高，主要供应国内外五星级酒店，其中六成外销，四成内销。由于工艺瓷具有产业聚集性强的特征，所以公司面临较大的竞争压力，当地生产销售同类型产品且排名前十的企业都是伯林陶瓷的有力竞争对手，在激烈的竞争下，公司的市场占有率并不高。公司 2020 年的营业收入为 1.3 亿元，毛利率为 40%，净利率为 8%，毛利率和净利率较大的差异主要来自高昂的营销费用。目前，伯林陶瓷每年投入数百万元用于研发创新，其中 90% 用于内部研发，10% 用于外部研发，主要和韩山师范学院陶瓷学院合作。公司员工总数为 450 人，

其中研发人员为 25 人，学历为大专及以上，公司提供 6 000 元左右的月工资。

作为高新技术企业，伯林陶瓷享受研发费用 100% 加计扣除以及 15% 的企业所得税优惠税率。公司在 2018 年被广东省工业和信息化厅认定为省级专精特新“小巨人”企业，享受 4% 左右的优惠贷款利率，同时获得政府贴息。然而据企业反映，高新技术企业通常不缺乏资金，融资问题并不是企业面临的主要问题，目前国家对小微企业的政策比较多，但企业属于中型企业，所以享受不到相关政策，由此产生政策供求不匹配的问题。

近年来一系列外生冲击给企业经营造成了一定影响。新冠肺炎疫情暴发以来，由于企业员工主要是外地人，故企业经历了较长时间的停工停产，2021 年生产经营才恢复正常。此外，企业国外市场主要是通过每年春秋季（两次）召开的中国进出口商品交易会开拓，近几年由于受新冠肺炎疫情影响会议改为线上进行，在一定程度上抑制了企业的市场开拓进程。除了新冠肺炎疫情影响，近期石油、天然气等能源和原材料价格上涨也使得企业面临较大成本压力。但总体来说，由于企业经营稳定，资金充足，且自有土地节省了租金成本，所以能够较好地应对各种不利外生冲击。

### 7.3.3 济南瑞泉电子有限公司：疫情延长回款周期，政策降低贷款利率

济南瑞泉电子有限公司创立于 1996 年，在 2013 年前主营电话卡销售业务，从 2013 年开始，立足水务、燃气行业，围绕智慧城市创建，深耕于智慧水务、智慧燃气等智能仪表及系统的研发、生产、集成、服务。公司的主要客户是全国各地的自来水公司，具有长期合作、需求稳定的特点。公司生产的智能水表全国市场占有率位于前 5 名，年营业额 3 亿多元，毛利率为 20% ~ 30%，前些年净利率达到 15%，近年来由于原材料成本上涨，净利率下降至 10% 左右。公司拥有 2 个生产厂区，8 个生产车间，是致力于技术推进与创新的国家高新技术企业，拥有自主品牌 RICHENS，并先后取得 100 余项国家专利及软件著作权。公司依托自身优势，大力推动工业互联网 App 开发应用，“智能水表移动端数字化解决方案”项目荣登工业和信息化部发布的 2021 年度工业互联网 App 应用解决方案名单。目前公司总员工有 200 ~ 300 人，其中研发人员约 80 人，研发骨干 20 ~ 30 人，研发人员学历本科及以上占 70%，专科占 30%。公司拥有强大的自主研发能力，获批“省级企业技术中心”“省级工业设计中心”“省级一企一技术研发中心”“山东省智能仪表工程实验室”等 7 项省市级平台。公司采取研发主管带领研发助理，团队合作研发的模式，研发主管月薪 1 万 ~ 2 万元，人员流动较小。在外部研发方面，公司与山东大学的研发团队有相关合作，但目前暂时没有成果转化，公司仍然以自主研发为主。

2021 年，公司获评国家级专精特新“小巨人”企业，评上后公司主要享受到的优惠政策是融资政策，一般商业银行的优惠贷款利率为 4.5% 左右，国有四大行最低可达 3.8%，目前，企业资金充足，融资满意度高。此外，企业还享受高新技术企业 15% 的企业所得税优惠税率和研发费用 100% 加计扣除。

在外部冲击方面，尽管公司水表生产的原材料包括从德国进口的芯片，但由于长期合作关系，原料并没有因为贸易摩擦涨价。因为企业的主要客户是自来水公司，且采取招投标形式，故新冠肺炎疫情对公司销售影响不大。但因为新冠肺炎疫情防控政策限制企业技术人员出行，实地验收环节迟滞，导致回款缓慢，所以新冠肺炎疫情对公司的资金周转造成了一定影响。

目前公司总体发展稳定，面临的困难较少，企业领导层认为潜心研发更有利于公司长期发展，公司以成为国内最优秀的智慧水务综合解决方案提供商为目标。

### 7.3.4　济南华信自动化工程有限公司：使用知识产权质押贷款，享受专精特新优惠贷款利率

济南华信自动化工程有限公司于 2006 年成立，是国内一家致力于工艺用气系统及废气治理系统全产业链整体解决方案的国家高新技术企业。曾经拥有工业机器人的产品线，但因为工业机器人对人才要求非常高，而公司人才引进难，工业机器人发展不够好，最终放弃了工业机器人产品线。公司目前拥有两大事业部：流体控制事业部和环保事业部。公司的客户是机械制造加工企业，以国企和央企为主，其中与大企业的交易占公司营收的 60%，与中小企业的交易占公司营收的 40%。公司年营业收入达到 8 000 万元，毛利率为 30%，净利率在 5% ~ 10% 之间。公司所在的细分市场规模不大，故公司能够保持非常高的市场占有率，同时公司的综合实力在全国范围内也名列前茅。

公司目前持有发明专利 14 项，实用新型专利 66 项，每年研发投入达到 700 万元。公司以自主研发为主，有独立的研发中心，100 名员工中有 30 名为研发人员，学历以本科居多，有 1 ~ 2 名研究生，研究人员月工资约为 1 万元。在外部研发合作方面有北大陈佳洱院士（校长）的研究站。

公司在 2020 年获评济南市专精特新“小巨人”企业，2021 年获评山东省专精特新“小巨人”企业，评上后，公司获得了政府发放的一次性奖励资金 50 万元。此外，公司可以享受优惠的企业贷款利率，普通商业银行为 4.15%，国有四大行为 3.8%。公司贷款采用知识产权质押且不需要实物抵押的方式，既盘活了无形资产，又开辟了融资新渠道。近年来，济南市市

场监督管理局创新知识产权金融服务模式，依托齐鲁知识产权交易中心，为企业探索“商标+专利”混合质押模式，帮助企业制定切实可行的融资方案和质押方式，并在价值评估、质押登记等方面给予专业化指导。企业对知识产权质押贷款缴纳的贷款利息、评估费等融资费用，可分别申报省、市质押融资项目扶持资金资助，同时符合条件的项目可以叠加享受政策扶持，降低了企业的融资成本。公司也获得了政府贴息，但尚未兑现。在融资方面，由于评上专精特新“小巨人”企业，公司信誉变好，融资难度大幅下降。

公司在原材料方面具有较高的对外依存度，其使用的阀门类配件为西门子产品，国内也有类似产品，但是性能不够稳定，所以高端配件只能采用国外进口的方式。近年来公司的原材料供应曾受到新冠肺炎疫情冲击，国外新冠肺炎疫情肆虐使得公司进口配件出现了供应不足的情况，导致公司曾有一段时间不能正常生产。但随着新冠肺炎疫情好转，此问题已经得到解决。

目前公司最需要的政策是人才政策。一方面，目前济南市人力资源和社会保障局对于到济南落户的本科生和研究生有补贴，但是是针对个人的，而不是给企业的，公司希望政府可以给高新技术企业的高级技术人才一些特殊政策。另一方面，公司需要的一些特殊技能或特定专业的人才存在匹配难的问题，希望政府可以帮忙对接高校或科研机构的对口人才。

# 后　记

习近平总书记高度重视中小企业发展，指出“我国中小企业有灵气、有活力，善于迎难而上、自强不息”，强调“中小企业能办大事”。2021年，中共中央政治局会议在分析研究当前经济形势、部署下半年经济工作时，提出发展专精特新中小企业，为中小企业下一步发展指明了方向。

从国际形势看，百年变局与世纪疫情交织叠加，全球进入动荡变革期，国际竞争日趋激烈。与此同时，新一轮科技革命和产业变革正在重构全球创新版图、重塑全球经济结构。中国要想在日趋激烈的国际竞争中胜出，就需要大力提升创新实力。中小企业作为创新主体，贡献了70%以上的技术发明。引导中小企业走专精特新之路，实质就是鼓励创新。创新是专精特新的灵魂，是其最鲜明的特色。我国经济发展到当前这个阶段，科技创新不仅是发展问题，更是生存问题。专精特新中小企业专注于产业链上的某个环节，聚焦核心主业，创新能力、创新活力和抗风险能力较强，已成为落实创新驱动发展战略的关键载体，是提高产业链供应链稳定性和竞争力的坚实保障，为构建新发展格局注入源源不断的新动力。

本书理论与实践结合，在分析专精特新中小企业发展状况和创新效果的基础上，就解决专精特新“小巨人”企业人才供求矛盾和融资难题提出政策建议，并通过典型案例，为广大中小企业走专精特新道路提供了发展路径和经验介绍。

在本蓝皮书编写过程中，中国中小企业协会的李子彬会长、马彬常务副会长、谢极秘书长和聂贤祝副秘书长，以及中国人民大学国家中小企业研究院副院长孙文凯教授和商学院李焰教授给予了指导。全书由孙文凯教授统稿，第1章由董涛和刘心怡撰写，第2章由王文靖撰写，第3章由孙文凯和向奇撰写，第4章由葛玉好和李廷茹撰写，第5章由刘玉涛和闫锦撰写，第6章由张文凯和杨思怡撰写，第7章由唐思远撰写。全书由中国中小企业协会政策研究中心主任董涛修改定稿。

本蓝皮书的出版得到了中国计划出版社的大力支持，使之作为研究成果得以与广大读者见面。本书引用的相关研究成果和文献的数据、观点和内容，主要以脚注形式标明。在此，谨向所有关心支持本书编写出版的领导、同志以及相关研究者表示衷心的感谢！

随着我国经济转型步伐的迈进，作为我国经济活动不可或缺的中小企业，必然会面临各种问题、机遇和挑战。中国中小企业协会将以助力中小企业发展，研究、探索、解决中小企业发展中遇到的问题为己任，持续发布相应主题的蓝皮书，一方面为政府部门制定政策提供相关建议，另一方面为广大中小企业的发展鼓与呼。希望本蓝皮书能够得到全国中小企业的持续关注和支持！

本蓝皮书是阶段性问题的思考和探索，难免存在疏漏和不当之处，敬请广大读者批评指正。

本书编委会

2022 年 6 月 28 日于北京